ソウルプラン
占星術

魂が計画した「今世のあなた」

ソウルカウンセラー
井上さあこ 著

太玄社

はじめに

お久しぶりです！

ちゃんとこの本を見つけてくださったのですね！　ありがとうございます！

あなたにこうしてこの本を届けるために、私は生きることをあきらめず、書くことをあきらめず、描くことをあきらめず、必要な経験をすべてこなして、なんとかここまでたどり着きました。あぁ、あなたが魂の約束を覚えていてくれて、本当にうれしいです！

私は、あなたとの生まれる前の約束に導かれ、8歳のお正月に、はじめて「子ども向けの占星術の本」を買い、かけ算もおぼつかないのに必死でホロスコープをつくり始めました。

また、霊感の強い祖母から、いつも見えない存在に挨拶をさせられ、夫（私の父）に頼れなかった母には、占い師や霊能者の間をあちこち連れ回され、怪しいもの嫌いの父には、スピリチュアルな興味を厳しく否定されて育ちました。おかげで、スピリチュアルなものへの興味は強くなる一方、慎重かつ理性的に向き合うことも覚え、かれこれ50年近く、降りかかる数々の困難辛苦を「星座」や「不思議なもの」とともに乗り越えてきました。長い道のりで出会った多くの人の悩みに向き合いながら、「星座」や「不思議なもの」が人々をサポートしていくさまを、それはたくさん見せていただき、ありとあらゆる学びをむさぼって、人の身体や心、そして魂がもつ無限の可能性についても実にいろいろなことを体験しました。

周囲から乞われ、占星術を仕事にし始めたころ、有名なチャネラー（人間より高次元の存在とつながって情報を得る人）に「あなたは仕事中にすでにチャネリングしているよ」と指摘されました。その言葉が引き金となり、天体のエネルギーの力を借りながら、人が自分の魂の声を聴くお手伝いを始めました。「ソウルカウンセラー」というお仕事です。人々の魂の、人間ばなれした「聡明さ」や「慈愛」に触れ続け、クライエントさんたちとともに深い気づきと感動をいただく毎日を過ごしています。

おかげで私は、人がみな、想像を絶する人生をいくつも重ねた、叡智《えいち》あふれる存在だとすっかり思い出しました。

大いなるもの（宇宙）の一部で、無限の知恵と可能性に満ちた魂にとって、人生とは自作のアドベンチャー・ゲームのようなものです。私たちの魂は「バージョンアップに必要な姿・性格・才能・ご縁・プラン」を完璧に選び、進化に絶大な効果を生むためのあらゆるマイナス体験も仕掛け、「ごほうび」や「警告アラーム」も自らセットして、今世ゲームを準備しました。

そして魂の一部である私たちは、このゲームをプレイすることで宇宙に貢献するため、一切のネタバレをせずに、ゲームをスタートしました。困った時には「魂のナビゲーションに従えば大丈夫！」という心強い保険付きのゲームなのです。

ところが、実際にはあまりにも多くの人が、魂の存在をすっかり忘れ、見た目の姿だけを「自分だ」と思い込み、他人に認められようと必死になって苦しみ抜き、ついには破綻しかけています。今回のゲームの目的はおろか、宇宙から授かったパワーやギフトやご縁を使おうともせず、「クリアできない～！」と肝心なところで行き詰っているのです。

それでも魂は、今この瞬間でさえ、旅のルートと、あなた自身の「高性能さ」や「素晴らしさ」をなんとか思い出してもらおうと、あらゆる手段で、くり返し訴えています。

「そんなの聞こえない！」と、今、心の中でつぶやきましたか？　まさに、あなたは、そんな自分の姿を生まれる前に予測して、私と約束しましたね。「自分のプランや有能さを忘れて迷っていたら、思い出させてほしい」と（あなたは他の魂たちにもお願いしていましたよ）。私はあなたにベストタイミングでお知らせすることを喜んで引き受けました。そのためにできたこの本は、つまりは「今世のあなた」ガイドブックなのです。

私は「ホロスコープ」を、魂（ソウル）が計画（プラン）した、緻密《ちみつ》な【今世のあなた専用】のガイドマップとして読むので、これを「ソウルプラン占星術」と名付けてみました。その情報のほんの一部を書き記したこの本では、魂の長い歩みとともに、【今世のあなた】がなんのために、どこを目指し、何を得ようとしているのか、そのための進化のコツや現在の進化レベル、強み・パワー、そしてあなたの魂のサポーターたちについても、お伝えしています。

もちろん、この本に書かれていることをすべて信じる必要はありません。あなたの魂の進化度によって、響く部分は違うはずだからです。「なるほど」と思う部分を生活に取り入れてみて、実際の人生がどう変わっていくかお楽しみください。そして「おわりに」にも、とても大切なことを書きましたので、ぜひ見てやってください。

ただし、今世のテーマについては、最初はかなり「へたくそ」かもしれません。実は、魂が設定した今世のテーマは、あなたにとって「ほぼ未体験」なことなのです。ですから、すぐに最高のパフォーマンスを発揮できなくて当然。慣れてきさえすれば達成するごとにうれしい展開をたくさん用意しているはずですので、こちらもどうぞお楽しみに。

というわけで、あなたのおかげで、この本は、今、ここにあります。

この本が当たっているとか当たってないとか、そんなことより、この本を読んだあなたが、「自分も人も、思ったよりずっと【壮大な存在】なんだ」と思い出してくださったら……私はあなたとの約束を守ったことになります。

あなたもみんなも、すべてをわかって「この人生」を計画しました。やりたかったことを実現するための準備は常に完璧で、状況はこれ以上ないほど最適にセッティングされ、「あなたがあなたらしくないと、できないこと」「相手が相手らしくないと、できないこと」を成すために、今、みんながここにいます。

さぁ、そろそろ、このガイドブック片手に、【今世のあなた】をめいっぱい楽しむ準備はできたでしょうか?

ではどうぞ、プランよりずっとステキな体験を!

井上さあこ　の魂より

目次

※ドラゴンヘッドが入っている星座《サイン》です

気になる「あの人」のドラゴンヘッド☊をチェック！

大切な人の「魂の進化」をサポートするために

※大切な人のドラゴンヘッドが入っている星座《サイン》です

太陽星座☉でわかる 今世のゴールの姿

魂が決めた「今世はこんな人になる！」

※太陽が入っている星座《サイン》です

ソウルプラン占星術とは

——本書の使い方

☆ この本の使い方

この本では、ホロスコープの中のたくさんの情報から、**次の3つのポイントにしぼって、魂の進化プロセスを理解する方法を紹介しています。**

① ドラゴンヘッドのマークがどの星座《サイン》のハウスに入っているか
② 太陽のマークがどの星座《サイン》のハウスに入っているか
③ アセンダント（ASC）の線がどの星座《サイン》を指しているか

ホロスコープとは、ある瞬間の星空を丸く切り取り、ケーキを切るように12分割した図のことです（17ページ図参照）。いろいろな大きさに12分割されたそれぞれのスペースを「ハウス」といい、独自の意味や象徴を表現しています。私たちの魂は、ある瞬間に宇宙の各天体から与えられる資質を綿密に計算し、自分のプランに必要不可欠なエネルギーが注がれる瞬間を一分の狂いもなく狙って、この世に生まれ出てきたのです。まずはこのホロスコープをつくってみましょう。

〈魂のプランチェック法〉

1　**まず自分のホロスコープをつくりましょう。インターネットの無料サイトを活用するのがおすすめです。**ドラゴンヘッド☊が表示されないホロスコープもありますので、検索ワード「占星術　無料　ホロスコープ作成　ドラゴンヘッド」で検索してください。

※注……サイトによっては、ホロスコープ作成用の入力画面と別に、占いという名目で個人情報を引き出す広告を掲載しているものもありますので、ご注意ください。

2　安全でお好みのサイトを選んで、生年月日と生まれた時間・場所を入力します（必ず時間を入力できるサイトをご使用ください）。

※注……生まれた時間がわからない人は、昼の12時を入力してください。ただし、正確な時間がわからない場合、「今世のツール」はわかりません。

3　17ページを参考にして、自分のホロスコープから３つの星座《サイン》マーク☊☉ASCを見つけます。

4　星座《サイン》マークが意味する内容は、次の通りです。

①ドラゴンヘッド☊の星座《サイン》……「今世のテーマ」（42ページ〜）を参照。あなたの魂の進化を劇的に加速できる今世の課題がわかります。

②太陽☉の星座《サイン》……「今世のゴールの姿」（202ページ〜）を参照。あなたの魂が「今世なりたい姿・ゴールの姿」がわかります。

③アセンダント（ASC）星座《サイン》…「今世のツール」（276ページ〜）を参照。魂の進化・成長に必要な「ツール」がわかります。

※注……正確な出生時間がわからない人は、①ドラゴンヘッド「今世のテーマ」と、②太陽星座「今世のゴールの姿」の解説だけを参考にしてください。**③アセンダント星座「今世のツール」は正確な時間がわかる人のみご覧ください。**

5

ご自分の星座《サイン》のページを読んで、実験気分で「実践」してみてください！

☉が♍
☊が♈
ASCが♐
あら〜
ほんとだ…

☆この本で使うマークの探し方

ドラゴンヘッドのマーク☊が入っている星座《サイン》を調べる

例：☊は♎（天秤座）

ドラゴンテイルのマーク☋が入っている星座《サイン》を調べる

例：☋は♈（牡羊座）

太陽のマーク☉が入っている星座《サイン》を調べる

例：☉は♏（蠍座）

アセンダント（ASCまたは上昇宮）の線が入っている星座《サイン》を調べる

（12ハウスと1ハウスの間の線。時計でいうと9時のあたりにある線）

例：ASCは♓（魚座）

記入欄

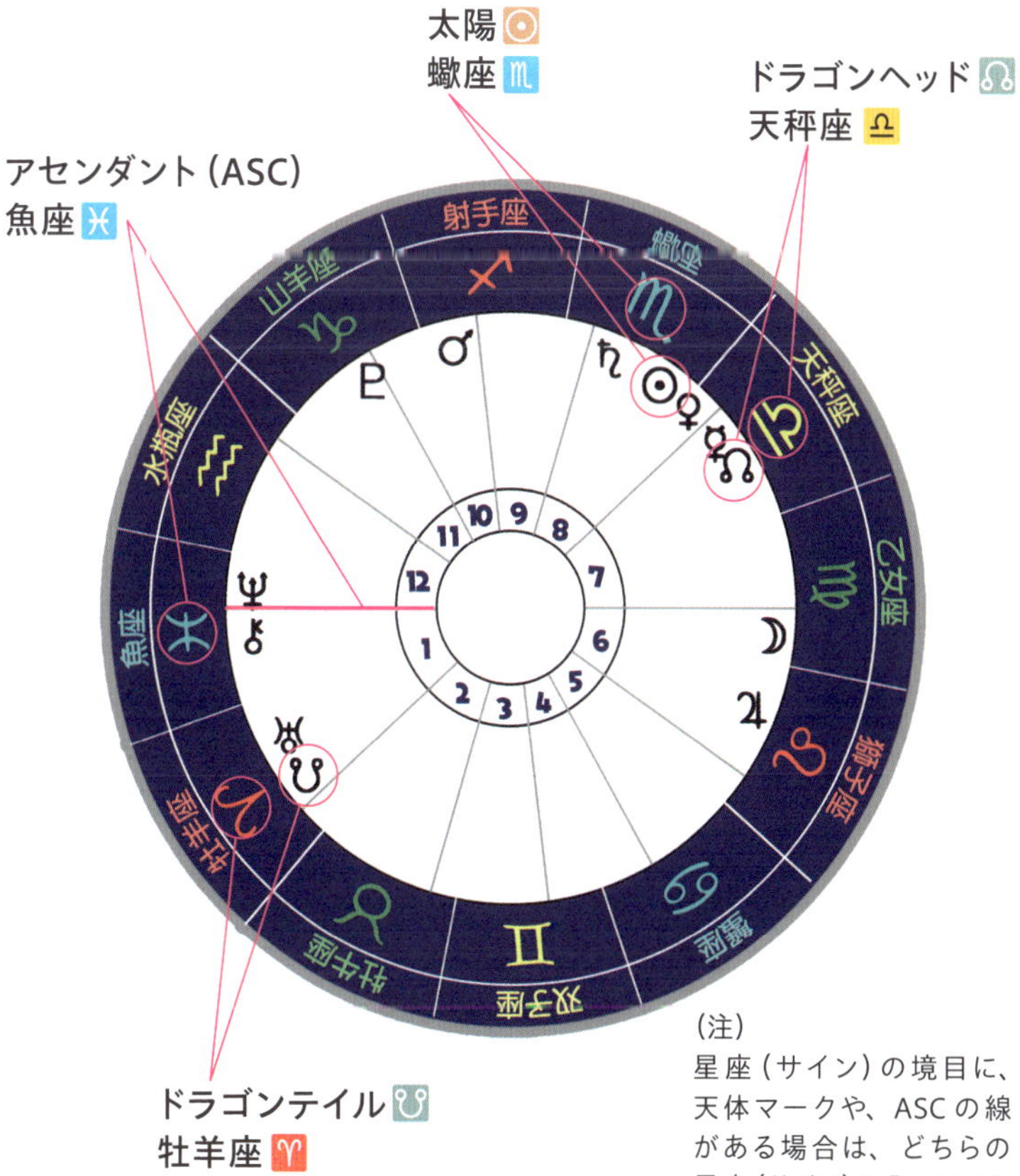

（注）
星座（サイン）の境目に、天体マークや、ASCの線がある場合は、どちらの星座（サイン）に入っているかきちんとご確認ください。

星座と各記号（本書で使用するもの）

♈ 牡羊《おひつじ》座	♉ 牡牛《おうし》座	♊ 双子《ふたご》座	♋ 蟹《かに》　座
♌ 獅子《しし》座	♍ 乙女《おとめ》座	♎ 天秤《てんびん》座	♏ 蠍《さそり》　座
♐ 射手《いて》座	♑ 山羊《やぎ》座	♒ 水瓶《みずがめ》座	♓ 魚《うお》　座

☆ 今世のテーマ（ドラゴンヘッド☊）

占星術において、太陽と月の軌道が交わる2点のうち、太陽の軌道に月が下から上へ昇りながら交わる点（地球の北極点に近いほう）を**ドラゴンヘッド**（☊ノースノード）、月が上から下へ降りながら交わる点（南極点に近いほう）を**ドラゴンテイル**（☋サウスノード）と呼びます。ドラゴンヘッド／ドラゴンテイルは、約1年半ごとに次の星座《サイン》のハウスへ移動します。ドラゴンヘッド☊は、あなたの魂の進化を加速するためにセッティングされた**「今世のテーマ」**を教えてくれます。

私たちは、過去世のかたよったクセを直して調和させ、魂の凸凹を整えて経験値を上げ、より自由で喜びに満たされるように「今世のテーマ（クリアする課題）」を設定して生まれてきました。ドラゴンヘッド☊は、必ず正反対の位置にあるドラゴンテイル☋とペアになっており、ホロスコープでは対極の位置に入ります（17ページ図参照）。

ドラゴンテイルが入った星座《サイン》は、**過去世**で経験しすぎて極端にバランスを欠いた**「やりすぎたこと」**を表しています。実はドラゴンヘッドは、そのアンバランスさを中和するために**あなたの**

魂が選んだ「今世のテーマ（課題）」を表していて、多くの過去世体験の中で、この部分はほぼ未体験ゾーンであり、魂が絶対に身につけたいと願った資質なのです。

私がやっているソウルカウンセリングの中でドラゴンヘッドが示しているテーマ（課題）に取り組むよう伝えると、皆さん、とても困惑されます。誰にとっても、むずかしいチャレンジに感じるようで、口をそろえて「どうして私の課題はこんなにむずかしいの⁉」とおっしゃいます。

一方、ドラゴンテイルの資質については自然とできてしまうはずです（試しに今世のテーマのページをご自身のドラゴンテイル星座《サイン》でご覧になると、どれもわりと簡単なことに感じるのではないでしょうか）。自分のドラゴンテイルの資質は、「みんなができて当たり前」と感じるようですが、実際はみんなが簡単にできているわけではありません。

そのため、ドラゴンテイルの資質は、人に教えられる「得意分野」、ドラゴンヘッドは「学ぶべき分野」ともいわれます。

しかし、魂はそもそもドラゴンヘッドの経験で「かたよった性質を中和」しようとして生まれてきたので、いくら得意に感じても、ドラゴンテイル（得意分野）をやりすぎると空回りしたり、トラブルの元になったり、周囲にうっとうしがられたりして、ちゃんと「ストップ」がかかるように自分でセッティングしてきています。

実は私たちは、**過去世のパターン（ドラゴンテイル☋）**を今世の幼少期にくり返すことで、魂のクセをおさらいして、どこをどう変化させたいのか再確認しています。つまりドラゴンテイルは、**今世の幼少期〜思春期までの経験**も表しているといえるのです。

本書では、今世のテーマの達成度合いに合わせて初心者レベルを**「ハンパー」**、上級者レベルを**「バランサー」**、指導者レベルを**「ハーモニアン」**と呼び（28、36ページ参照）、それぞれの特徴や進化を加速するワークを紹介しています。この達成度が上がると、魂の調和とバランスがとれ、202ページ以降で紹介する太陽星座の「今世のゴールの姿」に向かって加速度的に進化していくのです。

☆ 今世のゴールの姿（太陽☉）

一般的な星占いで使われるのがこの太陽星座《サンサイン》です。太陽星座はあなたが生まれた瞬間の**太陽☉**の位置で決まり、約1か月ごとに次の星座《サイン》のハウスへ移動します。

ソウルプラン占星術の太陽星座は、何世代もの過去世体験を基にあなたの魂が計画した、**今世**

の**「なりたい姿・ゴールの姿」**を表していると考えます。

あなたの魂は生まれる前に「今世はこんな人になって、こんな体験をしたい！」と切に願いました。そして、すべての人が今世も「自分が決めたゴールの姿」を目指すよう、魂の奥深いところに刻んで生まれてきています。

この内なる目標は、歳を重ねた人ほど「あぁ！　そういうところがあります！」と共感されることが多いです。その一方で若い人はあまりピンとこない場合が多いかもしれません。若い人はまだその性質が実感できるほど表出していないからです（若い人で、自分の太陽星座をすごく実感されている場合、他の天体が同じ星座《サイン》に入っていることが多いです）。

私たちの魂は、成長する方向が、決めてきたゴールに確実に向かうよう、さまざまなアラーム・サイン・トフップをあちこちに仕掛けています（34ページ参照）。しかし、そんな仕掛けがわからなくなる原因があります。それは「恐れ」や「不安」です。親や周囲の人々、社会の集合無意識的な「恐れ」の大きさによって、「ゴールの姿」のままで今世を楽しめなくなる人が大勢います。

まだ物心のつかない乳幼児に本書で紹介しているゴールの姿を感じる母親たちも多く見られますが、だいたい物心がつき始めると、いったんこの性質は気配を消していきます。「恐れ」を覚えていくからです。
そして、生活を揺るがすような大事件や、人生を左右するような大きな分かれ道で、仕掛けておいたアラーム音が魂を揺さぶるように鳴り響き、突然この性質が現れたり、無意識に本領発揮することもあります。だいたい30～40歳代ごろから徐々に、太陽星座《サンサイン》の性質を自覚し始める人が多いでしょう。

私たちは意識的に、あるいは魂のアラームに導かれてなんとなく「今世のテーマ」をこなして魂のバランスを取り戻したり、いろいろな体験を通して経験値を上げたりすることで、だんだん「恐れ」や「不安」を上手に利用できるようになっていきます。こうして、**「ビビリジャーノ」**から**「タッカーン」**、そして何度もの転生の末、究極の**「ケンジャウルス」**へと進化しながら（28、36ページ参照）あなたにしかできない人類への使命を自然と果たしていくことになるのです。

☆ 今世のツール（アセンダント〈ASC〉）

※約2時間おきにハウスを移動するので正確な出生時間が必要です

アセンダント（ASC）とは、ホロスコープの第1ハウスが始まる境界線のことですが、このアセンダントから始まる第1ハウスの星座《サイン》は、あなたが生まれた瞬間に地平線に最初に昇ってきた星座です。

現代の占星術常識としては、行動パターンや外見などを表す星座《サイン》とされていますが、本書（ソウルプラン占星術）では**「現実を創り、変えることのできる強力なツール」**としてとらえ、解説しています。

「今世のツール」が示す性質は、肉体をまとって今世に生まれ出た瞬間、魂の計画通りに真っ先に浴びたエネルギーの現れであり、その人生においてかなり役立つ「特殊能力スーツ」のようなものです。

現実世界への影響力が非常に強く、その性質は、外側ににじみ出て、ひと目見ただけの第一印象として初対面の人に伝わるほどです。その人の肉体的特徴にも影響を与えて、外見からも魂の進化を力強くサポートしていきます。意識的に使えば、魂が望んだ体験をどんどん引き寄せ、「今世のテーマ」の達成を幅広くサポートし、魂の進化を加速させて「今世のゴールの姿」をめいっぱい楽しむための最強のツールとなります。

このツールのバージョンが低く、あまりうまく使いこなせていない時には、気がつかないところでみんなからの印象が悪かったり、何をやっても空回りしたり、望まない結果になってしまうかもしれません。ツールのバージョンを上げていくと、魂が望んだ関係や環境が整い、魂のプランに沿った経験がしやすくなっていきます。

ソウル（魂）はどんどん進化し、すべてを含むものになろうとしている

占星術とひとくちにいっても、長い長い歴史の中で、多くの占星術家たちにより、たくさんの種類の占星術が生まれています。

そして、占星術家たちの間でも、魂に関してはいろいろな意見・解釈があり、「太陽が魂を表す」とか、「ASCこそが一番古い魂の性質だ」とか、「ホロスコープ全体が魂を表現している」など、さまざまな説があります。どれも何を基点とした視点か、それぞれの占星術家の解釈によるところということになりますが、結局のところ、その解釈がどれほどの人を癒し、勇気づけ、納得と満足のいく人生へ後押ししたかが大切なのです。ですから、どの占星術が「正しい」「間違い」という視点ではなく、どれがあなたの人生をよりよくするかで選ぶことをおすすめします。どれも役立つというなら、あなたはいくつでも選ぶことができるのです。

私が本書でお伝えする「ソウルプラン占星術」は、魂の成長・進化の視点から、すべてのホロスコープ情報を読み解く占星術です。これは、過去の偉大な占星術家たちから綿々と受け継がれた研究の賜物と、私の霊的学び、そしてチャネリングによって多くのクライエントさんたちから伝えられたことをまとめて、できあがったものです。

本来、魂は、「すべて（全キャラクター・全存在）を含んだ**全《まった》きもの（宇宙・大いなる存在）**」から枝分かれし、それぞれの人生経験を通して得た貴重なデータを集めながら、少しずつまた**全きもの（宇宙・大いなる存在）**に向かって進化し、戻っていこうとしています。つまり進化の最終形は「すべてを含むもの」ということになります。

ところが数々の人生経験を経るうちにキャラクターがかたよってしまうので、その凸凹をならし、バランスのよい玉（霊・魂）に戻るために「今世のテーマ」を設定します。

また、魂たちは各人生で、お互いの成長・進化のために、さまざまな役回りを演じ合い、必要な経験を通して、最新・特有のデータを集めます。それを**全きもの（宇宙・大いなる存在）**に加えることで**全きもの（宇宙・大いなる存在）**もまた拡大・進化していくのです。

そんな魂が望んだ経験・引き受けた役目を果たすのにピッタリのキャラクターを、魂は毎回、緻密《ちみつ》に設定して「今世のゴールの姿」を決めます。そして、それを現実に落とし込むために有効な「今世のツール（特殊能力スーツ）」を選び、その他いろいろなエネルギーが完璧に受け取れるドンピシャのタイミングを狙ってこの世に生を受けるのです。まさに、あなたの魂はこうして、この世に生まれてきました。

ソウルプラン占星術では、「全きものに向かっての魂の成長・進化」の計画としてホロスコープを読み解きますので、過去世から脈々と続く、変わらない性質（個性）というイメージはありません。

「今世のゴールの姿」「今世のツール」「今世のテーマ」というのは、すべて魂の世界で計画した今世用の「キャラクター」であり、「能力」であり、「魂の凸凹をなくすためのプラン」なのです。

ちなみに魂のクセ（凸凹）は、意図せず持ち越し、やめたくてもくり返してしまう残念な性質です。魂たちは本来、あらゆる性質を自分の中にもちながら、どれでも自在に表現できることを目指しているので、ある性質だけに縛られてしまいたくないのです。全きもの（大いなる存在）のように、あらゆる資質を身につけたいのです。

とはいえ、クセの性質が「悪い」というのではもちろんありません。クセになってやめられず、他を選べなくなっているのが問題なのです。

☆魂の進化レベルやテーマの達成度をチェックしよう！

前置きが長くなりましたが、この本では、緻密で複雑な占星術のたくさんの情報の中から、たった3つのポイント「ドラゴンヘッド☊」「太陽☉」「アセンダント（ASC）」の情報と、その「バージョンアップ」について解説しています。

同じ星座《サイン》の人みんなに、その星座《サイン》のすべての性質が当てはまるわけではありません。魂の進化に合わせて、現れる性質に違いが出ますし、すべての人の中には、魂の進化にとても役立つ、必要なものがバラエティ豊かに眠っているからです。簡単にいえば、進化レベルや課題の達成度が人それぞれ違うのです。

ただし、決して忘れないでいただきたいのは、「あなた」や「あなたの大切な人」は、この本の解説よりずっとずっと複雑で、高度で、素晴らしい性質をあふれるほどたずさえてこの世にやってきている存在である、ということです。今回はそのほんの一部を、この本で紹介し、うまく活用していただきたいと思っています。

本書では、あなたの進化レベルや達成度をわかりやすくキャラクターで紹介しています。

★ドラゴンヘッドによる「今世のテーマ」の達成度レベル

ハンパー……………過去世のクセがまだ色濃く、アンバランスで生きづらいレベル。

バランサー…………今世のテーマがほぼ達成されてバランスがよく、自分も周りも喜ぶレベル。

ハーモニアン………今世のテーマについて完全に調和を取り戻した指導者レベル。

★太陽星座《サンサイン》による「今世のゴールの姿」の進化レベル

ビビリジャーノ……「恐れ」に振り回され「なりたい姿」になれず人生を楽しめないレベル。

タッカーン…………「恐れ」を上手に利用し、「なりたい姿」で人生を楽しんでいるレベル。

ケンジャウルス……「恐れ」を必要としない、「究極の姿」に到達したレベル。

★アセンダント（ASC）による「今世のツール」のバージョン

ローバージョン……うまく使いこなせていない時、気がつかないところでみんなからの印象が悪かったり、空回りしたり、望まない結果になりがちかもしれない。

バージョンアップ…ツールのバージョンを上げていくと、魂が望んだ関係や環境が整い、魂のプランに沿った経験がしやすくなっていく。

各星座のマークやイラストで使われている色は、その星座のもつエネルギーと近い色を厳選してみました。あなたの星座《サイン》のテーマカラーはぜひ生活の中でも利用してみてくださいね。

万物も人も変化し続けています。一瞬一瞬が変化のチャンスです。そして、変化する時に一直線の右肩上がりで変わっていく人はいません。みな、上下左右にブレたり、同じところをグルグルしながら、少しずつ進化していきます。それはまるで、振り子や蛇が左右に振れながら時を刻んだり前進したり、らせん階段を少しずつのぼったりするような感じです。

この本を毎日めくりながら、ハンパー率・ビビリジャーノ率が高い日、バランサー率・タッカーン率が高い日、ツールのバージョンが低い日・高い日……いろいろな毎日を過ごして、だんだんと世界が広がっていき、すべての経験が興味深く感じられ、自由で豊かな時間が増えていく……そんな自分を愛しく思いながら、今日のご自身をおもしろおかしく観察していただけたらなぁと思います。

いきなり全部
信じないでね

でも

全部ウソだって
決めつけないでね

魂とか、生まれ変わりって、こんな感じ！？

宇宙の創造

たくさんの違うものが溶け合って、次々と新しいものを生み出し、調和することが進化と創造だ。

魂って

「大いなる宇宙」から枝分かれした一部のこと。

陰の中の陽、陽の中の陰 の役目がわかってくると、進化と創造は加速するよ。

魂たちの目的「宇宙を一緒につくっている」

魂は、さまざまな経験で凸凹を整え、「すべてを含む存在」に戻っていくんだ。

魂たちが創造した感動、選択、方法、あらゆるものが「材料」となり、宇宙は今日も成長・進化しているよ。


（詳しくは 25 ページ参照）

あなたの魂の「使命」とは！？

宇宙を進化・拡大させる新しいデータを集めるために、壮大なリアル人生ゲームをクリアし続けること。

魂の力

魂には、心の底から信じてることを創り出す力がある。だから、あなたが信じたことは現実化するんだ。

楽しいことも、つまらないことも、全部。

大切なのは「何を信じるか」ちゃんと選ぶことだよ！

3次元特有の壮大なゲーム

やりたい経験の設定をして、ゲーム（人生）スタート！

そのキャラになりきってトラブルや課題をクリア！

経験値をため、お宝（進化・成長）を手に入れたらどんどんステージアップ（来世）！ 創造エネルギーの扱い方を実践で学ぼう！

参加者大募集

超リアルな体験型ゲームを楽しみながら
宇宙を一緒にバージョンアップしよう！

地球《アース》クエスト

あなたの好きなキャラクターになり
あらゆる体験を通して
宇宙を進化・拡大させる
データ収集にご協力ください！
宇宙からのサポート特典多数！

ルール

1. 経験を通して、バラエティ豊かなデータを集めると経験値が上がり、魂がバージョンアップ（進化）！
2. 進化とともに、エネルギー量も増え、能力・自由度・喜び感度・装備のグレードもアップ！
3. バージョンアップして、魂の凸凹がなくなってくると、より広く深い経験でレア情報が収集できる！
4. もちろん、宇宙からのサポートも、経験値に合わせてどんどんレベルアップ！

君も３次元特有の
時間と肉体を使って
未知の感情や感覚を体験しよう！

注
その肉体を希望する魂が複数の場合、プランを厳正に審査し
全員の合意によって参加資格が与えられます。
転生しない魂は、見えないサポーターとして応援します。

うまれかわりを希望するならこちら
魂のルートMAP

今世のゲームを
始めるために

前世
肉体脱出！
ゲーム
クリア！

肉体を離れるほんの一瞬の間に、魂はあらゆるシミュレーションをして、「この肉体でできることはすべてやり尽くした」と納得してから、肉体を離れます。

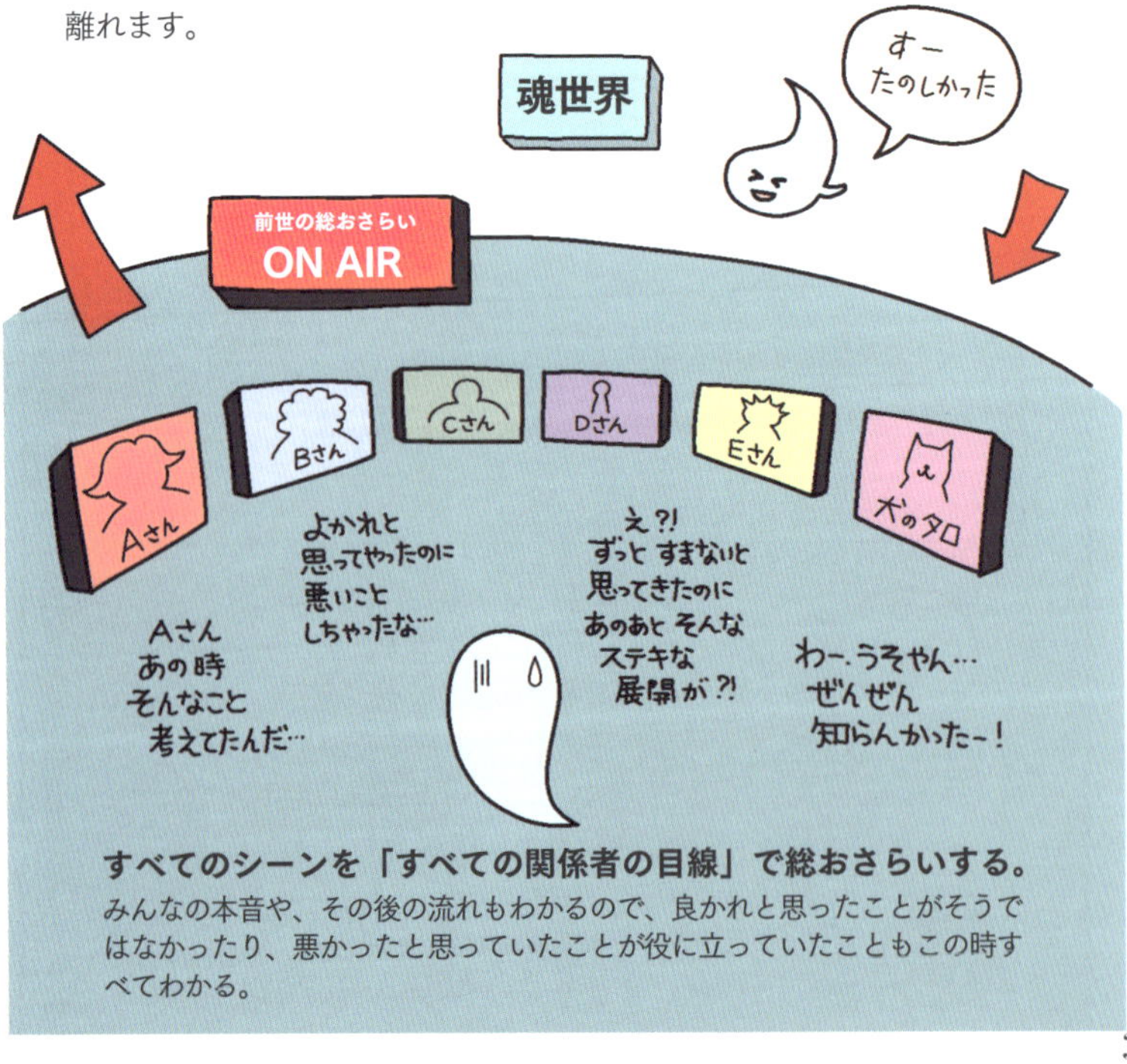
魂世界
すー
たのしかった
前世の総おさらい
ON AIR
Aさん
Bさん
Cさん
Dさん
Eさん
犬のタロ
Aさん
あの時
そんなこと
考えてたんだ…
よかれと
思ってやったのに
悪いこと
しちゃったな…
え?!
ずっと すまないと
思ってきたのに
あのあと そんな
ステキな
展開が?!
わー、うそやん…
ぜんぜん
知らんかった～！

すべてのシーンを「すべての関係者の目線」で総おさらいする。

みんなの本音や、その後の流れもわかるので、良かれと思ったことがそうではなかったり、悪かったと思っていたことが役に立っていたこともこの時すべてわかる。

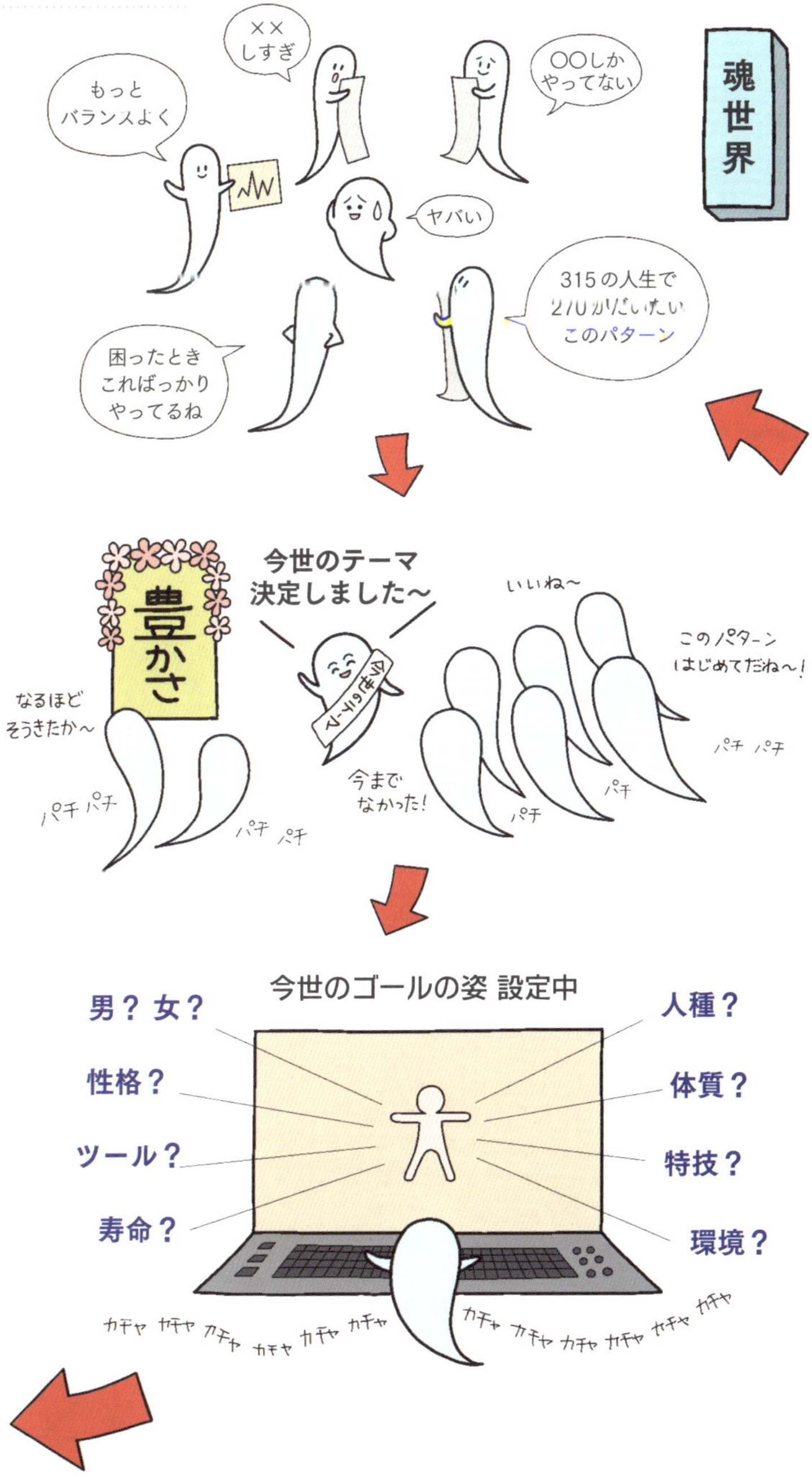
魂世界
××しすぎ
もっとバランスよく
○○しかやってない
ヤバい
315の人生で270がだいたいこのパターン
困ったときこればっかりやってるね
今世のテーマ決定しました～
豊かさ
いいね～
このパターンはじめてだね～！
なるほどそうきたか～
今世のテーマ
今までなかった！
パチ パチ
パチ パチ
パチ パチ
パチ
パチ
今世のゴールの姿 設定中
男？ 女？
人種？
性格？
体質？
ツール？
特技？
寿命？
環境？
カチャ カチャ カチャ カチャ カチャ カチャ カチャ カチャ カチャ カチャ カチャ カチャ

過去世の偏った経験でできた凸凹をなくし
すべてを含む「大いなるもの」に戻るため、
魂たちは「今世のテーマ」を設定し、細やかなプラン
をたて、他の魂たちとたくさんの約束を交わします。

ソウルサポーターとの契約

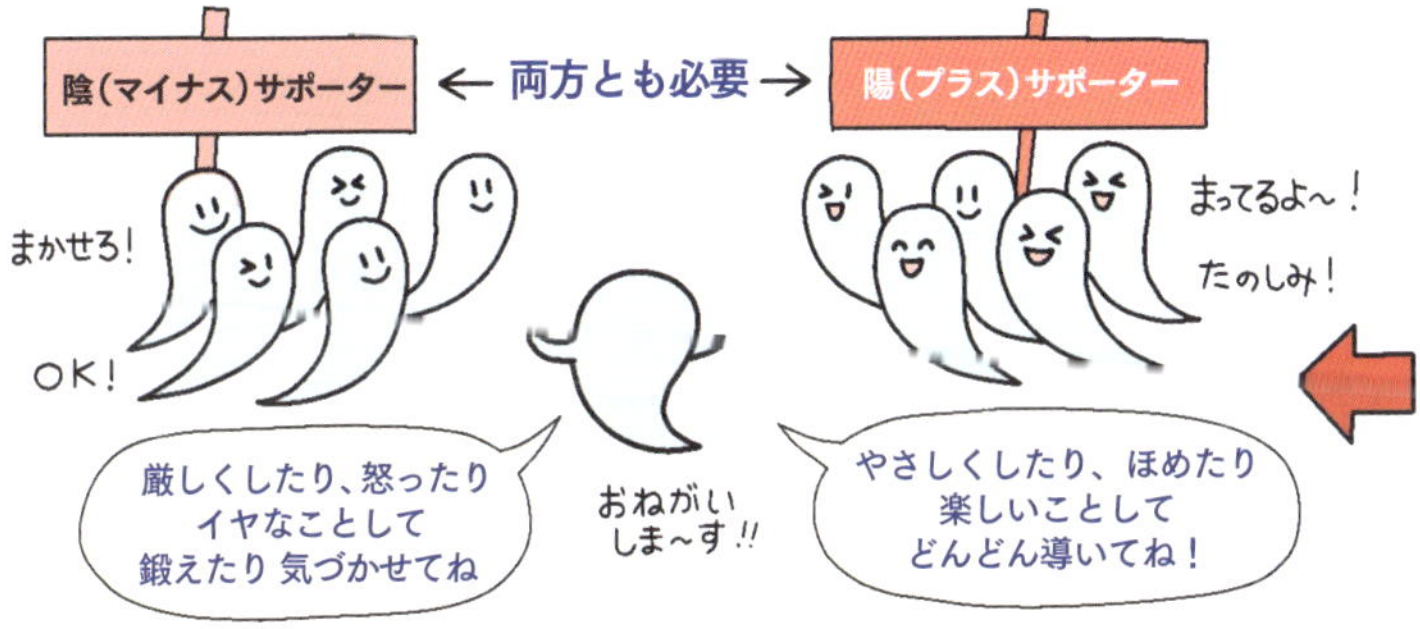

ソウルサポーターたちとは「どんな役で」「いつ、どんな風に」サポートしてもらうか「お返しに何をするのか」など、しっかり打ち合わせます。
約束のタイミングで約束した自分になってないと、会えないソウルサポーターもいます。

宇宙との契約

あなたのあらゆる経験はすべて宇宙創造のための貴重なデータとして宇宙データバンクで大切に保存・活用されます。

そのお礼として、ギフト（パワー・ツール）をどうぞお受け取りください。

これからも新しい経験データを増やすため常にあなたらしくご活躍ください。

宇宙.

授与式

ツールやパワーをもらう

今世スタート

テーマが同じ魂たちは学びをともに深めるため、同じ期間を選んで転生しますが、設定したキャラや環境、宇宙にもらったギフトなどはバラバラです。

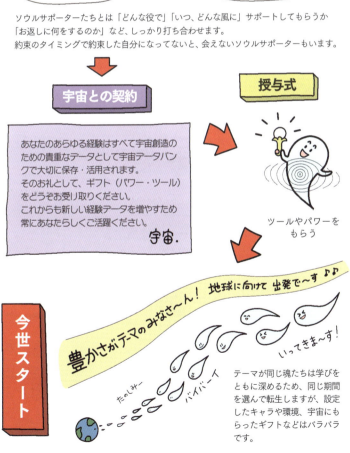

魂の進化図

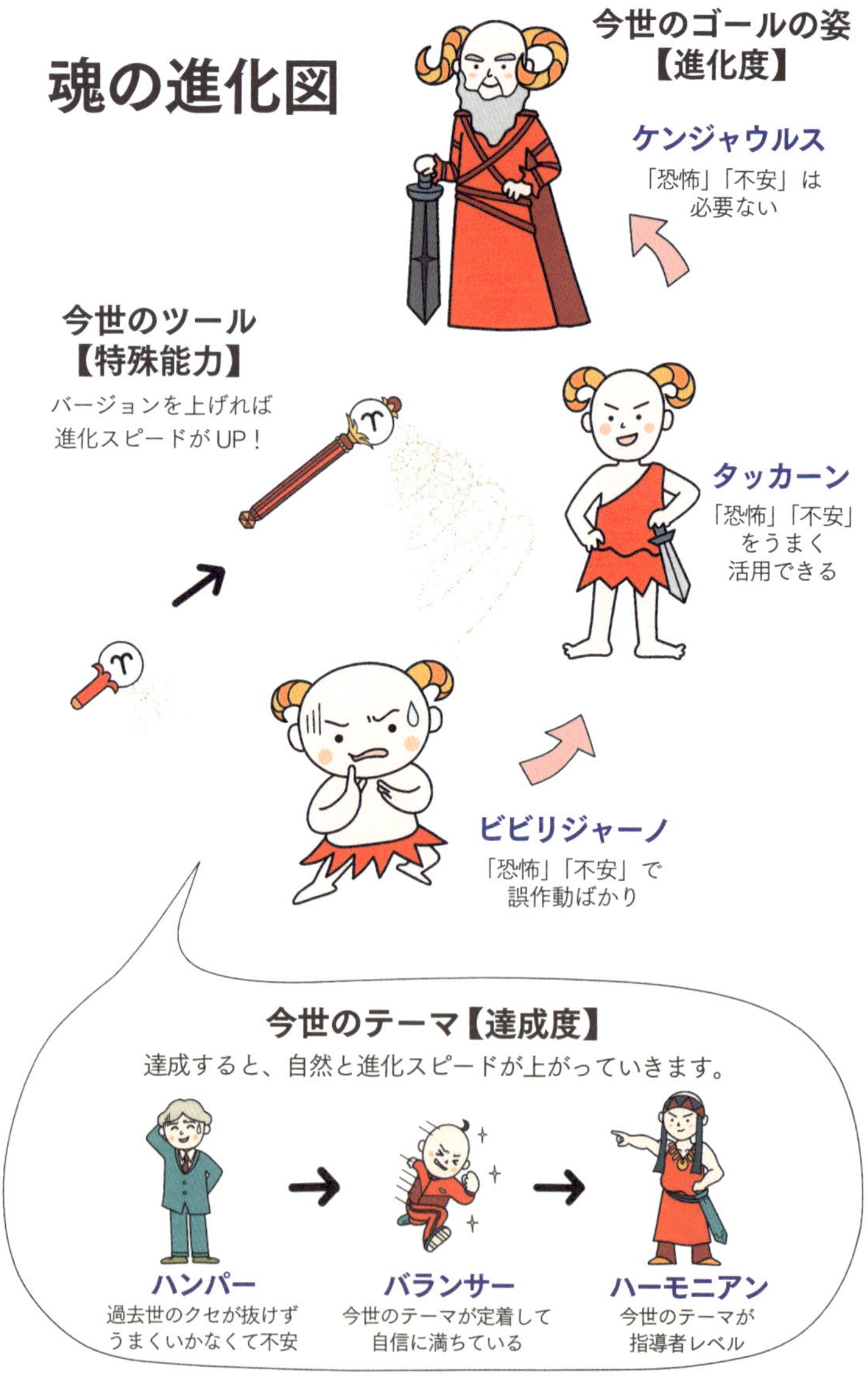
今世のゴールの姿
【進化度】
ケンジャウルス
「恐怖」「不安」は
必要ない
今世のツール
【特殊能力】
バージョンを上げれば
進化スピードがUP！
タッカーン
「恐怖」「不安」
をうまく
活用できる
ビビリジャーノ
「恐怖」「不安」で
誤作動ばかり
今世のテーマ【達成度】
達成すると、自然と進化スピードが上がっていきます。
ハンパー
過去世のクセが抜けず
うまくいかなくて不安
バランサー
今世のテーマが定着して
自信に満ちている
ハーモニアン
今世のテーマが
指導者レベル

イラストの男性／女性の姿は、占星術の男性星座（サイン）／女性星座（サイン）という分類に合わせています。男・女という意味ではありません。

「男性性／女性性」「外向き／内向き」「働きかける／受け入れる」「明らかにする／包み込む」「陽・陰」というように、それぞれ真逆の性質で、世界を創造しているのです。

☆時代に合わせないで！魂からのメッセージを見逃さないために

占星術の世界では、風の時代に突入し、まずは究極の自己責任による「なんでもあり」の水瓶座／「自由と個性とつながり」の流れが始まりました（詳しくは301ページ～参照）。

しかし、時代に合わせて、情報に振り回され、「本来の自分でないもの」になろうとしないでください。広い宇宙で「あなた」の仕事ができるのは、「あなた」しかいません。「魂が望んだあなたらしく」何かを体験したら、あなたにとっての意味を見つけ、あなたに合わないものを手放し、ひたすら「あなた」をバージョンアップし続けることは、あなたにしかできないのです。

たとえ時代に合わなくても「あなたらしさ」をどんどんバージョンアップして魂を進化させると、あなたがやりたいことはすべて自然と調和して流れに乗り、知らない間に周りの役に立っていきます。（風の）時代に乗ってできる「お役目」もあれば、時代に沿わないことでしかこなせない「お役目」もあります。大切なのは、あなた自身がバージョンアップすることだけです。「あなた以外のもの」をダウンロードする必要は全くありません！

重要

あなたを最速でバージョンアップするために
――ソウル・チャネリング（魂との対話）

何より大切なスキルをお伝えしましょう。たとえば、この本に書かれていることを読みながら、どうぞご自分の内面の気持ちに注意してみてください。

1

あなたのページを読んだ時、内心、**うなずき、納得し、クリアになり、力が湧き、目線が上を向き、呼吸が楽になり、肩の力が抜け、背筋が伸びて軽くなり、下腹に力が入ってしゃんとし、自由を感じ、気分がマシになり、やりたいことが浮かんできて、前より自分が好きになり、これからよくなるような気がして、自然と笑顔が浮かぶ**部分は、純粋なあなたの魂が「やってみたら？」と言っているポイントです。

また、**泣きそうになったり、妙にイラッときたり、ムキになって「言いわけ」をつぶやきながらもどこか「わかってる……」と思った**部分は、もしかしたら魂の強いクセになっているポイントかもしれません。

ぜひそこに書かれていることをまずは「実験・観察」してみてください。そして人生が、生活が、どのように変化したか、しっかりと確認してください。

2

反対に、あなたのページを読んだ時、**違和感を感じたり、ピンとこなくて首をかしげたり、浅い呼吸になり、背筋が伸びず、モヤモヤして、やる気が失せ、気が重くなり、怖くなったり、落ち込んだり、胸がザワザワと集中できなかったり、眉間にシワが寄って「そうかなぁ」とつぶやいたり、「〜するべき」という言葉が浮かんだり、「全く関係ないこと」を考え始めた**部分は、ただちにスルーしてください。それは、あなたの魂が「今のあなたには必要のないことだよ」「自分と合わない情報を信じかけているよ！」と知らせているのです。その内容は、すでにあなたがすっかり克服しているか、あなたの魂の望みとはかけ離れたものだと告げているのです。

これを、私は「魂との対話（ソウル・チャネリング）」と呼んでいます。実はあなたの魂はもうすべての答えを知っていて、あなたに必要なものはすべてあなたの中にそろっているのです。あとはこの魂の声に耳を澄ませるかどうかです。「なんでもあり」の、あらゆる価値があふれている時代という海では、揺るぎない方位磁針として標準装備されている「魂との対話（ソウル・チャネリング）」を使って、「どの情報」を「どのように活用する」のか、いかに魂からブレずに生きていくかが最も重要なことなのです。

人類は刻々と進化しています。「魂との対話（ソウル・チャネリング）」も、やればやるほど高性能になっていきます。あっという間に、すべての人が自分の魂との対話を通じて、他のあらゆる魂ともつながっていたことに気づいていくでしょう。そして、「時代」や「自分と合わない人や情報」に振り回されるのではなく、それぞれの違いを大切にできる最適な距離を保ち、「あなたに必要な情報だけ」を自在に活用しながら「魂の望むあなた」をめいっぱい進化させ、やがてみんなとその喜びを分かち合うことになるでしょう！

この本が、あなたの「魂の進化（本来のあなたらしさが強くなること）」にわずかでも役立ったら、こんなに私の魂が輝くことはありません。いつの日かこの身体を離れ、3次元のしくみから解放されたあかつきには、あなたの魂と深くこの喜びをシェアできますように。

あなたの魂は、あなたが生まれる瞬間をわずかの狂いもなく厳選します。
今世に希望する【すべての要素(性格・才能・体質・運・環境・チャレンジなど)】が、
各惑星たちからジャスト量もらえる「ベストタイミング」を狙いに狙って生まれてくるのです。

ドラゴンヘッド☊でわかる

今世のテーマ

魂が決めた「今世では絶対にこんな自分を起動する！」

生まれる前にあなたの魂が選び、設定をした「今世のテーマ」をこなすと、ほとんど経験したことのない「あなた」が起動し、未体験のギフトがたくさん手に入ります。

あなたは何をしに生まれてきたのでしょうか。

あなたの魂がどんなふうにこの計画《プラン》を立て、どうなりたいと願い、なぜ同じようなパターンにハマりやすいのかを、過去世、魂世界、今世の流れから見ていきましょう。

テーマの達成度により「**ハンパー**（初心者）」「**バランサー**（上級者）」「**ハーモニアン**（指導者）」の3つのレベルがあります。進化が加速するワークを楽しみながら、それぞれの特徴や現在の達成レベルを確かめてみてください！　日々刻々と変化していますよ！

各星座《サイン》のテーマカラーや、イラストの色の変化も参考にしてみてください。

このマーク（ドラゴンヘッド）が
入っているサイン（星座）をチェック！

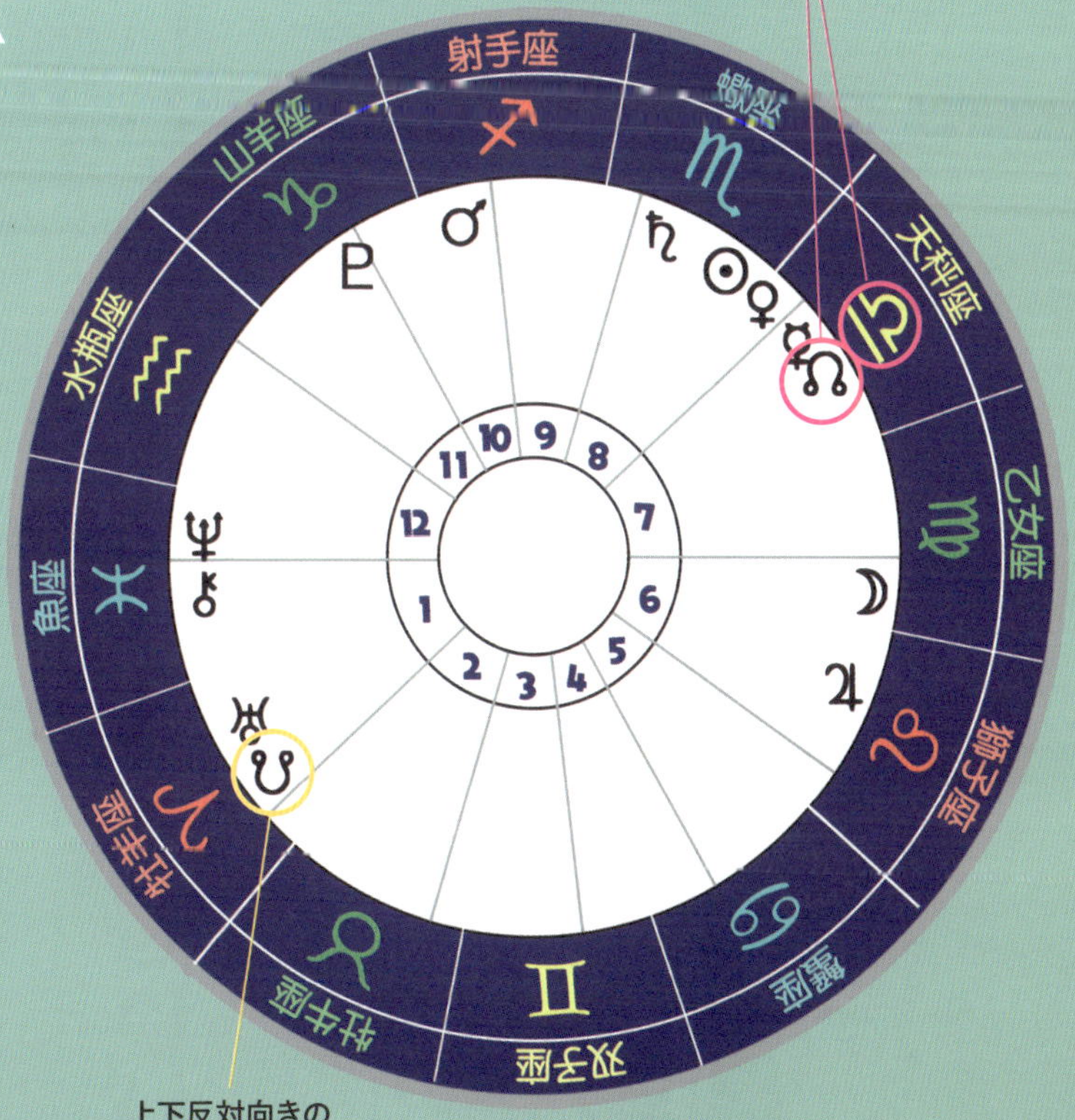

上下反対向きの
このマーク（ドラゴンテイル）と
間違えないように！

注：このドラゴンテイル☋の入っている星座（サイン）は【過去世のパターン】を表していますが、本書では、わかりやすくするため「ドラゴンヘッド○○座の過去世」と表現しています。
（例：【ドラゴンヘッド☊天秤座の過去世】は、実際には、ドラゴンテイル☋牡羊座のこと）

ドラゴンヘッド　牡羊座

過去世

あなたの過去世、こんなパターンばっかり！

「いい人」すぎて「どうでもいい人」

相手の顔色ばっかり見て、いつもなまぬるい態度をとり、人に振り回され続けた人生

たくさんの過去世でささいなことから仲間はずれにされ、生き抜くのが本当にむずかしかったあなた。

だから必死で人の顔色を見て、嫌われないよう努力して、みんなに合わせてばかりいたら「いい人」すぎて「どうでもいい人」になってしまった。

あげくに「自分の本音」までどんどんわからなくなっていき、いったいなんのために生きているのか正直どうでもよくなってしまった。

み～んな仲良くモメずに暮らそう！
とにかく嫌われたくない！

【たとえば、こんな人だった】

いい村人Ａ／王族に仕える弱腰大臣／社交界のウワサ好き貴族／大豪邸のことなかれ執事／夫に従順な妻（妻に頭の上がらない夫）／わがまま芸術家のパトロン／社長のいいなり専務／ワンマン政治家の秘書／国同士の板挟み外交官

「もう、イヤッ！」魂が経験しすぎたこと
――魂の本音

【みんな仲良く平和な社会】を実現しようと、過去世のあなたはいつでも「いい人」をがんばってきた。

「いっつもニコニコやさしくしなくちゃ！」「ものわかりよくて悪口とか絶対タブー」「ちゃんと話を聞けばわかる人ばかりだよ、絶対！」。そうやってニコニコしているうちに、誰にも「イヤ」が言えなくなった。

みんなはド厚かましく無茶ぶりばっかりしてくるけど、正直、いいかげんにしてほしい！　こっちだって、いっぱいいいっぱい！　別に好きでもなんでもないのに！

「イヤならイヤって、言えばいいのに……」って、みんな言うけど、言ったら絶対怒るよね⁉　あちこちウワサ流すよね⁉

イヤなこと
荒々しい声。モメている雰囲気。仲間はずれ。（好かれなくていいけれど）嫌われること。
「よく『自分の意見』とか『自分らしく』とか言うけど、みんなが自分のことばっかり考えたら、世界はバラバラになっちゃうでしょ」と言いつつ、気づいたら自分がバラバラなんだけど（笑）
それに正直、本音を言える友だちもいないし。
実は、何が本音かよくわからない……。
あぁ、もう、こんな**「わけのわからない自分」**が一番イヤ！

過去世の無限ループから抜け出そう！
――こんなクセが進化を遅くする！

「ひとりじゃムリ」……多くの過去世でいつも誰かと相談し、ひとりで何も決められず、自信がなかった。

「嫌われたくない」……仲間はずれは命取りだったため、嫌われないよう常に「いい人」でいた。

「ケンカはやめて」……争いによって人生が狂ったので人が怒ると怖い。場を和ませるのに必死。

「自分がわからない」……人のことばかり気にし、自分のことはいつも後回し、全然学べなかった。

ドラゴンヘッド　牡羊座

魂世界

賢いセンパイ魂たちと相談して選んだプランはこれ！

「自分」を取り戻す 大冒険プラン

※魂のルートMAP（32～35ページ）参照

まずは過去世で得意だったことをバージョンアップしよう！

あなたは、**「相手の立場で考える能力」**が本当にスゴイ！

相手からはどう見えるのか？
相手は何にこだわっているのか？
まずは相手を知って
その人の感覚で説明しないと
わかってもらえないでしょ？

そうやって、いつも相手のことばかり理解してきたから、誰かを説得する才能はピカイチ！　あなたは、多くの過去世で、この能力を使って、争う人々を仲直りさせ、人類の平和に貢献してきました。

けれど、対等に理解し合うには自分自身のことがしっかりわかっていないとうまく主張できません。

今世で「そっちばっかり、ズルい！」なんて言わないためにも、**「自分にはどう見えているのか」「自分は何にこだわっているのか」**をしっかりアピールできたら、きっとどんな人とも理解し合えるいい関係がつくれます！

今世で魂がやってみたいことリスト
――次の人生ではどんな「あなた」を起動しようかな

・「あ、それおもしろそう！」と思ったらすぐ始めて、朝から晩まで夢中になってみたい。
・誰がどんなに怒ろうとわめこうと、やりたいことはやるし、言いたいことは言うんだ！
・「ピンチはチャンス！」熱い興奮ってどんなの？
・「まだ誰もやってないことをやる」絶対！
・どうなるかなんて、わからないからおもしろい。
・もっとスゴイのが見つかったら、すぐにやめる！
・どんなことでも乗り越える強さにあこがれる。
・まだ知らない「力」をどんどん鍛えていくぞ！
・強さがみんなの中にもあるって知ってほしいな。
・自分を一番信頼する……あぁ、やってみたい！

今世はこんな進化をすることに決定！

・人目を気にせず、行きたい道は切り開く！
・人に頼らず、自分を頼る！
・直観がきたらすぐ行動！
・弱気になっても、勇気で越える！
・新しい自分を次々発見する！
・自分も他人も鍛え直す！
・元気いっぱい、正直に、シンプルに！

宇宙からのメッセージ

あなたは「平和な世の中」を守るため、たくさんの人生を生きてきましたが、人々は、ニコニコしているあなたを利用し、ないがしろにしました。あなたは心底疲れ果てながらも、決して平和をあきらめず、さらに多くの人生を生き抜きました。

今あなたの周りに現れている平和はすべて、過去世であなたが創造したものです。そしてこれからは、それをもとに、あなた自身を一から創造するのです。

あなたが起こす力強い進化をますます楽しみにしています。

ドラゴンヘッド 牡羊座

今世

今世のテーマ（チャレンジ）
眠っていたあなたを
起動するパスワードは、

「自分の力」を取り戻す

自分ってすごすぎ！ 盛りだくさんの冒険を通して本当の自分を取り戻そう

「本当の自分」を再発見する……いろんなチャレンジをして自分に惚れ直す予定。

「生き抜く力」を発揮する……幸せはつかみ取る！ 自分の底力を信じ抜く予定。

「どんなピンチ」も切り抜ける……たくさんのピンチを用意して、自分を鍛え上げる予定。

「怒り」と「競争」のメリットを知る……苦手な2つのエネルギーについて学ぶ予定。

イヤなことをされた時、魂は「あなたを怒らせて」イヤなことを追い払おうとしますが、あなたは絶対「怒っちゃダメ」と思いがちで、「イヤな顔」をすることさえ失礼だと感じます。

そこで魂は「あなたがあなたらしくない」と感じた時に、アレルギー反応みたいに激しく「イヤな感じ」になるようにプログラムして生まれてきました。誰かがあなたっぽくないことを決めつけたり、押しつけてきたら、ものすごく腹が立つはずです。どんどん怒ってください！（怒りをしっかり感じることと、怒りをぶつけることは違います）そうしてあなたらしくないもの、考え・イメージを追っ払ってしまいましょう！

あなたはその「怒り」を使って、もっと自分らしく、もっと強くたくましく生きていこうと計画してきたのです。

そんなあなたを見て、弱い人たちも自分の中に強さを見つけ、純粋な生きる喜びに満たされるでしょう。

今世のテーマ
初心者レベル
ハンパー ♈

ハンパーは、まだ過去世の影響が色濃く、今世のテーマが身についていません。生きづらい状態です。

魂の困ったクセ
どんな人も今世の思春期ごろまでは、過去世でできた魂のクセをおさらいします。


あなたは過去世で暴力や争いをとても憎んできたので、「まず相手を理解しないと平和は来ない」と信じて、どんなひどい扱いにも耐えてきました。でも、あなたを本当に理解してくれる人は減っていき、ついには自分も何が大切かわからなくなってしまいました。

　自信をすっかりなくしたあなたは、大切なことを全部誰かに決めてほしいと思うようになり、「ハッキリしない」「誰にでもいい顔をする」「怠け者」だと思われることも。そして、心の奥底に、ものすごい「怒り」をどんどんため込んでしまいました。

ソウルサポーター
好かれなくていいから嫌われたくない！

そんなあなたが選んだ魂のサポーターは……


今世でも、「嫌われるのが怖い！」と思いすぎて、反対されるとすぐにあきらめてしまう、この**ハンパー**レベルのあなた。どうせひとりで決める自信もないから、誰かと協力して「おいしいとこ取り」しようと思いがち。

　そんなあなたの周りには、あなたがいくら理解しようとしても、**ますます甘えて何もしなくなる人**や、あなたのやさしさにつけ入って、**あれこれ指図したり、強引に押しきる人**が多くて手を焼いていませんか？

　あなたは否定されると、すぐにあきらめようとしますが、あきらめきれないことはこっそりやろうとするところがあります。ところが意外と後からバレがちなうえ、**なぜか理不尽に怒る人**がいて、自由がどんどん奪われていくと感じることはありませんか？

そこが魂の狙い！　自分の気持ちをないがしろにして、すぐ他人の機嫌をとるクセを直すには、**機嫌をとる甲斐のない人**に集まってもらうのが一番です。実は、あなたの周りの理不尽な人たちは、あなたが**「自分を誰より大切にし」、「自分で自分を幸せにする」決意をするために魂の契約をしたお助けソウルサポーターたち**なのです！

いつかあなたも我慢の限界、ドッカーン！と激怒して、過去世でため込んだ怒りのエネルギーを解消し、自分を何より大切にし始めることになるでしょう。

魂のクセに効く　5つの言霊

自分を幸せにできるのは、自分以外誰もいない。

自分の直観を信じて、すぐ行動する。

「いつもいい人」をやめる。

ひとりの時間が自分を育てる。

失敗が自分を磨く。

魂成長のためのワーク

ものごとがうまくいかない時に、すぐに誰かに頼ったり、あきらめてしまう前に。


ハンパー♈さんは自分の力を取り戻すため、定期的にひとりになる場所と時間が必要です。

自分の力をきちんと引き出す練習のために、一日の中で、イメージトレーニングやスキル習得、ひとりでやる激しめの運動の時間などを決めて、自分のペースを最優先して行《おこな》ってください（周りの人にも、あなたのペースに合わせてもらってくださいね）。

一度決めたら、訓練と思って、よっぽどのことがない限り続けましょう！（数日あなたの中の**ハンパー**がサボったとしても、また始めれば続けたことになるのです）そのうち自分でも思った以上の能力に驚くことになりますよ！


さっそくやってみよう!!

「グラウンディング」地球に根を張るワーク
――自分のエネルギーを地球マグマのエネルギーとリンクさせる

【ステップ1】

朝起きた時や、お風呂上がり、寝る前など、他の予定の影響を受けにくい時間帯を選び、両足を軽く肩幅くらいに開いて、楽な姿勢で立つ。

【ステップ2】

全身を細かく振動させます。頭や肩、両手両足もできるだけ細かく振動させながら、腕をゆっくりと上げたり下げたりする（1～3分）。

【ステップ3】

ゆっくりと息を吐きながら振動をゆるめて静かに止まる。軽く息を吸って、フーッと細く長～く口から息を吐き、鼻から吸う。深い呼吸を続けながら全身に気が勢いよく巡っているイメージをする。

【ステップ4】

丹田《たんでん》（おへそから指3つ分下のあたり）に手を当て、全身の気が集まってくるイメージをする。

吐く息とともに集まった気が足の裏に移動し、そこから光のエネルギーとなって地球の中心のマグマまで一直線に伸びていくイメージをする。

【ステップ5】

真っ赤に熱された灼熱のマグマのエネルギーと混ざり合ったら、吸う息とともにマグマのエネルギーが、あなたの足裏から尾てい骨、背骨、頭頂まで駆け上がる。吐く息とともに、不必要な想いが背骨、尾てい骨、足裏を通って、地球の中心へ戻り、マグマに溶けていく。灼熱のエネルギーが体内を駆け巡るたびに全身が浄化され、パワーがみなぎってくるイメージをする。

【ステップ6】

両足が、マグマのエネルギーでしっかりと地球の中心とつながっているイメージをしたまま、ゆっくり身体を前後左右に揺らして、自分の身体がガッチリと地球にロックオン（固定）され、重心が定まった感じを確かめる。

【ステップ7】

地球にしっかりつながった感覚のまま、今日の予定を整理したり、目の前のトラブルについて考えたり、一日の振り返りをしてみる。人の意見に振り回されそうな時や、自分らしさを失いそうな時もやってみる。

その状態で、ふと降りてきた直観は大切にし、できればすぐに行動に移してみる。

※注……直観を行動に移すまでは、他人の意見を取り入れないこと。

上手に怒り、すぐに忘れるワーク
——自分と違うものから自分を守る

「怒る」とは、キレたり、相手を責めることではない。誰かになだめてもらうために起きているのでもない。「怒り」は自分で自分を守るために起きている（相手も自分〈相手〉を守っているだけ）。怒りには自分を大切にするための大切な**ヒント**が隠れている。

①自分の怒りスイッチを知る

腹が立ったり、モヤモヤしたら、まずその場を離れ、息を深く吐く深呼吸をして、**自分の怒りスイッチを探す**。一番腹が立つ点は何？　なぜ？　自分は今、何に困っているのか？　何が必要なのか？

②自分を大切にするためのアクション例

・自分に必要なことは、まず自分で手に入れる。
・自分のニーズ・限界は相手に直球・簡潔に伝える。
・事態が変わらず、自分も現状につきあうつもりなら、完全に聞き流すか、この「怒り」は忘れると決める。心の中で「怒り」をボールのように宇宙に投げ、切り替える。
・限界を超えたら、起きた望まぬ結果を相手に体験してもらうか、別れる。

つらい時のセルフヒーリング

・ハードなスポーツや運動で発散！
・食べたいだけ食べて、ひたすらダラダラ寝る！

☊ ♈

今世のテーマ
上級者レベル　バランサー ♈

今世のテーマが達成されバランサーに進化していきます。自分の人生に満足し、ありのままで周りにも喜ばれます。

今世のテーマ　達成度チェックリスト

★しょっちゅう思う、たいていそうする…A（10点）
★たまに思う、時々そうする……………B（5点）
★あまり思わない、ほぼやらない………C（1点）

合計点＝バランサー率（今世のテーマの達成度）

達成度に合わせて　自分が魂の時にセッティングしてきた「レアアイテム」や「ごほうび」「パーティー」「イベント」などのお楽しみがゲットできます！（魂のルートMAP　34ページ参照）

0〜49％……どちらかというと楽しいことよりつらいことが多く、自由度も少なく感じます。過去世のくり返しを避けるために、魂がそうセッティングしてきたのです。

50〜89％……いやなこともあるけど、まぁ、なんとかうまくやれるようになってきたし、それなりに「いい人生」なんだろうなぁ……って感じています。

90〜100％……たいていの出来事が自分の進化にどう役に立っているかわかり、つらくても苦しくても楽しい。軌道修正も自在。人生はかなり自由で思い通りな感じです。

チェックリストは次ページ!!

バランサー♈
今世のテーマ　達成度チェックリスト

【なんとかしてみせる！】

とりあえず自分の力を試したいから、トラブルがあると妙にウキウキしてアドレナリンが大放出！　新しい大冒険に心が躍ります！ □

【直観でピピッとイメージが降りてくる】

ヤバい時、迷った時、瞬時に「こうしよう！」とイメージが降りて身体がサッと動くので、すべてが一瞬で解決してしまいます。 □

【よし！ 大丈夫！ 任せろ！】

一番早くてシンプルな方法で、自分をしっかり守ることができます。そして自分が安全だからこそ、人を助けるのもすばやくて上手！ □

【正直に直球で、ものを言う】

あまりにハッキリ、手短でウソ偽りなく、ものを言うので、時々おびえる人もいるけれど、表裏がなく正直だから、人柄に惚れてくれる人もけっこういる！ □

【きちんと怒ることにためらいがない】

「怒り」が大切なものを守るためにあることをわかっていて、気持ちの切り替えも早いので、すぐキゲンも直るし、人生を次々切り開くことができます。 □

【自分も他人も甘やかさない】

自分やみんなの甘えを断ち切り、それぞれ自力で乗り越えることに迷いがないのは、自分の力・相手の力を信じてるから！ □

【本当の敵を知る】

敵は「誰か」じゃなくて、不安に負けた「自分」。お互い上手に競い合うことで、それぞれの才能を効果的に伸ばし合います。 □

【周りが何を言っても気にならない】

周りの言うことはすべて他人の問題。自分は、持てる力と運と勢いですべての障害を乗り越えるつもりだから。何が起こるか、乞うご期待！ □

【ピンチをチャンスに変え続ける】

ピンチは自分の底力を発揮するビッグチャンス！　必ずその反動を使って、ヒーロー／ヒロインになってみせます！　トラブルはおいしい！ □

【短期集中！　短距離のインターバルで完走】

最短距離を最速で駆け抜ける、爆発的なエネルギ―が自慢！　長い距離は、全速力の短距離を何回かに分けて走り、休む時は死んだように休みます。 □

合計点
（バランサー率）　　　%

☊
♈

今世のテーマ
指導者レベル
ハーモニアン♈

何度もこのテーマで転生すると、指導者レベルのハーモニアンに進化します。

個人の目的より、人類と地球生命のために動くことが生きがいとなります。

人類と地球の進化をリードし加速する

「不安」や「恐れ」を完全に必要としなくなった指導者レベルの**ハーモニアン♈**は、自分の中の
「一緒に」と「ひとりで」

「与える」と「手に入れる」

「仲良く」と「ぶつかる」

「やわらかく」と「強く」

「誰か」と「自分」

2つのエネルギーを自在に組み合わせて、全く新しいエネルギーを生み出し、地球全体の進化を加速させるでしょう。

そして地球に転生した人類のパワーと波動を高め、人類という種族の進化を力強くリードし、地球の進化を加速します。

ドラゴンヘッド　牡牛座

過去世

あなたの過去世、こんなパターンばっかり！

「尽くし」すぎて「自分が消えた人」

権力ある相手を成功させるため、自分のことは投げ打った人生

たくさんの過去世で、ある人の出世や幸せを叶えるため、すべてを犠牲にし、その代償として生活が守られていたあなた。相手の好みを知り尽くし、あらゆる望みにすべて応えようと、たくさんのリスクをくぐり抜けてきた。

気がついたら、自分の望みも、こだわりも全部後回しになってしまって、ついには「相手のことがすべて」になって、「自分らしさ」なんて消えてしまった。

「空しすぎる！」なんだか怒りがおさまらない!!

あなたのことは
私が幸せに
してみせる！
私のこと
なんて　もう
どうでもいいの

【たとえば、こんな人だった】

権力者のおかかえシャーマン／王様の宰相や側室／権力者の専属占い師や聖職者（相談役）／スパイや忍び（忍者）／実力者の専属男娼や娼婦／マフィアのナンバー２／政治家のやり手秘書／芸術家やアイドルの有能マネージャー／重役の献身的な妻や愛人

「もう、イヤッ！」魂が経験しすぎたこと
——魂の本音

【ソウルメイトとの魂の融合】のため、過去世のあなたはいつも「相手を喜ばせよう」とがんばってきた。「この人の役に立たなくちゃ」「この人さえいてくれたら世界中が敵でもいい……」「ここまでやってあげるんだから絶対に私を大切にしてね、一生！」。あらゆる危機をすり抜けて、周りを蹴落とし、出世させ、好みも合わせて、望みも先取り、いつもいい気分にして……あなたのためならなんでもやった！

自分の好みや夢なんて、もう消えちゃったけどかまわない！　ここまで尽くしたあなただから、もう絶対に逃さない！

今さら「君の好きにしたらいい」って言われても、何が好きなんだかさっぱりわからなくなってるのに！

イヤなこと

隠しごとをされること。ウソをつかれること。人の隠れた悪意。信じた人に裏切られること。

「よく『好きな面』とか『嫌いな面』とか言うけど、私はあなたの裏の裏まで全部受け止めるから、私の裏の裏まで全部受け止めてほしい」とは言いつつ、自分の裏が一番怖い（笑）

正直、裏を見せるほどの勇気もない。結局グルグル考えすぎて、いきなり全部壊したくなる！

しかもいつも**「あの人のことしか考えてない自分」**が一番イヤ！

過去世の無限ループから抜け出そう！
——こんなクセが進化を遅くする！

「認められ続けないと終わりだ」……多くの過去世で、有力者に見捨てられると人生が転落。死を意味した。

「信用できない」……策略や取引や裏切りまみれで、誰も（自分でさえ）信用できなかった。

「うまくやらないと破滅する」……有力者の気分次第で人生は常に天国か地獄。心休まらなかった。

「あらゆる想定《シミュレーション》が身を守る」……準備9割。あらゆる危機を想定して予防しないと身の破滅だった。

ドラゴンヘッド　牡牛座

魂世界

賢いセンパイ魂たちと相談して選んだプランはこれ！

五感を震わせる 地球の豊かさ満喫プラン

※魂のルートMAP（32～35ページ）参照

そうやって、目には見えないことを見抜いてきたから、誰かを生まれ変わらせる才能はピカイチ！ あなたは、多くの過去世で、この能力を使って、ソウルメイトの才能や人生をバージョンアップさせ、人類ならではの魂の一体化による共同創造に貢献してきました。けれど、あなたがなんでもやってしまったら、相手の能力はどんどん劣化してしまいます。

今世では**「まだ見えない可能性」を伝えたら、「しっかり形にする」**のは本人の仕事。たとえ時間はかかっても**「お互い自分のことは自分でやる」**を徹底すれば、それぞれの能力が確実に花開いて、人生の基礎がしっかりしますよ！

まずは過去世で得意だったことをバージョンアップしよう！

あなたは、**「見えないものを見抜く能力」**が本当にスゴイ！

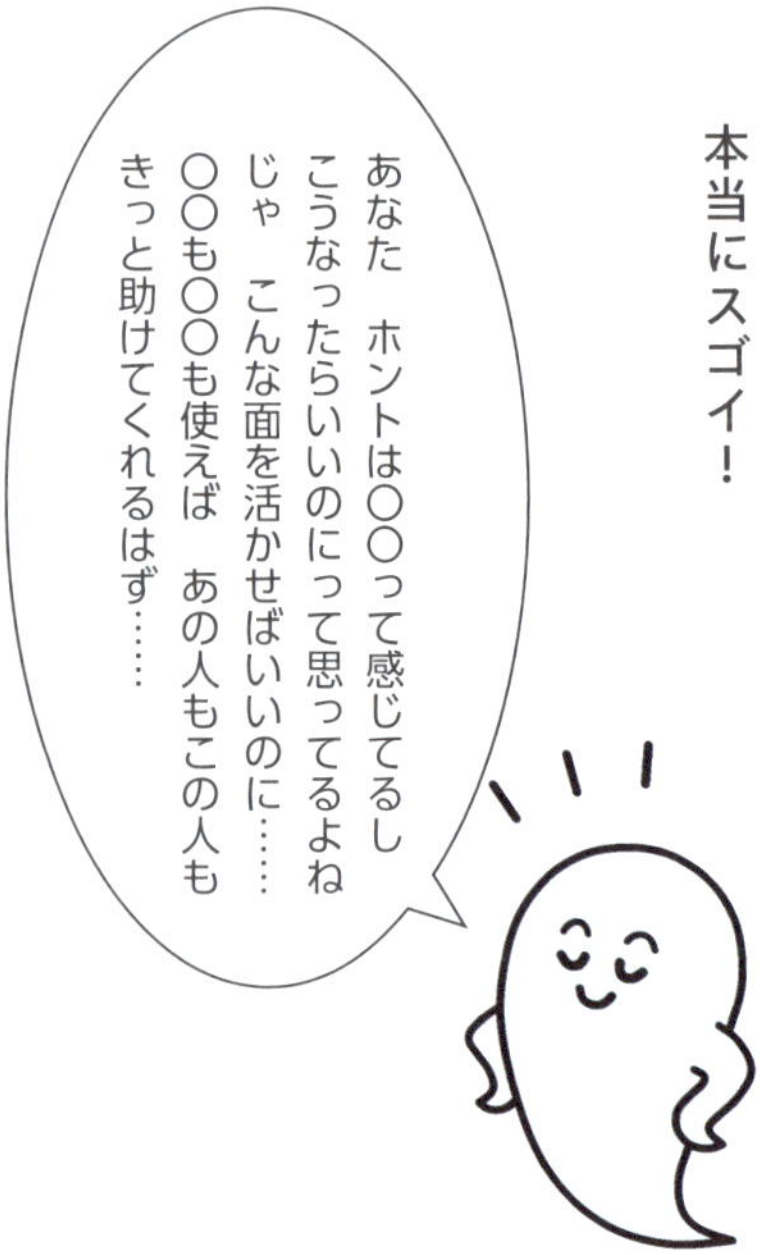
あなた　ホントは〇〇って感じてるし
こうなったらいいのにって思ってるよね
じゃ　こんな面を活かせばいいのに……
〇〇も〇〇も使えば　あの人もこの人も
きっと助けてくれるはず……

今世で魂がやってみたいことリスト
――次の人生では どんな「あなた」を起動しようかな

・誰にもジャマされずじっくり何かをやってみたい。
・自分の好きなものってホントはなんだろう？ ゆっくり考えてみたいな。
・まず心の底から満足してみたい。
・五感の喜びってスゴイんでしょ⁉　ワクワク！
・時間を気にせず、丁寧に何かを創り上げたい。
・自分だけの力で人生の基礎を積み上げたい！
・自分のペースで、のんびり生きてみたい！
・「ムリしない、あるがままで！」ってどんなんだろう⁉
・物やお金のエネルギーについて学びたい！
・自然とつながり、まったりゆったり過ごしたい。

今世はこんな進化をすることに決定！

・自分で自分を満足させる！
・のんびり、ゆったり、じっくり歩む！
・五感の喜びを満喫する！
・物（お金も）と時間のエネルギーを味方につける！
・自力で人生の基礎をつくり、豊かさを満喫する！
・自然や地球とエネルギーを与え合う！
・心地よさをサインに、自分のルートを確認する！

宇宙からのメッセージ

あなたは「魂の融合」という特別な共同創造のため、たくさんの人生を生きてきましたが、相手は、あなたの本当の幸せを叶えきれませんでした。あなたは深く絶望しながらも決して特別な絆をあきらめず、さらに多くの人生を生き抜きました。

今、あなたが感じている魂の絆と、その奇跡はすべて、過去世であなたが創造したものです。そしてこれからは、それをもとに、あなたが自分自身を満たす番です。

あなたが起こす豊かな進化をますます楽しみにしています。

ドラゴンヘッド　牡牛座

今世

今世のテーマ（チャレンジ）
眠っていたあなたを
起動するパスワードは、

五感を通して、確かな「豊かさ」を満喫する

肉体って最高！　五感を使って地球ならではのあらゆる豊かさを知り、自分を満たす！

「自分」を自分で幸せにする……自分のニーズはじっくり自分で満たす予定。

「与えられたもの」を素直に受け取る……人ではなく、宇宙からの豊かな恵みをたっぷり受け取る予定。

「コツコツ積み上げる」パワーを体験する……時間をかけ、丁寧に豊かさの基礎をつくる予定。

「物」と「お金」のメリットを知る……物質的エネルギーについて学び、現実を安定させる予定。

あなたはいつも「相手の感覚」で世界をとらえがちです。「自分の感覚」が未発達なので、魂は、誰かに批判されたり、ないがしろにされたと感じた時、激しい落ち込みや焦り、パニックを感じるようにプログラムして生まれてきました。

そんな時こそ自分に注目するタイミングです。「自分には何が大切なのか？　今、何が必要なのか？」自分自身にエネルギーを注ぎましょう。

今世のあなたは、焦らず時間をかけて自分で積み上げたものからしか自信は生まれません。あなたのするどい「五感」で自分に必要なものを感じ取り、肉体を使って、地球のあらゆる豊かさを満喫しようと計画してきたのです。

そんなあなたを見て、人生が壊れかけた人たちも、自分にとっての豊かさをじっくりと学んでいくでしょう。

今世のテーマ
初心者レベル

ハンパー ♉

ハンパーは、まだ過去世の影響が色濃く、今世のテーマが身についていません。生きづらい状態です。

魂の困ったクセ

どんな人も今世の思春期ごろまでは、過去世でできた魂のクセをおさらいします。

あなたは過去世で、ある人に身も心も捧げ、「この特別な人を全力で支え、守りきればお返しに必ず幸せにしてもらえる」と信じて、あらゆる修羅場をくぐり抜けてきました。いつも不安と危険にさらされ、あれこれシミュレーションをしても心は休まらず「二面性がある」「重い」「敵に回すと怖い」と思われることも。

ついには信じていた人にうっとうしがられたり、見捨てられたり……気がつくと自分がズタズタになっていました。自信をなくしたあなたは復讐を誓うほど「激しい寂しさ」を心の奥に抑え込んでいきました。

ソウルサポーター

揺るぎない信頼のためならどこまでも尽くす！
そんなあなたが選んだ魂のサポーターは……

今世でも、「裏切られるのが怖い！」と思いすぎて、人を過剰に警戒してしまう、この**ハンパー**レベルのあなた。ついに「この人は！」と思ったら、これでもかと尽くして恩を売り、「裏切られないために」ほとんどの時間をその人のために使います。でも今世では、あなたがいくら誰かのために尽くしても、あなたが報われたと感じることはありません。

当たり前のように利用され、感謝すらされてない気がして、どんどん空しくなり、湧き上がる怒りを抑えるのに苦労していませんか？

あなたは自分を一番信用していないため、あなたを認めてくれる誰かをいつも求めてしまいます。そして結局、その**誰かの気持ちにがんじがらめ**になって、エネルギーがどんどん減っていく……と感じているのではありませんか？

そこが魂の狙い！　認めてもらおうとして「尽くしすぎる」クセを直すには、**尽くし甲斐のない人**に集まってもらうのが一番です。実はあなたの周りの理不尽な人たちは、あなたが**「自分の豊かさ」を認め、「自分で自分を幸せにする」決意をするために魂の契約をしたお助けソウルサポーターたち**なのです！

そのうちあなたも、自分が自分を認めないと本当の安心にはつながらない、と気がつき、ついに自分を愛し始めるでしょう。

魂のクセに効く　5つの言霊

心地よさが豊かさのサイン。
ゆったり、じっくり、味わいながら一歩ずつ。
自然からエネルギーをもらい、与える。
まず五感を満たそう。
どんなことにも恵みを見つけよう。

魂成長のためのワーク

ものごとがうまくいかない時に、すぐに相手を困らせたり、関係を破壊してしまう前に。

ハンパー♉さんはまず、自分がどれだけ豊かなのか実感することが大切です。

大金でなくてもいいので、自分で生み出した**「自由に使えるお金」**（家事・在宅バイトでもＯＫ）と、毎日1～2時間、誰の存在も気にせず、**「自分で自分をじっくり満たす時間」**をつくります。特に「見る」「聞く」「嗅ぐ」「味わう」「感じる」に関連した、自然からもらう豊かさは、あなたがこの地球で満喫したかったことのひとつです。こうした活動に自分で生み出したお金を自由に使うと、あなたの中のハンパーは自信と喜びを取り戻します。やがて「自然」と濃密なエネルギー交流ができるようになると、人に媚びたり、駆け引きをする必要もなくなっていくでしょう。

さっそくやってみよう!!

自分で自分を深く満たす「五感」のワーク
――自分のためだけの「本当に満たされた時間」を満喫する

【ステップ1】
それぞれの五感を満たす活動について、下表の例を読み、さらに自分ができそうなこと、やってみたいことを書き足してみる。

【ステップ2】
それぞれの活動を実際にやってみる。

【ステップ3】
その活動をやりながら、それが自分にとってどういう意味をもつのか考える。
（例）好きなドラマを観る……**自分の好みの再確認**
歌う……**ストレスの発散**
アロマを焚く……**自分が優雅で豊かだと実感する**
旬のものを食べる……**身体のケア**
お風呂……**自分のペースを取り戻す**　など

五感のワーク

肌（触覚） 触れること	舌（味覚） 味わうこと	鼻（嗅覚） 嗅ぐこと	耳（聴覚） 聞くこと	目（視覚） 見ること
・お風呂（ぬるめ／熱め） ・肌触りのいいもの ・マッサージ、整体、エステ、ハグ ・心地よい寝具で寝る	・好物、おいしいもの（身体が欲しているもの） ・旬の食べ物 ・珍しい食材 ・新しい味付け	・アロマ（精油がおすすめ。人工香はNG） ・ハーブ ・森林浴、花の香り ・好みの飲食物の香り	・好きな音楽 ・自然の音 ・鳥の声 ・心地よい声・歌 ・心地よい周波数の音楽	・美しい景色 ・好きな写真や絵画 ・ペットや家族の写真 ・きれいなもの ・好きな色
・やわらかい天然素材の肌着（肌をいたわる）	・ファスティング（舌を休める）	・鼻うがい（鼻を休める）	・静寂（耳を休める）	・何も見ない（目をとじる）

【ステップ4】

その意味を、別の紙に書き記しておく。

※注……このリストは、あなたの身体・心・魂が、満たされたいのに、**満たされていないと思っていること**を表している。

【ステップ5】

ステップ4の「自分にとっての意味＝満たされていないと思っていること」について、他の活動も考えて、リストに加える。

（例）**自分の好みの再確認**……家の中でかける曲を自分で選ぶ

ストレスの発散……山歩き（自然の音を聞く）

自分が優雅で豊かだと実感する……少し晩ごはんを豪華にする

身体のケア……温泉に行く

自分のペースを取り戻す……いつもより早く寝る

【ステップ6】

身近な人にも、関係者にも、「このリストの活動」が自分にとっていかに大切かを伝えて、その時間を尊重してもらう（相手の都合で、時間変更やキャンセルをしない）。

※注……誰かがそのことについて何を言っても気にしないこと。

「ありがたいなぁノート」のワーク
――自分の「豊かさ」を実感する

今、自分がもっている「あらゆるもの」をノートに書き出し「ありがたいなぁ」という気持ちをかみしめる（物・人・チャンス・能力……見えるもの・見えないもの、なんでもいい）。目標100～300個。

つらい時のセルフヒーリング

・「見る・聞く・嗅ぐ・味わう・感じる」ことで幸せを徹底的に満喫する。

・自然の豊かなエネルギーを感じながら、のんびり優雅に過ごす。

今世のテーマ
上級者レベル
バランサー ♉

今世のテーマが達成されバランサーに進化していきます。自分の人生に満足し、ありのままで周りにも喜ばれます。

今世のテーマ 達成度チェックリスト

★しょっちゅう思う、たいていそうする……A（10点）
★たまに思う、時々そうする……B（5点）
★あまり思わない、ほぼやらない……C（1点）

合計点＝バランサー率（今世のテーマの達成度）

達成度に合わせて、自分が魂の時にセッティングしてきた「レアアイテム」や「ごほうび」「パーティー」「イベント」などのお楽しみがゲットできます！（魂のルートMAP　34ページ参照）

0～49％……どちらかというと楽しいことよりつらいことが多く、自由度も少なく感じます。過去世のくり返しを避けるために、魂がそうセッティングしてきたのです。

50～89％……いやなこともあるけど、まぁ、なんとかうまくやれるようになってきたし、それなりに「いい人生」なんだろうなぁ……って感じています。

90～100％……たいていの出来事が自分の進化にどう役に立っているかわかり、つらくても苦しくても楽しい。軌道修正も自在。人生はかなり自由で思い通りな感じです。

⇦ **チェックリストは次ページ!!**

バランサー ♉
今世のテーマ　達成度チェックリスト

【自分はこのままで十分だ】
自分を満たすことにためらいなし！　たいてい満足しています。まず自分が満たされ、あり余った分で周りは満たされていくのですから。

【自分のペースで確実に歩める】
それぞれが自分のペース。自分は、ひとつひとつ積み上げ、揺るぎない基礎をつくっているので、どんな時も焦らず、めったにブレません。

【他人の気持ちに動じない】
誰かに何かをしてもらう必要がないので、人の顔色をうかがう必要もなく、他人にどう思われても気になりません。

【お互いの価値を大切にできる】
自分の大切なものがハッキリしていて、何よりも優先できるので、他の人の大切なものも理屈抜きで大事にすることができます。

【大切な人たちを安心して見ていられる】
自分もみんなも「自分を幸せにする力」をもっているとわかっているので、あれこれ口出しする必要は感じません。

【物質的なものを上手に活用する】
物やお金など、物質界でのツールを巧みに活用して、現実を安定させ、心を穏やかにすることが得意です。

【人から操作されない】
物やお金から、愛や安心のエネルギーを引き出し、自然から癒しのエネルギーを充電できるので、人を操作したいとも思わないし、人にも操られません。

【五感を使って豊かさを満喫する】
五感が非常に発達しているため、肉体で味わえる深い喜びをかみしめて、心をどんどん満たし、豊かにします。

【ゆったりとした優雅な時間を味方につける】
人を見たままに判断したり、ものごとを表面的に決めつけたりせず、長い時間の中ですべてが変わっていくのをじっくりと待つことができます。

【いつもありがたいなぁと感じる】
たとえ過酷な状況でも、その中にある「豊かな恵み」を見つけ、感じ、心から「ありがたいなぁ」と湧き上がる想いを感じます。

合計点
（バランサー率）　　％

今世のテーマ

指導者レベル

ハーモニアン♉

何度もこのテーマで転生すると、
指導者レベルのハーモニアンに進化します。
個人の目的より、人類と地球生命のために動くことが
生きがいとなります。

人類に地球での真の豊かさを体感させる

「不安」や「恐れ」を完全に必要としなくなった指導者レベルの**ハーモニアン♉**は、自分の中の

「変化」と「安定」
「破壊」と「建設」
「激しさ」と「穏やかさ」
「融合」と「分離」
「欠乏」と「豊かさ」

2つのエネルギーを自在に組み合わせて、全く新しいエネルギーを生み出し、地球と着実に一体化するでしょう。

そして地球に転生した魂たちの基盤を豊かにし、物質と精神のエネルギーを使って、宇宙の真の恵みを行き渡らせます。

ドラゴンヘッド　双子座

過去世

あなたの過去世、こんなパターンばっかり！

「悟り」すぎて「孤独だった人」

大いなる真理にのめり込んだあげく、悟った叡智《えいち》を誰にも伝えられなかった人生

たくさんの過去世で、人類に役立つ大いなる真理や叡智を求めて、研究や修行、一人旅にのめり込み、社会とほとんど関わらなかったあなた。

自然や宇宙や神々とつながって「すごく悟った」そのあげく、心を通わせる友もなく、気がついたら「孤独な人」になってしまった。

せっかく「素晴らしい叡智」を手にしても、伝える人が誰もいなくて宝の持ちぐされ。

空しい寂しい人生になってしまった。

宇宙の真理からすればすべてに意味があるんだ
……人ってめんどくさい

【たとえば、こんな人だった】

錬金術に没頭した神秘主義者／山奥で修行を極めた仙人／尊い教えを求めて世界をさまよった修行僧／深い悟りを得た宗教家／ひとつのテーマの研究に生涯を捧げた学者／一生書斎に引きこもった小説家／世界中の秘境をたずねた冒険家／人里離れたへんぴな土地に住む世捨て人／ジャングルで獣と交信しながら暮らした野生人

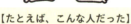

「もう、イヤッ！」魂が経験しすぎたこと
――魂の本音

【偉大な叡智とともに生きる高次元な世界】を実現しようと、過去世のあなたはいつでも「世間にまみれないよう」がんばってきた。

「何ものからも自由でいなければ！」「人の言葉に惑わされるな。真実はいつも1つ！」「本当の叡智は己の中にしかない」。そうやって叡智や真理にばかり没頭していたら、気の合う人がいなくなった。

せっかく手にしたこの叡智、もったいないから教えてあげたいのに、誰にもさっぱり伝わらない！

「もっとわかりやすく教えて」って、みんな言うけど、わかるレベルになってからきてほしい！　あぁ、人ってホントめんどくさい！

イヤなこと

自由でないこと。あれこれ指図されること。興味ないことをやらされること。ウソ。

「人って、一緒にいるとだんだん身動きとれなくなるよね。いちいちめんどくさいし、お互い自由にやればよくない？」と言いつつ、自由すぎたら誰もついてこないんだけど（笑）

それに正直、みんなに役立つこの叡智が、誰にも伝わらないのはすごいショック……。

結局、誰にもわかってもらえない**「不自由な自分」**が一番イヤ！

過去世の無限ループから抜け出そう！
――こんなクセが進化を遅くする！

「縛られたくない」……多くの過去世で、人とほとんど関わらず、わずかな交流でもストレスと感じていた。

「バカにされたくない」……人並外れた知識と叡智を身につけたため、プライドがかなり高くなった。

「真実は1つ」……弟子に囲まれ引きこもっていたので、自分にとっての真実が唯一の真理となった。

「世のけがれにまみれたくない」……崇高な「真理」にのみ没頭し、普通の生活を「けがれ」と感じた。

ドラゴンヘッド　Ⅱ 双子座

魂世界

賢いセンパイ魂たちと相談して選んだプランはこれ！

コミュニケーションスキルをアップ　楽しくデータ収集プラン

※魂のルートMAP（32〜35ページ）参照

まずは過去世で得意だったことをバージョンアップしよう！

あなたは、**「真の姿を見抜く能力」**が本当にスゴイ！

どれだけ上手に言葉を並べても
どんなに外見を取り繕っても
降りてくる「直観」の声が
○○だってささやくんだ

そうやって、いつも天の声を聴き、「真実」ばかり見つめてきたから、見かけに惑わされず、本物の真理を見抜く才能はピカイチ！　あなたは、多くの過去世で、この能力を使って、人々が見失った本当に大切な「叡智」を数多く発見してきました。

けれど、どんなに貴重な叡智を身につけても、それが世の中に伝わらないとなんの役にも立ちません。

今世では、それぞれの人に合わせた高度なコミュニケーションスキルをしっかりと身につけて、人々が見失っている**「真実」**と**「叡智」**を1人でも多くの人とシェアし、実際の生活で役立てましょう！

今世で魂がやってみたいことリスト
――次の人生ではどんな「あなた」を起動しようかな

・できるだけいろんな経験がしたいから「浅く」「広く」「適当に」「次々」やってみる！
・普通の生活に慣れるため、1人でも多くの人とつながって、1つでも多くの経験をしよう。
・最短距離より、シェアしながらの回り道を選びたい。
・伝わらなければ質問しまくってみたい！
・勘違いしないよう、よく聞いて何度も確認しよう。
・なんでも「簡単」に、「おもしろく」伝えてみる！
・相手に合わせて、いろんな表現を覚えたい！
・場の空気に合わせるって、すごそうなスキル……。
・人によっていろんな「真実」があるんだって。
・笑いって、すごい便利なパワーってホント!?

今世はこんな進化をすることに決定！

・やりたいこと満載！　なんでもお試しレベルでやる！
・好奇心を全開！　いろんな人のサンプルを集める！
・とにかく、いろんな体験をする！
・いろんな矛盾を楽しむ！
・人に説明できるように、筋道を立てて考えてみる！
・話すより、質問して、データをたくさん集める！
・笑いで世界を救う！

決定

宇宙からのメッセージ

あなたは「人類に役立つ真理と叡智」のため、たくさんの人生を生きてきましたが、人々は、価値もわからず、あなたを理解できませんでした。あなたは深く嘆きながらも、決して真理の追究をあきらめず、さらに多くの人生を生き抜きました。

今、あなたの内にある深い叡智はすべて、過去世であなたが創造したものです。そしてこれからは、それをもとに、広く人とつながり、多くの人に伝える時です。

あなたが起こす軽快な進化をますます楽しみにしています。

ドラゴンヘッド　♊ 双子座

今世

今世のテーマ（チャレンジ）
眠っていたあなたを
起動するパスワードは、

「いろいろなつながり」を取り戻す

世界は知らないことだらけ！ あらゆる人との交流を通していろいろな自分を知ろう

「いろいろな人」と交流する……今世で出会うさまざまな人々と情報交換する予定。

「いろいろな経験」を増やす……次々と軽いお試し体験をして、人との共通点を増やす予定。

「いろいろな自分」と出会う……今まで知らなかった自分をどんどん発見する予定。

「コミュニケーション」と「論理」について知る……苦手な2つのエネルギーについて学ぶ予定。

世の中がいかに自分と違うタイプの人だらけか、考えただけで疲れてしまうあなたは、人といるとふいに

「逃げ出したくなる」かもしれません。

そこで魂は、そんな時こそ、興味が湧いてきて、心の中がザワザワするようにプログラムして生まれてきました。ぜひ、「逃げたいけど、知りたい！」という気持ちのままで踏みとどまり、「てきと〜に」「いいかげ〜んに」「軽〜い気持ちで」交流してみてください。過去世のように引きこもって、ひとりでのめり込むのではなく、今世は、次々といろいろな人と会い、いろいろなことを体験して経験値を上げ、たくさんの表現方法を身につけようと計画してきたのです。

そのおかげで、あらゆるタイプの人たちへのアプローチがうまくなり、多くの人があなたの中に眠る偉大な叡智を生活に利用できるようになるでしょう。

今世のテーマ
初心者レベル
ハンパー ♊

ハンパーは、まだ過去世の影響が色濃く、今世のテーマが身についていません。生きづらい状態です。

魂の困ったクセ

どんな人も今世の思春期ごろまでは、過去世でできた魂のクセをおさらいします。

あなたは過去世で自然や宇宙や神とばかり交信したがり、「魂を磨くには生活や人々から自由でないといけない」と信じて、人里離れて引きこもり、孤独に暮らしていました。やがて真理や叡智は、人々の役に立たなければ意味がないということに気づいたのですが、あまりに長い孤独のせいで、あなたの言うことはみんなにはほとんど理解できなくなっていました。人々からは「とっつきにくい」「思い込みの強い」「勝手気まま」な人だと思われることも。そして、心の奥底に、ものすごい「空しさ」を抱えてしまいました。

ソウルサポーター

縛られたくなくて引きこもりがち！
そんなあなたが選んだ魂のサポーターは……

今世でも、「不自由が怖い！」と思いすぎて、すぐにその場から逃げ出そうとする、この**ハンパー**レベルのあなた。ちょっとでも居心地が悪いと、風の向くまま気の向くままに、とっととどこかへ行こうとしがちです。

そんなあなたは行く先々で**あなたと全く意見の合わない人や生き方が違う人**に囲まれて必死でひとりになろうとしすぎて、**思った以上の孤独**を感じ、生きる意味を感じられなくなってはいないでしょうか？

また、あなたは、真実というものの価値をみんなも自分と同じくらい大切だと思い込んでいて、なんでも**本当のことを無神経に口にしては、傷つけたり、ケンカになったり、距離を置かれたり**……かえって不自由になっていく感じがしているのではありませんか？

そこが魂の狙い！　すぐに人を避けようとするクセを直すには、コミュニケーション力を上げないとヤバいと思うよう、みんなに協力してもらうのが一番です。実はあなたの周りの理不尽な人たちは、あなたが**「自分と違ういろいろな人とのコミュニケーション」を学び、「人とつながる喜び」を知るために魂の契約をしたお助けソウルサポーターたち**なのです！

そのうちあなたも、人との関わり方やコミュニケーションスキルを学び、過去世でため込んだ空しさのエネルギーを癒し始めることでしょう。

魂のクセに効く　5つの言霊

あらゆる人・経験の、サンプル集めがテーマ。
真理ではなく、他人の話から学ぶ。
どんなことでも次々「お試し」する。
のめり込まず、浅く・広く・てきと〜に。
わかり合うには相手のスピードに合わせる。

魂成長のためのワーク
ものごとがうまくいかない時に、すぐに逃げ出したり、投げ出してしまう前に。

ハンパーⅡさんは、知識を極めるより、幅広い雑学を集めるのがテーマ。いろいろな人と関わり、さまざまな体験をする必要があります。

あなたの中の**ハンパー**がひとりになりたがったり、納得いくまで徹底的に知りたがるのを抑えるために、すべてを軽い「味見」程度にする覚悟が大切です。

気軽な体験をＳＮＳやブログに上げたり、みんなの興味を引きそうな情報として発信すれば、多くの人と交流もでき、さまざまな反応を得るいい機会になりますよ。

とにかく「他のことに気が移ったら」次へ進むサインいくつもの体験を同時進行してもかまいません。意外と軽やかで器用な自分に快感を覚えるはずです！

さっそくやってみよう!!

SNS発信のワーク
――体験シェアのネットワークをつくる

【ステップ1】

いろいろなイベントを検索し、短期で気軽にできそうなものを選んで参加してみる。


【ステップ2】

参加しながら、そのイベントに興味がありそうな友人に紹介するような気持ちで、内容や参加者たちの様子、参加した人ならではの感想などをメモしておく。


【ステップ3】

家に帰ってから、SNSやブログに発信するつもりで、メモを記事にする。


【ステップ4】

できあがった記事を、今度は、自分が友人のひとりになったつもりで読み返し、よりわかりやすい文章にする。


【ステップ5】

その文章を、今度は、見知らぬ他人になったつもりで、もう一度読み返し、さらに磨きをかけて、おもしろい文章にする。


【ステップ6】

記事をアップし、反応を見る。

同時に次に参加するイベントを見つけ、気軽に参加し、ステップ2~5をくり返して、定期的に記事をアップし続ける。あなただけにしかできない情報発信でおもしろいネットワークができていくはず。

インタビューのワーク
――いろいろな価値観や対処法を知る

「今日の質問」を決め、会う人全員に質問する。
（例）オススメの○○、昨日一番○○だったこと、◇◇についてどう思うか、今ハマってること
ただし、**自分の意見は言わず、次の言葉を使って相手の話を引き出すことに集中**すること。

相づちワード　「なるほど」「そうなんだ」「すごい」「うんうん」「え～！」「そうなの⁉」「へぇぇ」
質問ワード　「なんで⁉」「いつ？」「それで？」「どこで？」「どうして？」「どういうこと？」
言い換えワード　「つまり～ということ？」「簡単に言うと～だよね？」「それって～ってこと？」　など

多かった意見や、オススメ情報などをみんなにシェアする（ただし情報源は知らせない）。やがて質問が上手になると、みんなから進んで話してくれるようになり、人も情報も自然とあなたに集まってくる。

変身のワーク
――いろいろな自分を起動する

【ステップ1】

「本日のマイ・バージョン」を決め、そのバージョンに沿った「自分」になって、一日過ごす。

（例）体育会系、お上品、リーダー、知的、おちゃらけ、真面目、秘書、芸術家　など

服装や持ち物、言葉遣い、態度、行動、思考や選択もバージョンに合わせて変えてみる。


【ステップ2】

すべてのバージョンにある「光と陰」を探す。


実際にやってみると「あこがれのバージョン（光）」にも大変な面（陰）が、逆に「敬遠していたバージョン（陰）」にもステキな面（光）があったりして、視野が広がる。

つらい時のセルフヒーリング

・オシャレなカフェで音楽を聞きながら、心の声をノートに書きまくる。
・時間を決めて、「単純な」ゲーム（パズルゲームやカードゲームなど）に集中する。

今世のテーマ
上級者レベル バランサー Ⅱ

今世のテーマが達成されバランサーに進化していきます。自分の人生に満足し、ありのままで周りにも喜ばれます。

今世のテーマ 達成度チェックリスト

★しょっちゅう思う、たいていそうする……A（10点）
★たまに思う、時々そうする…………B（5点）
★あまり思わない、ほぼやらない………C（1点）

合計点＝バランサー率（今世のテーマの達成度）

達成度に合わせて、自分が魂の時にセッティングしてきた「レアアイテム」や「ごほうび」「パーティー」「イベント」などのお楽しみがゲットできます！（魂のルートMAP　34ページ参照）

0～49％……どちらかというと楽しいことよりつらいことが多く、自由度も少なく感じます。過去世のくり返しを避けるために、魂がそうセッティングしてきたのです。

50～89％……いやなこともあるけど、まぁ、なんとかうまくやれるようになってきたし、それなりに「いい人生」なんだろうなぁ……って感じています。

90～100％……たいていの出来事が自分の進化にどう役に立っているかわかり、つらくても苦しくても楽しい。軌道修正も自在。人生はかなり自由で思い通りな感じです。

チェックリストは次ページ!!

バランサーⅡ
今世のテーマ　達成度チェックリスト

【どんな人とでもつながりを感じられる】
気軽に雑談するようなコミュニケーションで、あらゆるタイプの人と幅広くつながって、いろいろな情報を集めることができます。

【どんなことにも興味がもてる】
ありとあらゆることに興味津々！　相手が誰であれ、対象が何であれ、次々と質問があふれ出してきます。

【浅く・広く・てきと～に・いいかげんに】
できるだけ多くの人と、できるだけ多くの経験をするために、すべては「お試し感覚」で次々いこう！　なんならいくつか同時進行もＯＫ！

【その場その場の空気を読んで柔軟に！】
なぜかどんなに気が変わっても許されるみたい。次々といろいろな経験をして、いろいろな人からいろいろな解決方法を学んでます！

【ものは言いよう】
むずかしいことはカンタンに、カンタンなことはおもしろく、本当のようでウソではない、絶妙な言い回しならお任せ！

【矛盾した気持ちがあっていい】
どんな人の中にも「いろいろな矛盾した気持ち」があるのが当たり前。そんな「ありのままの姿」を、自分にも、相手にも受け入れています。

【軽やかに動き続ける】
しゃべりも、思考も、行動も超高速回転。相手に合わせてスピード調節も自由自在で、しかも他のことを同時にいくつかやりながらの対応も可能！

【流行に敏感】
別に必死で流行を追いかけてるわけじゃないけど、なんとなくみんなが好きそうなものもわかってしまうし、いつも流行は上手に取り入れます。

【要領よく効率よく】
ものごとの重要ポイントが、見たとたんにわかるから、必要なことと不必要なことを瞬時に見抜いて、おいしいとこどりが自然とできます。

【笑いで世界を救う】
どんなに深刻な状況でも、笑いの神さまが降りてきて、その場の空気を和ませてくれます。空気がゆるんだら自然といいアイデアが浮かんできます！

合計点
（バランサー率）　　　　%

今世のテーマ

指導者レベル

ハーモニアン ♊

何度もこのテーマで転生すると、指導者レベルのハーモニアンに進化します。個人の目的より、人類と地球生命のために動くことが生きがいとなります。

人類のコミュニケーションレベルの次元を上昇させる

「不安」や「恐れ」を完全に必要としなくなった指導者レベルの**ハーモニアン♊**は、自分の中の

「自由」と「つながり」

「真実」と「矛盾」

「未来」と「現在」

「ひらめき」と「思考」

「拡散」と「統合」

2つのエネルギーを自在に組み合わせて、全く新しいエネルギーを生み出し、地球の多彩な情報網をバージョンアップさせるでしょう。

そして地球に転生した魂たちのあらゆる違いを超えた相互理解のために、宇宙のことばを教えます。

☊ ドラゴンヘッド ♋ 蟹座

過去世

あなたの過去世、こんなパターンばっかり！

「背負い」すぎて「心が乾いてしまった人」

みんなの期待に応えようと大きな責任を背負い、自分の気持ちをどんどん封印し続けた人生

たくさんの過去世で、重い責任や厳しいルールに縛られながら、みんなの生活を守るためにがんばってきたあなた。

みんながパニックになるから弱音も愚痴も言えなくなって、誰に頼ることもできずに無理の連続。あげくに「何があっても平気なスゴイ人」という周りの期待を「背負い」すぎて、すっかり心が乾いてしまった。

ついには「あらゆる気持ち」を封印しないと一歩も前に進めなくなってしまった。

やるべきことをやる
それがみんなのため
……いつか
見てろよ

【たとえば、こんな人だった】

大きな部族の長／大規模な村や町の長／規律の厳しい修道院の院長／大きな軍隊のトップ／由緒ある家柄や伝統芸能の継承者／大きな組織の責任者／大会社の社長や役員／政治家／家庭ほったらかしの仕事漬け人間

「もう、イヤッ！」魂が経験しすぎたこと
——魂の本音

【確かな安心・安全な社会】を実現しようと、過去世のあなたはずっと「感情を封印」し、縁の下を支えてがんばってきた。

「甘えは弱さ。やさしさは毒」「尊敬されないと社会的に破滅だ」「気持ちなんて大した問題じゃない」。そうやってがむしゃらに耐え抜いているうちに、自分の「気持ち」もわからなくなった。

　みんな、当たり前みたいに要求ばっかりしてくるけど、どれだけやっても不満の垂れ流し！　自分はなんだか使い捨てティッシュみたい！

「あなたみたいに有能でも、強くもないから」って、みんな言うけど、なんだかすっごくモヤモヤする!!

　無能で弱いほうが幸せそうだなんて!!

イヤなこと

　失敗すること。責任転嫁と非常識。甘え。アテにならない夢。ムダ。口先だけの約束。

「よく『自分の気持ちを大切に』なんて言うけど、いちいち『気持ち』なんか優先していたら、なんにも解決しないでしょ!?」と言いつつ、自分のイライラモヤモヤが抑えきれない！

　正直、こんなにがんばっているのに報われないなんて、いったいどこまで我慢すればいいの！

　あぁ、もうこんなムダなこと考えてる自分の**「弱い心」**が一番イヤ！

過去世の無限ループから抜け出そう！
——こんなクセが進化を遅くする！

「役立たずに居場所はない」……多くの過去世で、みんなの役に立っていないと集団から追放された。

「すべて私のせい」……なんでも引き受けた結果、みんなが無責任になり、すべてを自分のせいにされた。

「迷惑をかけてはいけない」……周りに迷惑をかけられ続け、「自分だけは……」と人を頼れなくなった。

「甘えてはいけない」……本音や弱さを見せて、足元をすくわれたので、もう誰も頼らないと決めた。

ドラゴンヘッド　蟹座

魂世界

賢いセンパイ魂たちと相談して選んだプランはこれ！

ファミリーとの気持ちのやりとり　ささやかな幸せいっぱいプラン

※魂のルートMAP（32～35ページ）参照

まずは過去世で得意だったことをバージョンアップしよう！

あなたは、**「必ず目標を達成する能力」**が本当にスゴイ！

時はありがたい
ゴールから目を離さず
手足を動かし続けてさえいれば
いつか必ずそこへ導いてくれる

そうやって、休みなく手足を動かし続けてきたから決めたことを成し遂げる才能はピカイチ！　あなたは、多くの過去世で、この能力を使って、人類の確かな進歩と安定のために貢献してきました。

けれど、自分の気持ちをないがしろにしていては「自分の幸せ」は見つかりません。

今世では**「自分はどう感じるのか」**をみんなとシェアしながら、**「助け合ってゴール」**を目指せば、「自分はいつも縁の下……」なんて苦しまずに済むし、ゴールする幸せをみんなと一緒に喜べますよ！

今世で魂がやってみたいことリスト
——次の人生では
どんな「あなた」を起動しようかな

・気持ちをシェアすると温かい絆がつくれるの⁉
・正直な気持ちを受け止めてくれる人とだけつきあうんだ！
・つらそうな人に寄り添って心を通わせてみたい。
・感情は、「感じる情報」として利用してみたい。
・感情を表現して「心の浄化」を体験したい。
・当たり前の小さな幸せって、あこがれる……。
・自分のままでいる……ってどんな感じだろう⁉
・誰かを癒したら、自分も癒されるんだって！
・自分の「ホーム（居場所）」をつくりたい。
・自分や人が育っていくのを楽しんでみたい！

今世はこんな進化をすることに決定！

・今、目の前にあるささやかな幸せに満足する！
・弱さや本音、ありのままの姿を受け入れ合う！
・解決より、相手の気持ちやプロセスを理解する！
・「素の自分」でリラックスする！
・いろんな気持ちをじっくり味わい、共感し合う！
・「自分でできる」ようにやさしく人を育む！
・ひとりで背負い込まず、お互いに甘え、補い合う！

決定

宇宙からのメッセージ

あなたは「安定した社会」を守るため、たくさんの人生を生きてきましたが、人々は、身を粉にして働くあなたにやさしさも示さず、酷使しました。あなたは厳しさをもって決して社会貢献をあきらめず、さらに多くの人生を生き抜きました。

今、あなたが目にする社会の成熟はすべて、過去世であなたが創造したものです。そしてこれからは、それをもとに、あなた自身の気持ちと生活を大切にするのです。

あなたが起こす温かい進化をますます楽しみにしています。

☊ 69

ドラゴンヘッド　蟹座

今世

今世のテーマ（チャレンジ）

眠っていたあなたを起動するパスワードは、

「自分の感情」を取り戻す

やさしさに包まれる。繊細な気持ちのやりとりでささやかな幸せをかみしめよう

「完璧でないものの役割」を知る……育ち、育む喜びを生み出す予定。

「補い合うことの喜び」を知る……お互いの弱さをもって、相手を輝かせ合う予定。

「気持ちやプロセス」を大切にする……結果や成功にかかわらず、幸せを満喫する予定。

「受容」と「甘え」のメリットを知る……女性的なやわらかいアプローチについて学ぶ予定。

イヤなことをされても、あなたは「イヤな気持ち」を抑え込んでハッキリ自覚できません。

そこで、魂は気持ちを抑え込むと、ものすごく「イヤな気分」を感じるようにプログラムしてきました。

あなたは「大したことではない」と思いながら、急にイライラと不機嫌になりやすいのではないですか？

理由を聞かれても気持ちがうまく説明できないことも多いはず。そんな時には、まず周りにいる「つらそうな人」を見つけて、先にその人を癒してしまいましょう！　あなたは、つらい誰かの心にそっと寄り添い、本人以上にそのつらさに共鳴し、抑えた「本音」を相手に気づかせる時、同時に自分の気持ちや本音にも気づき、自分を癒していこうと計画してきたのです。

そんなあなたのおかげで、心が乾いた人たちは、わずかな感情から自分の本音に気づき、自分を癒す方法を学ぶでしょう。

今世のテーマ
初心者レベル
ハンパー ♋

ハンパーは、まだ過去世の影響が色濃く、今世のテーマが身についていません。生きづらい状態です。

魂の困ったクセ

どんな人も今世の思春期ごろまでは、過去世でできた魂のクセをおさらいします。

あなたは過去世で、社会の役に立たなければ人々に拒絶されたため、「世間に認められるには、気持ちなんてかまっていられない」と思い、みんなのために必死で困難に耐え忍びました。でもあなたに頼りきった人たちは、あなたに感謝することも忘れ、あなたの心は乾ききってしまいました。やがてあなたは、怠ける人々をしっかりと管理するため人生を楽しむ気持ちも封印し、「にぶい」「生真面目」「厳しい」と思われることも。そして、心の奥底に、「空虚な気持ち」をどんどんため込んでしまいました。

ソウルサポーター

自分さえ我慢すれば……と自分の気持ちにフタをする！そんなあなたが選んだ魂のサポーターは……

今世でも、「役立たずになるのが怖い！」と思いすぎて、人の期待にエンドレスで応え続けてしまう、この**ハンパー**レベルのあなた。今はすべてを耐え忍んでも「いつか偉くなったら、感謝もしないヤツらを絶対見返してやる！」と密かに怒りをため込みがちです。

そんなあなたの周りには、あなたがいくら期待に応えても、**当たり前みたいな態度でますます怠け者になる人**や、**感謝もせずにおいしいとこどり、自分の手柄にしていく人**が多いのではありませんか？

あなたは、それでも人に頼らず甘えず、黙々とがんばっていますが、実際周りからはとっつきにくく近寄りがたい人と思われ、みんなとなじめないと感じることはありませんか？

☊ ♋

そこが魂の狙い！　すぐに気持ちを抑え込んでしまうクセを直すには、**あなたのつらい気持ちに気づこうとさえしない人**に集まってもらうのが一番です。実はあなたの周りの理不尽な人たちは、あなたが**「ありのままの気持ち」を感じて表現し、「ありのままの自分」で生きる決意をするために魂の契約をしたお助けソウルサポーターたち**なのです！

あなたもそのうちどうにも気持ちが抑えられなくなって、過去世でため込んだすべての想いを表現し始め、ようやくみんなと心が通い、温かい絆を感じ始めることでしょう。

魂のクセに効く　5つの言霊

感情とは、魂プランに沿っているかどうかのシグナル。
完璧でないからこそ果たせる役割がある。
魂はみな、自分のベストタイミングを知っている。
相手がもっていないものは、あなたが与えられるギフト。
ささやかで当たり前の幸せに浸ろう。

魂成長のためのワーク

ものごとがうまくいかない時に、すぐに「しかたない」とひとりでなんとかしてしまう前に。

自分の気持ちとつきあう練習が必要です。

ハンパー♋さんは自分の感情を取り戻すため、まず自分の細やかな感情を隠すために、あなたの中の**ハンパー**は「怒り」を爆発させてごまかそうとすることがあります。面倒な気持ちの説明から逃れるために大声を出したり、不機嫌になったり、無視をしてとりつくしまもない態度をとりますが、結局は空しい関係をつくるだけです。

代わりに、自分の感情を探り、認め、シェアできるようにすれば、あなたの繊細な気持ちを知って、自然と協力者が増えますよ！　自分の気持ちにおぼれるのではなく、うまく活用して、同じ気持ちをもつ魂とのファミリーをつくることもできます！

さっそくやってみよう!!

感情のワーク
——感情という魂からのメッセージをうまく活用する

【ステップ1】気持ちを観る

自分の気持ちに集中する（感情的になって人にぶつけることではありません。じっくりと感じきるという感覚）。今の自分の気持ちにピッタリの言葉を探し、紙に書き、何度も言ってみる。気持ちをありありと感じてみる。**腹立たしい、悲しい、悔しい、うれしい、楽しい**など。**泣きたいだけ泣いたり、怒って枕やクッションを叩くのはOK。**

【ステップ2】自分が信じていることを知る

その気持ちを感じている時、自分のことをどう考えているか書く。

自分は弱い、もうダメだ、自分にはできない、自分はスゴイ、自分はラッキーだ　など。

【ステップ3】感情のメッセージを受け取る

ステップ2の言葉について、感情からのメッセージを確かめる。**自分は弱い、もうダメだ、自分にはできない、自分はスゴイ、自分はラッキーだ**など声に出して言ってみた時……

・イヤな気分になった↓ステップ2の言葉は、あなたと合わないエネルギー。取り込むとやがて現実化してしまう。

・いい気分になった↓ステップ2の言葉は、あなたらしいエネルギー。これからもどんどん取り入れて利用できる。

【ステップ4】自分に合ったメッセージを選ぶ

あなたと合わないエネルギーの言葉がわかったら、その言葉を、より気分がよくなる言葉に変える。これこそが現実化されていく。

※重要……本当に自分が信じられる、納得のいく言葉にすること。

「自分は弱い」→「私は弱い面も強い面もある」

「もうダメだ」→「もうダメと思ってからが本番」

「自分にはできない」→「明日には少しできるかも」

「どうせムリ」→「どうせ必要なことしか起こらない」

【ステップ５】自分に合った人を選ぶ

ステップ４の言葉を安心できる人に伝えてみる。

①「そうなんだね」とすんなり受け入れてくれる↓
あなたと同じ波長の人。

②「それは違う／それは〇〇じゃないのか」など否定したり、違う意見の人↓あなたと波長の違う人
（弱っている時には心地よい距離を置くこと）。

【ステップ６】必要なメッセージを選ぶ

ステップ５の②を聞いた時、どんな気持ちになったかで、必要なエネルギーかどうか確かめる。

・納得・感心する↓ステップ５②の言葉は、あなたに必要なエネルギーで、取り入れて利用できる。

・イヤな気分になった↓ステップ５②の人や言葉は、あなたに必要ないエネルギー。取り込めば現実化してしまう。

このようにいつでも感情を使って、魂の進むべき方向を軌道修正していってください。

エンパシーのワーク
——共感の力を使ってお互いを癒す

つらい気持ちが続く時には、その気持ちをずっと感じ続けるかわりに、似たような気持ちに苦しんでいる人を探し出して話を聴いてあげましょう。必ずそんな人があなたの周りには待機しています。あなたの魂がそうプログラムをしてきたからです。その人が楽になるにつれて、知らぬ間にあなたも癒されていきます。

コツは、その人のつらさを感じ取って、言葉で表現してあげること。そして、その人本来の強みや、素晴らしい資質などを思い出させてあげることです。

つらい時のセルフヒーリング

・丸一日美味しいものを食べて、感情の波が過ぎ去るのをひたすら待つ（必ず自然と過ぎ去ります）。

・誰かの悩みを聴いて、励まし、力になってあげる。

今世のテーマ

上級者レベル

バランサー♋

今世のテーマが達成されバランサーに進化していきます。自分の人生に満足し、ありのままで周りにも喜ばれます。

今世のテーマ達成度チェックリスト

★しょっちゅう思う、たいていそうする…A（10点）
★たまに思う、時々そうする………B（5点）
★あまり思わない、ほぼやらない………C（1点）

合計点＝バランサー率（今世のテーマの達成度）

達成度に合わせて、自分が魂の時にセッティングしてきた「レアアイテム」や「ごほうび」「パーティー」「イベント」などのお楽しみがゲットできます！（魂のルートMAP　34ページ参照）

0～49％……どちらかというと楽しいことよりつらいことが多く、自由度も少なく感じます。過去世のくり返しを避けるために、魂がそうセッティングしてきたのです。

50～89％……いやなこともあるけど、まぁ、なんとかうまくやれるようになってきたし、それなりに「いい人生」なんだろうなぁ……って感じています。

90～100％……たいていの出来事が自分の進化にどう役に立っているかわかり、つらくても苦しくても楽しい。軌道修正も自在。人生はかなり自由で思い通りな感じです。

チェックリストは次ページ!!

バランサー ♋
今世のテーマ　達成度チェックリスト

【人の気持ちにスッと共鳴。自分の気持ちもすんなり表現】
人のつらさを自然と感じ取り、巻き込まれることなく共感して、やさしく癒すことができます。自分の気持ちも爆発させず、すんなり伝えられます。

【強い感情を月の満ち欠けのように眺める】
どんなに強い悲しみ、怒り、喜びも、欠けては満ちる月のように変わり続けるとわかっているので、落ち着いて波が過ぎていくのを眺めます。

【人のマイナス感情に振り回されない】
つらい気持ちは、その人が調和できていないサイン。自分が傷ついたり、責任を感じたりせず、その気持ちのままでいる自由を与え、援助できます。

【自分も、人も、気長に成長し合える】
不完全な人だからこそ、誰かの学びのために完全な役割を果せるのだとわかっているので、その成長を気長に見守り、お互いの成長をともに喜び合えます。

【お互いの得意・不得意をうまく補い合う】
相手ができないことで役に立てたらうれしいし、自分にできないことを助けてくれればありがたい。補い合えるお互いの存在があれば何より心強いと感じます。

【感情とは魂からのサイン】
「いい気分」なら魂が望んだ人生、自分に合ったものというサイン。「イヤな気分」なら魂が望まないものなのでいったんスルーします。

【感情と距離感】
感情というサインを、素直に受け入れてくれる人とだけ心を許し合い、共感できない人とは干渉し合わない距離を上手にコントロールします。

【時々驚くほど勇敢で行動的】
慣れない状況を居心地よくするためや、大切な人を守るためなら、普段とは打って変わって、突如、勇敢で行動的になります。

【血縁を超えた魂のファミリーがいる】
血縁に縛られない、心がつながった、お互いの凸凹を活かし合う、温かい魂のファミリーをつくり上げています。

【さりげない小さな幸せが何より】
高い目標や、ないものねだりに苦しまず、今、目の前にあるものに深く満足し、ささやかな喜びを大切にしているので、いつでもどこでも幸せを感じます。

合計点
（バランサー率）　　　％

今世のテーマ
指導者レベル
ハーモニアン♋

何度もこのテーマで転生すると、
指導者レベルのハーモニアンに進化します。
個人の目的より、人類と地球生命のために動くことが
生きがいとなります。

人類に感情の浄化と本来の使い方を体感させる

「不安」や「恐れ」を完全に必要としなくなった指導者レベルの**ハーモニアン♋**は、自分の中の

「厳しさ」と「やさしさ」
「理性」と「感情」
「解決」と「受容」
「責任」と「助け合い」
「父性」と「母性」

2つのエネルギーを自在に調和させて、全く新しいエネルギーを生み出し、地球上のあらゆるものを癒していくでしょう。

そして地球に転生した魂たちの感情エネルギーの次元を上げ、宇宙全体のあらゆる生命を慈しみ、育みます。

ドラゴンヘッド　獅子座

過去世

あなたの過去世、こんなパターンばっかり！

「世のため人のため」に生きすぎて「楽しめない人」

チームの研究やプロジェクトのため、知識やデータと引き換えに愛や喜びを失い続けた人生

たくさんの過去世で、仲間と重要な研究や改革をし、いつも自分を抑えながら生き抜いてきたあなた。

世の発展のために知識を集め、どんな時にも、あわてず騒がず乱さず、はみ出さず、気づいたら……。「みんなのため」ばかり考えて「楽しめない人」になってしまった。

あげくに「自分の意志」まで知らない間に失って、生きる喜びなんてどこにあるのかわからなくなってしまった。

宇宙と人類のためにそれぞれの才能を持ち寄ろう！
感情ってホントジャマだよね

【たとえば、こんな人だった】

ものごとのしくみを探求し続けた錬金術師／星と人だけを観察し続けた占星術師／夜空を見上げて計算ばかりしていた天文学者／仲間と世のしくみを変えたかった革命家／世界に役立つものをつくった発明チーム／実験室に引きこもった科学者メンバー／新しい技術の開発に没頭した技術者／大がかりな実験プロジェクトの研究員／チームで未知の探求をした学者

「もう、イヤッ！」魂が経験しすぎたこと
——魂の本音

【誰もが等しく生きる世の中】を実現しようと過去世のあなたはいつでも「無私の心」でがんばってきた。「いつでも客観的な知性が大切」「みんなのためなら、自分ひとりの欲なんて、なんでもないよね」「壮大なテーマに比べたら、目先の喜びなんて……」。そうやって社会に役立つ研究ばっかりしていたら、なんだか気持ちが冷めちゃった。

みんなは、あれこれ楽しそうだけど、正直、ちょっとついていけない。人って自分のことばかり気にして、なんだかつまらない存在って感じ。「自分の夢とか情熱」より、もっと大きな話がしたい。

言ってもしかたがないんだろうけど。別に期待もしてないけど。

イヤなこと

ズカズカ踏み込まれること。古くてかたよった考え。つまらないことを強制されること。

「みんな『自分を愛して』とか平気で言うけど、みんなが『自分しか愛さない』から戦争や環境破壊になっちゃうんでしょ?!」と言いつつ、気づいたら自分自身が崩壊しかけているんだけど（笑）

実は正直、生きててつまらない。もっと大事なことがしたい。何かおもしろいことないのかな。

あぁ、もうこんな**「おもしろくもない自分」**が一番イヤ！

過去世の無限ループから抜け出そう！
——こんなクセが進化を遅くする！

「個人なんて無力」……多くの過去世で、仲間と活動し、ひとりでは大したことはできないと確信した。

「冷静さを失ったら自滅する」……常に感情を殺し、客観的な態度で危機を乗り越えた人生が多かった。

「まだ知識が足りない」……たくさんの知識で身を守ったので、無知は危険と感じるようになった。

「個人の愛・喜び・夢はくだらない」……壮大な宇宙の摂理や、人類の大問題に比べたらつまらなかった。

ドラゴンヘッド　獅子座

魂世界

賢いセンパイ魂たちと相談して選んだプランはこれ！

ドラマティック人生　生きる喜び炸裂プラン

※魂のルートMAP（32〜35ページ）参照

まずは過去世で得意だったことをバージョンアップしよう！

あなたは、**「全く新しい視点で観る能力」**が本当にスゴイ！

それって誰が決めたの？
どうしてそう思うの？
どう見てもこっちのほうが
うまくいくとしか思えないんだけど
何がダメなの？

そうやって、いつもみんなの固定観念や常識をひっくり返してきたから、ものごとを進化させる才能はピカイチ！　あなたは、多くの過去世で、この能力を使って、人類の自由な未来のために貢献してきました。

けれど、自分の喜びや情熱を見失っていては、「素晴らしい未来」を味わえません。

今世ではみんなを巻き込んで、**人生を自分がめいっぱい楽しみ尽くし**たら、「他人事」みたいな感覚もなくなって、おまけにみんなが素敵な未来を創り出す刺激まで与えてしまいます！

今世で魂がやってみたいことリスト
——次の人生ではどんな「あなた」を起動しようかな

・自分が本当に楽しいと思うことを順番にやりたい！
・心のままに、むじゃきにいろいろ創るんだ。
・遊びを決めるみたいに、なんでも気楽に始めたい。
・日が暮れたことも気づかないくらい熱中したい！
・子どものようにピュアに人を助けるんだ。
・みんなで笑う!! これ、絶対やる！
・みんなの中心で、お祭りみたいに楽しいことといっぱいやりたい！
・喜びや楽しさのエネルギーには人が集まるの⁉
・ただ幸せでいようと決める！　絶対やってみる。
・不幸ってドラマを盛り上げるスパイスなんだって！

今世はこんな進化をすることに決定！

・自分の喜びをおおっぴらに満喫しまくる！
・いろんな自分らしさをめいっぱい楽しむ！
・自分の意志の力を最大限発揮して現実を創る！
・人生をゲームのように冒険する！
・未来を心配せず、今、ここ、を体験する！
・自分を愛し、愛される喜びに震える！
・「自分」という芸術作品を創り上げる！

宇宙からのメッセージ

あなたは「新しい社会の発展」のため、たくさんの人生を生きてきましたが、人々は、生きる喜びを犠牲にするあなたを変わり者扱いしました。あなたは平気を装いながらも、決して新しい世界をあきらめず、さらに多くの人生を生き抜きました。

今、あなたを魅きつける、目新しいものはすべて、過去世であなたが創造したものです。そしてこれからは、それをもとに、あなた自身が自由に自分の喜びを創造する番です。

あなたが起こす熱い進化をますます楽しみにしています。

ドラゴンヘッド　獅子座

今世

今世のテーマ（チャレンジ）
眠っていたあなたを
起動するパスワードは、

「自分自身の喜び」を創造する

自分の望みをすぐにあきらめがちです。

そこで、魂は「しかたない」とあきらめた時に「ものすごく生きているのがつまらない」気分になるようにプログラムして生まれてきました。

「なんかおもしろいことないかな」「誰か教えてくれないかな」と思っても何も変わらず、どこから手をつけていいのかさっぱりわからない……そう感じた時こそ、あなた自身が動く時です！　あなたの魂は今世、生きる喜びをゼロから創り出すために、自分が何を好きで何をキライか確かめる「あらゆる経験」をしようと計画してきたのです。

どんなネガティブなことも、子どものように楽しむあなたを見て、絶望の淵にいた人々も自ら笑顔を取り戻すことになるでしょう。

人生って素晴らしい！　子どものような目で生きる喜びを体験し尽くそう

「自分で自分の人生に喜び」を創造する……誰かに与えられるのではなく、自分の力で喜びを創造する予定。

「自分の中にあふれる熱い愛」を見つける……自分の中に隠れていたあふれるほど熱い愛に気づく予定。

「たくさんの愛」を自分も受け取る……拒絶してきた、たくさんの愛を受け取る予定。

「熱中」と「冒険」のメリットを知る……苦手な2つのエネルギーについて学ぶ予定。

あなたはなんだかイヤだなと思っても、「みんなが納得しているならしかたないか」と簡単に割りきって、

今世のテーマ
初心者レベル

ハンパー ♌

ハンパーは、まだ過去世の影響が色濃く、今世のテーマが身についていません。生きづらい状態です。

魂の困ったクセ

どんな人も今世の思春期ごろまでは、過去世でできた魂のクセをおさらいします。

あなたは過去世で、多くの仲間と、世のため地球のための仕事ばかりしてきたので、「人ひとりの狭い視野にとらわれてはいけない」と信じて、人間らしい喜びを捨てて生きてきました。でも、どれだけスゴイ仕事をしても、空しくなるばかりで、ついには生きる情熱もなくなってしまいました。あなたは、楽しそうな人々を身勝手だと見下すようになり、みんなから「冷たい」「変わり者」「理屈っぽい」と思われることも。

そして、心の奥底に、強い「無力感」をどんどんため込んでしまいました。

ソウルサポーター

自分のことより世のためにならないと！そんなあなたが選んだ魂のサポーターは……

今世でも「つまらない人間になるのが怖い！」と思いすぎて、世のため人のため以外のあらゆる喜びや愛情を軽く見てしまう、この**ハンパー**レベルのあなた。個人のことなんて、世界からすれば、取るに足りないことのはず……と思ってしまいがちです。

そんなあなたの周りには、あなたがいくら大きな目的に自分を捧げようと思っても、その**デメリットばかりを見せる人**や、必死で世のためにがんばっても**あなたの功績を認めない人**ばかりで、人生をムダにしている感ばかりが強くなっているのではないですか？

またあなたは、どれだけ頭で考えても「やる価値のない理由」ばかりが目につき、やりもしないうちからあきらめることをくり返していませんか？

そこが魂の狙い！「もっとやりがいのある大きなことをしないと！」と考えるクセを直すには、あなたが**立派なことをしても甲斐がない**ようみんなに協力してもらうのが一番です！　実はあなたの周りの理不尽な人たちは、あなたが**「どんなことの中にも喜び」を見つけ、「自分の人生を輝かせて世を照らす」決意をするために魂の契約をしたお助けソウルサポーターたち**なのです！

いつかあなたが灰色の世界に嫌気がさし、「とにかくやってみよう！　楽しもう！」と動き出したとたん、あなたは周囲の人々の笑顔を引き出し始めるでしょう。

魂のクセに効く　5つの言霊

自分を愛した分だけ、人を愛し、人に愛される。
むじゃきな子どものように人生をイキイキ楽しむ。
どんな状況でも、楽しむと決める。
苦しい時ほど遊び心を忘れない。
やらない安全よりやった失敗のほうが魅力になる。

魂成長のためのワーク
ものごとがうまくいかない時に、
すぐに逃げたり、なかったことにする前に。

ハンパー♌さんには、自分の本当の喜びをしっかり感じ取る練習が必要です。

自分が何をやりたいのか、実際やったらどんな気持ちになるのか体験するため、インスピレーション・チャイルドに注目しましょう。あなたの中の**ハンパー**が「何かおもしろいことないかなぁ」「退屈だなぁ」と思った時には、心の奥のむじゃきな子どもが送ってくる遊び心や直観やひらめきに従ってみましょう。生活でのちょっとした冒険や新鮮な出来事に、思わぬ喜びや楽しさが発見できるかもしれません。

今世は小さなわがままなら、わりと聞いてもらえるように仕組んできました。その恩恵を楽しんだら、いつか他の誰かの小さなわがままも聞いてあげてね！

さっそくやってみよう!!

インスピレーション・チャイルドとの冒険ワーク
――自分の喜びのために行動する

【ステップ1】

両足を肩幅に開いて立ち、軽い笑顔をつくって、息を吐きながら、体中を小刻みに振動させて力を抜いていく。

もう一度息を吸ったら、また笑顔をつくって、息を吐きながら、子どもがはしゃぐように身体をねじったりゆすったりして、力を抜いていく。


【ステップ2】

ゆったりとできる姿勢で座ったら、心の奥のほうに、とてもむじゃきで自由な子ども「インスピレーション・チャイルド」が住んでいるイメージをする。いくつぐらいで、どんな様子か、自由にイメージを膨らませる。


【ステップ3】

その子が今したいことは何かをたずねてみる。どんなにバカバカしいことも、どんどん言わせてあげる。


【ステップ4】

現実にできそうなことは、イメージだけでなく、すぐに行動に移す。

（例）リンゴが食べたい！　公園のブランコに乗りたい、〇〇に会いたい、ほめて！（頭をなでたり、ほめ言葉を口にする）、眠たい（仮眠をとる）、抱っこして！（自分の体を抱きしめる）など。


【ステップ5】

すぐ実行できないことは、イメージの中でありありと想像を膨らませる。

遊び心たっぷりに、バックミュージックや効果音、アロマ、イメージ画像などを準備するところから楽しんでもOK！

（例）海にもぐりたい……波の音のBGMをかけながら海にもぐるイメージをする。

宇宙に浮かびたい……宇宙画像を眺めながら、星々の間に浮かぶイメージをする。

キャンプをしたい……星空の下、森の中でコーヒーを飲むイメージをする。
寂しい……イメージの中でたくさん遊んであげる。抱っこしてあげる。

【ステップ6】

さらに24時間以内に似たような体験をする。

（例）海にもぐりたい……代わりにダイビングの映像を観ながらぬるめのお風呂に入る。
宇宙に浮かびたい……代わりに宇宙がテーマの映画を観る。
キャンプをしたい……ベランダにイスを出して星を見ながらコーヒーを飲む。
寂しい……友だちを楽しいイベントに誘う。

【ステップ7】

もし、どうしてもやりたくないこと（やらなければいけない仕事など）が気になる時は、イメージの中で、インスピレーション・チャイルドを抱っこしたり、おんぶしたり、安心させる行動をとりながらゆっくりやさしく理由を聞いてあげる。

どうしてもイヤがる時は、可能なら、その用事はキャンセルする（ハンパー・バランサー♌さんは、多少のわがままが通りやすいようにセッティングしてきているので、なんでもまずやってみる）。

キャンセルできない場合は、どうしたらやる気になるのか、ごほうびに欲しいものは何か、やればどんないいことがあるか、など一緒に考えてみる。もちろん、やった後には、ごほうびをあげることを忘れずに。

※注……インスピレーション・チャイルドには、根気強く接すること。たいていのことは、イメージ力を使ってなんでも叶えてあげて笑わせる。ハンパー♌さんにはイメージするのが苦手という人が多いので、創造力を鍛える練習と思って楽しんでください！

つらい時のセルフヒーリング

・明るいサクセスストーリーやハッピーエンド・ラブストーリーの映画やドラマを観る。
・今の気持ちを表現する作品を創る（文・絵・ねんどや陶芸などの立体物・音楽・動画出演など）。

今世のテーマ
上級者レベル　バランサー ♌

今世のテーマが達成されバランサーに進化していきます。自分の人生に満足し、ありのままで周りにも喜ばれます。

今世のテーマ　達成度チェックリスト

★しょっちゅう思う、たいていそうする……A（10点）
★たまに思う、時々そうする………………B（5点）
★あまり思わない、ほぼやらない…………C（1点）

合計点 ＝ バランサー率（今世のテーマの達成度）

達成度に合わせて、自分が魂の時にセッティングしてきた「レアアイテム」や「ごほうび」「パーティー」「イベント」などのお楽しみがゲットできます！（魂のルートMAP　34ページ参照）

0〜49％……どちらかというと楽しいことよりつらいことが多く、自由度も少なく感じます。過去世のくり返しを避けるために、魂がそうセッティングしてきたのです。

50〜89％……いやなこともあるけど、まぁ、なんとかうまくやれるようになってきたし、それなりに「いい人生」なんだろうなぁ……って感じています。

90〜100％……たいていの出来事が自分の進化にどう役に立っているかわかり、つらくても苦しくても楽しい。軌道修正も自在。人生はかなり自由で思い通りな感じです。

チェックリストは次ページ!!

バランサー ♌
今世のテーマ　達成度チェックリスト

【自分の人生は自分が創っている】
人はみな自分の人生という芸術作品を、自分の意志に従って自由自在に創造していると確信しているし、楽しんでもいます。

【どんな状況でも楽しみを見つけられる】
つらい状況の時ほど遊び心をもって過ごし、笑いと冒険心で明るく乗り越えています。退屈や愚痴とは、ほぼ無縁です。

【多くのことは意志の力で乗りきれる】
たとえ苦境にあっても、強い意志の力を使えば、たいていのことは思ったとおりになるし、意外と人への影響力はあると感じています。

【子ども心（インスピレーション・チャイルド）は大切】
心の中のむじゃきな「子ども心（インスピレーション・チャイルド）」のささやきは、思いがけないことでも従ってみると、いつも人生を冒険と満足へ導いてくれます。

【自分は特別な存在だ】
どんな人も広い宇宙で、オンリーワンの特別な存在で、それぞれの輝きは世界・地球・宇宙をより輝かせていると思います。だから自分も絶対特別な輝く存在です！

【自分は愛されていると思う】
自分が自分をこんなに愛しているから、人のことも愛せるし、きっと人からも同じだけ愛されているんだと実感しています。

【この結果が出て当然の努力はしている】
人からどう見えようと、出したエネルギーの量だけ、ちゃんと結果が出ていると思うし、ラッキーに見えても、必ずそれ以上の努力はしてきたつもりです。

【感動は人生を輝かせる燃料だ】
感動するには、心を動かす訓練が必要。感動させられるよりも、自ら感動すること。そして誰かを感動させることに喜びが見つかれば、もう人生の達人です。

【人を輝かせるのが楽しい】
人生の主役として、その人だけがもつ特別な輝きをめいっぱい引き出し、みんなの喜びを盛り上げるのは何より楽しいです。

【いつも強いサポートを感じている】
自分らしくいる時、いつも目に見えるサポート・目に見えないサポートを感じて、自分はとても強運なんだと強く感じます。

合計点
（バランサー率）　　%

今世のテーマ

指導者レベル ハーモニアン♌

何度もこのテーマで転生すると、
指導者レベルのハーモニアンに進化します。
個人の目的より、人類と地球生命のために動くことが
生きがいとなります。

人類に霊的な現実創造の方法を体験させる

「不安」や「恐れ」を完全に必要としなくなった指導者レベルの**ハーモニアン♌**
は、自分の中の
「冷静」と「熱中」
「知識」と「体験」
「観察」と「行動」
「客観性」と「主観性」
「独特」と「唯一」

2つのエネルギーを自在に組み合わせて、全く新しいエネルギーを生み出し、地球上に多くの喜びを創り出すでしょう。

そして地球に転生した魂たちの純粋な愛と喜びは、宇宙の創造エネルギーをかつてないほど活性化します。

ドラゴンヘッド　乙女座

過去世

あなたの過去世、こんなパターンばっかり！

「されるがまま」すぎて「ボロボロになった人」

どんな扱いをされようと、なんの抵抗もせず受け入れて、身も心もボロボロになった人生

たくさんの過去世で、なんでもかんでも許していたら、だまされたり利用されたりし続けたあなた。

不思議な力に守られて、なんとかかんとか生き延びたけれど、「されるがまま」になっているうちに、すっかり「ボロボロ」になってしまった。

おまけに、困った人を放っておけなくて、気がついたら本人より大変になっていて、生きることさえままならなくなってしまった。

いいよ　いいよ
つらかったね……
もう　これ以上ムリ……
だけど
どうしようもない……

【たとえば、こんな人だった】

奴隷／修道院や僧院の修道僧や尼僧／住み込みの奉公人／住むところを追われたホームレスや難民／アルコールや薬物など中毒者施設で過ごした人／芸術家や霊能者／囚人／自由が全くない大金持ちの箱入り息子・娘／従順すぎる妻や子

「もう、イヤッ！」魂が経験しすぎたこと
――魂の本音

【みんなが慈しみ合う、心美しき世界】を実現しようと、過去世のあなたはいつでも「やさしい人」をがんばってきた。

「愛が世界を救う」「困ってる人は見過ごせない」「本当に困ったら誰かが助けてくれる」。そうやっていつもなんでも受け入れていたら、甘えられて、つけ込まれて、やられ放題。すごく困ってるんだと思っていたのに、よくよく見たらそうでもなさそう。

こんな自分がいけないのかもしれないけど、正直こっちも限界超えてる……。

「なんでも人任せはよくない」って、みんな言うけど、「ムリ」って言っても無視されて、なかったことになっちゃうんだもん……。

イヤなこと

怖いこと。しんどいこと。痛いこと。「つらい人」を見ること。押しの強い人。

「『甘やかしちゃダメ』ってよく言われるけど、みんなが「厳しく」したら、世界は怖い場所になっちゃうでしょ⁉」と言いつつ、気づいたらすっかり怖い場所だらけ。

正直、イヤなことだらけで、生きていることすらしんどすぎてつらい。だけど死ぬのはもっと怖いし、結局なんにもできない、わからない、どうしようもない。

あぁ、もうこんな**「ダメな自分」**が一番イヤ！

過去世の無限ループから抜け出そう！
――こんなクセが進化を遅くする！

「自分は劣っている」……多くの過去世で、人並の扱いをされなかったため、自分は劣っていると信じた。

「自分は無力すぎる」……逆らえず言いなりになった人生が多いため、どうせ何もできないとあきらめた。

「ひとりでは生きていけない」……完全に支配され、何も決められなかったので、自信を育めなかった。

「自分は被害者」……一方的な損や虐待を多く経験し、苦しみは避けられない、自分は犠牲者と信じた。

ドラゴンヘッド　乙女座

魂世界

賢いセンパイ魂たちと相談して選んだプランはこれ！

着々と計画達成 能力最大開発プラン

※魂のルートMAP（32〜35ページ）参照

まずは過去世で得意だったことをバージョンアップしよう！

あなたは、**「すべてを受け入れる能力」**が本当にスゴイ！

どんなにつらくても苦しくても
すべては　なるようになっている
だから必要な時には必要なものが与えられるし
そのうちきっと　なんとかなるんだ

そうやって、どんな苦境の中でも、宇宙の大いなるパワーとつながり、すべてのものとつながってきたから、ありのままを受け入れる才能はピカイチ！　あなたは、多くの過去世で、この能力を使って、人類の深い癒しに貢献してきました。

けれど、自分とつながり、持てる能力を使わないと「望む人生」は手に入りません。

今世では**「自分の目標」**をしっかりセットし、自分の能力を駆使して手足を動かせば、「どうせムリだから……」なんてあきらめることなく、「望む人生」を手にできますよ！

今世で魂がやってみたいことリスト
――次の人生では どんな「あなた」を起動しようかな

・どんな混乱も自分の能力でスッキリさせたい！
・自分で計画、実行、達成！ あこがれる！
・誰にも支配されず、自分で自分を思い通りにしたい！
・何かのせいにしないで、自分の責任で生きてみたい。
・自分をめいっぱい活かして、困っている人たちの役に立ちたい。
・あらゆる誘惑に克ちたい……。
・過去や未来でなく、現在を精いっぱい生きてみたい！
・愛の気持ちを行動にかえたいな。
・恐れや不安とは、うまくつきあえるんだって。
・小さな違いが大きな違いを生む？ ホントかな⁉

今世はこんな進化をすることに決定！

・小さな成功体験を重ねて、ゆるがぬ自信をつける！
・恐怖・誘惑に打ち克つため、労働と日課をこなす！
・自分の責任で、自分の人生を管理する！
・混沌《カオス》に巻き込まれず、スッキリ整える！
・望んだことを、自分の計画通り達成する！
・細部の価値を大切にして、社会に役立つ！
・慈愛の心を、行動にかえて奉仕する！

宇宙からのメッセージ

あなたは「世の中の苦しみを癒す」ため、たくさんの人生を生きてきましたが、人々は、あなたにつけ入り、利用し、踏みつけにしました。あなたは、深く嘆き悲しみながらも、奪われるままに与え続け、さらに多くの人生を生き抜きました。

今、あなたの周りにあふれている愛はすべて、過去世であなたが創造したものです。そしてこれからは、それをもとに、あなたがその能力を発揮し、望むものを手に入れる番です。

あなたが起こす清い進化をますます楽しみにしています。

ドラゴンヘッド　乙女座

今世

今世のテーマ（チャレンジ）

眠っていたあなたを起動するパスワードは、

「自分の能力」を開発する

現実は自分で変えられる！　使えば使うほど高性能になる自分の能力に磨きをかけよう！

「まだ使ったことのない能力」を活用する……よりよい現実に役立つ実用的な能力を開発予定。

「慈愛」を行動に移す……あふれるほどの慈愛を、奉仕という行動にかえて世界をかえる予定。

「自信」を取り戻す……目標を達成し、宇宙に被害者なんていないことを実感し、自信を取り戻す予定。

「自律」と「計画」のメリットを知る……苦手な2つのエネルギーについて学ぶ予定。

「なんかイヤだな」と感じても、あなたは「なんとかなるだろう」と勝手に夢見て何もせずに済ませがち。

そこで魂は、不安に対して「何もしない」と、どんどん不安が膨らんでパニックになるようにプログラムして生まれてきました。その素晴らしい想像力は「どんなひどいことになりそうか」考え始めたら止まらなくなり、どんどんつらくなるはずです。そんな時こそ、まずは手足を動かしてください！　最初に身の回りのそうじをすると、心の中が不思議とスッキリします。

次は、不安を軽くするためにできることをリストアップして実行しましょう！　あなたは、「不安」をアラームにして、現実を変える「能力」を発揮しようと計画してきたのです。

そんなあなたを見て、やる気のない人たちも、やがて自分を律し、目的に向かって着々と実行することを覚えるでしょう。

今世のテーマ

初心者レベル　ハンパー ♍

ハンパーは、まだ過去世の影響が色濃く、今世のテーマが身についていません。生きづらい状態です。

魂の困ったクセ

どんな人も今世の思春期ごろまでは、過去世でできた魂のクセをおさらいします。

あなたは過去世で、愛を見失った人々に身も心も支配され、どうにも逆らえず「自分は無力な犠牲者だ」と信じるようになりました。言いなりのつらい現実から逃げるために、ついには何かの中毒になったり、心がすっかりからっぽの人形みたいに生きるようになってしまいました。さらに生きることさえつらいと思うようになり、「か弱い」「依存してる」「自分がない」と思われることも。そして、心の奥底に、深い「憂鬱」をどんどんため込んでしまいました。

ソウルサポーター

自分が一番無能と思う！
そんなあなたが選んだ魂のサポーターは……

今世でも、「自分を信じるのが怖い！」と思いすぎて、自信満々の人が言うことならなんでも信じてしまう、この**ハンパー**レベルのあなた。すべての人が、自分よりはスゴイから、なんでも助けてもらおうと思ってしまいがちです。

そんなあなたの周りには、あなたがいくら相手よりできないつもりで振る舞っても、**全く助けにならない人**や、あなたが黙っているのにつけ込んで、**よけい面倒を押しつけてくるような人**が多いのではありませんか？

あなたは怒られるのが怖くて、しかたなく相手の無理を受け入れたり、そんなに困っているのかと確かめもせずに引き受けてしまうところがあります。でも後から、相手の事情は大したことがないとわかって、なんだかムダにエネルギーが奪われたと感じることはありませんか？

そこが魂の狙い！　自分を信じず人の言いなりになるクセを直すには、**アテにならない人**に集まってもらうのが一番です！　実はあなたの周りの理不尽な人たちは、あなたが**「自分の素晴らしい能力」に気づき、「自分の人生を自分で動かす」決意をするために魂の契約をしたお助けソウルサポーターたち**なのです！

やがてあなたも、こんな人たちより自分のほうが信頼できると気づき、過去世でため込んだあきらめのエネルギーを解消し始めるでしょう。

魂のクセに効く　5つの言霊

整理・分析・計画・実行・修正でなんとかする。

魂の視点では、被害者も、加害者もいない。

目的を決め、逆算しながらやるべきことを計画する。

不安になったら、整理整頓。手足を動かす。

決まった手順や日課をこなすと安心する。

魂成長のためのワーク

ものごとがうまくいかない時に、すぐにパニックになったり、投げ出してしまう前に。

ハンパー♍さんは自分がまだ知らない能力を開発するために、とにかく何か目標が必要です。

日常の暮らしの中で、イヤなことや、不満なことに気がついた時がビッグチャンスです。どんな状態が最高なのか、どんな形になればみんなに笑顔が戻るのか、まずはその状態を目標としましょう。次にその状態にするまでのステップを、できるだけ細かくわかりやすいリストにして計画を立てます。あとはとにかく淡々とこなすだけ。新しい手順や日課の変更をあなたの中の**ハンパー**はイヤがりますが、できるだけ自分に例外を許さず、毎日くり返せば、不安も自然と落ち着いて自分の有能さに驚くでしょう。パニックになったり、全く気力が出ない時にも、日課の簡単なそうじや整理を続けると不思議とスッキリ楽になりますよ。

さっそくやってみよう!!

ルーティン表をつくるワーク
――ブレない心をつくる

【ステップ1】

曜日や生活リズムに合わせて、自分に無理のない、必ずくり返せる日課を決めて表にする（曜日ごとにスケジュールを変えてもよい）。

毎日5〜15分程度の「整理」や「そうじ」の時間を組み込むこと。ポイントは、

①無理なくくり返せるかたちに整えるために、毎日少しずつ修正していくこと。

②急用やトラブルにも対応できるよう、ゆとり時間もしっかり組み込むこと。

【ステップ2】

心を整えるための儀式のつもりで、できる限り例外をつくらずに毎日実行する。

目標達成のワーク
――揺るぎない自信をつける

【ステップ1】目標設定

自分が達成したい「目標」を具体的に決める。達成の「期日」もハッキリと決める。

（例）○○資格を取得する！　○月○日まで

【ステップ2】やることを詳しく決める

目標期限までの期間を細かく分けて、それぞれの期限までに何を達成するか細かく決める。日々、淡々とこなせるような内容と量にすること。

（例）1年後……○月受験、資格取得

　毎月の目標（12か月分）……参考書の各単元名

　各月ごとに毎週の目標……（4個／1か月）

　毎日の目標……（○ページ〜○ページ）

※重要……予定表には、必ず予定のズレを修正する「修正日」、ハプニングに対応する「ゆとり日」を組み込むこと。

【ステップ3】タスク表をつくる

A・B　どちらでも、やりやすいほうでOK。

A　大きなかノートに全体の予定をすべて書く。

B　タスクを1つずつ付箋に書いて、ノートの、月ごとのページに貼る。

【ステップ4】チェックを入れる

予定通りに達成したタスクにチェックを入れたり、線で消したり、付箋をはがしたりする。

【ステップ5】ズレを修正する

遅れが出てきたら、予定修正をして、できる限り達成日を動かさないよう調整する。どうしてもむずかしい場合は、達成日を変更する。（←最終手段）

予定より早く進んでいるようなら、「修正日」や「ゆとり日」は自由に楽しんでOK。

【ステップ6】休んでも中断してもまた始める

たとえ三日坊主になっても、あきらめず予定を修正してまた始めること（三日坊主を10回くり返せば、1か月分継続したことになる）。

達成したあかつきには、かなりの自信が感じられることでしょう。がんばってください。

浄化のワーク
――空間や物と、心をリンクさせ整える

①気持ちがイライラ・モヤモヤしたら、目につく乱雑な場所や、汚れたものを見つける。

（例）引き出し1つ分、部屋の一角、鍋1個、机の上など

②5～15分タイマーをかけ、心もスッキリ整えるようなイメージで、タイマーが鳴るまで整理整頓し続ける。少しでも場と心が整えば「よし」とする。

つらい時のセルフヒーリング

・整理整頓とそうじ。

・見返りを求めない奉仕の時間をもつ。

今世のテーマ 上級者レベル バランサー ♍

今世のテーマが達成されバランサーに進化していきます。自分の人生に満足し、ありのままで周りにも喜ばれます。

今世のテーマ達成度チェックリスト

★しょっちゅう思う、たいていそうする…A（10点）
★たまに思う、時々そうする……………B（5点）
★あまり思わない、ほぼやらない………C（1点）

合計点＝バランサー率（今世のテーマの達成度）

達成度に合わせて、自分が魂の時にセッティングしてきた「レアアイテム」や「ごほうび」「パーティー」「イベント」などのお楽しみがゲットできます！（魂のルートMAP　34ページ参照）

0〜49％……どちらかというと楽しいことよりつらいことが多く、自由度も少なく感じます。過去世のくり返しを避けるために、魂がそうセッティングしてきたのです。

50〜89％……いやなこともあるけど、まぁ、なんとかうまくやれるようになってきたし、それなりに「いい人生」なんだろうなぁ……って感じています。

90〜100％……たいていの出来事が自分の進化にどう役に立っているかわかり、つらくても苦しくても楽しい。軌道修正も自在。人生はかなり自由で思い通りな感じです。

← **チェックリストは次ページ!!**

バランサー ♍
今世のテーマ　達成度チェックリスト

【自分には夢を現実に変える能力がある】
望む目標を具体的に決め、そのための実現可能な計画リストをつくり、着実に実行していけば必ずゴールに到着できます。

【落ち着いて必要なことをやれば、どんな混乱も鎮められる】
表面的なことや感情に惑わされず、本当の問題を見抜き、効果的な改善点を挙げ、タスクをつくって淡々とこなせば、必ず秩序を取り戻すことができます。

【細やかな配慮が大きな調和を生む】
ささいな行き違いや、ちょっとしたミスの積み重ねが、大きなトラブルや問題につながるので、細やかな配慮と準備は絶対に欠かしません。

【自分の面倒は自分でみる】
他人に依存して、自分の生活を支配されないよう、自分の生活はすべて自分でしっかりと管理しています。

【生活のリズムを守る】
気分のムラや生活のハプニングに振り回されず、自分で決めた日課をキッチリ守ると、むやみな不安は驚くほどなくなり、心や時間の余裕が生まれています。

【背伸びも期待もしない】
自分の「ありのまま」、無理のない状態を受け入れているので、他人に対しても過剰な期待をすることなく、その人そのままの姿を受け入れています。

【どこにも被害者はいない】
どれだけ被害を受けても、そこから抜け出す方法を見つけ、二度とくり返さない対策がとれる「解決者」になろうとしています。被害者にはなりません！

【理想と完璧主義は違う】
その人や物が成長して「こうなったらいいな」と思い描くことはありますが、ありえないほど完璧なものに無理やり変えることはできないとわかっています。

【人の健康と環境の健康はつながっている】
心身の健康を整えると、環境への意識も高まります。健康的な環境を整えると、心身の機能は自然と向上します。どちらもとても大切にしています。

【愛する気持ちは行動に移す】
愛しているからすべてを受け入れるのではなく、愛する気持ちをすべて行動にかえて、困っている人、つらい人の状況を実際に変化させることを心がけています。

合計点
（バランサー率）　　%

今世のテーマ

指導者レベル ハーモニアン ♍

何度もこのテーマで転生すると、
指導者レベルのハーモニアンに進化します。
個人の目的より、人類と地球生命のために動くことが
生きがいとなります。

人類の身心のハイレベルなメンテナンス法を指導する

「不安」や「恐れ」を完全に必要としなくなった指導者レベルの**ハーモニアン♍**は、自分の中の

「混沌」と「秩序」
「イメージ」と「現実」
「想像」と「行動」
「大まか」と「細やか」
「自己犠牲」と「奉仕」

2つのエネルギーを自在に組み合わせて、全く新しいエネルギーを生み出し、地球を浄め、自然環境を整えるでしょう。そして地球に転生した人類の身心を自然の一部として調整し、バージョンアップする指導をします。

ドラゴンヘッド 天秤座

過去世

あなたの過去世、こんなパターンばっかり！

「戦い」すぎて「なじめない人」

誰にも頼れず、自分を必死で守りながら、過酷な戦場で生き延び続けた人生

たくさんの過去世で、戦士として生き抜いたあなた。自分の能力だけを頼りに、たったひとり修羅場をくぐり抜け、悲惨な戦場を渡り歩いた。甘えも許さず、文句も言わずに自分を鍛え、生き延びるためならなんでもやった。だけど戦がなくなったとたん、世間に「なじめない人」になってしまった。

何をやっても、なぜか物足りない毎日で、平和な日々が死ぬほどつまらない。

さぁ来い！
なんとかしてやる！
おつきあいって必要？

【たとえば、こんな人だった】

戦士／未開地の開拓者／闘士／大奥やハーレムのような場所で生き抜いた女性／たったひとりで生き抜いた孤児／単独スパイ／ひとりで他国へ移住した亡命者／ゼロから叩き上げで商売を大きくした商人／かなり治安が悪く荒れきった地域の住民

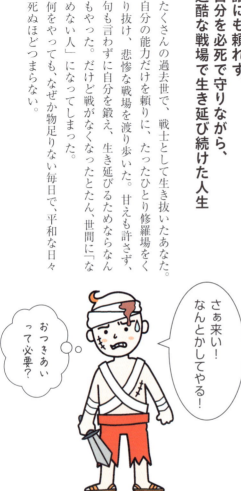

「もう、イヤッー」魂が経験しすぎたこと
――魂の本音

【どんな過酷なことにも負けず、この世の危機を救う】ため、過去世のあなたはいつでも「強い人」をがんばってきた。

「誰も頼るな‼」「強くなれ‼」「まず自分！　自分ひとり守れないやつが他人を守れると思うな！」。そうやって自分を鍛え上げているうちに、人との距離ができてしまった。

みんな、つまらないことばっかり気にしてるけど、正直、ぜんぜん理解不能！　「傷ついた」とか「ひどい」とか、そんな弱い自分で、どうするの⁉　「助け合い」とか「仲間」とか、正直ただの依存でしょ⁉

そりゃ、ちょっとは仲良くしてみたいけど……やっぱり面倒くさそう。もういいや。

イヤなこと

負けること。泣きごと。愚痴。陰口。甘えているヤツ。愛想笑い。

「『弱さを受け入れよう』」なんてよく聞くけど、みんなが『弱さを受け入れ』ちゃったら、世界はダメになっちゃうでしょ⁉」と言いつつ、気づいたら今の自分もダメなんだけど（笑）

実は、みんなと距離感じるし、つきあい方もわかんない。ぬるい関係、ぬるい生活、空しさばっかり広がっていく。それに正直、人って怖い。

あぁ、もうこんな**「怖がっている自分」**が一番イヤ！

過去世の無限ループから抜け出そう！
――こんなクセが進化を遅くする！

「負けたら終わり」……多くの過去世で、戦い続きだったため、負けは即、「死」を意味していた。

「遅れをとるな」……人より遅いとすべてを奪われ、破壊されたため、常に自分を追い立てて生きた。

「人に頼るな」……戦場で人に頼るなど自殺行為。自分の命はいかなる時も自分で守り抜いてきた。

「手段を選ぶな」……多くの過去世で、誰も守ってくれなかったので、どんなことをしてでも生き延びた。

ドラゴンヘッド 天秤座

魂世界

賢いセンパイ魂たちと相談して選んだプランはこれ！

パートナーと生み出す調和 コラボで楽園プラン

※魂のルートMAP（32〜35ページ）参照

まずは過去世で得意だったことをバージョンアップしよう！

あなたは、**「ひとりで強く生きていける能力」**が本当にスゴイ！

ヤバい時ほど
身体の奥が興奮で震えて
力がどんどん湧いてくるんだ

そうやって、いつもひとりで多くの危機を乗り越えてきたから、誰かを勇気づけ、自立させる才能はピカイチ！　あなたは、多くの過去世で、この能力を使って、人類の未知への挑戦のために貢献してきました。けれど、せっかく強く生き延びても、人１人ができることには限りがあります。

今世で**「自立した者同士の力」**を**「調和させる」**ことができたら、今までよりもっともっとたくさんの可能性を手にして、さらに多くの挑戦ができ、手にする喜びも、ともに倍増しますよ！

今世で魂がやってみたいことリスト

――次の人生ではどんな「あなた」を起動しようかな

・他の人に見えてる世界ってどんな感じ？
・「自分を支える強さ」が身につくサポートがしたい。
・人とシェアしたら、つらさは半分、喜びは数倍になるんだって！
・人にエネルギーを流すと、自分に返ってくるってスゴくない⁉
・みんながいい気分になるための方法が知りたいな。
・相手の話を聴くと仲良くなれるらしい……。
・お互いにとっての「いい」を見つける方法がうまくなりたい。
・人と調和するのってどんな感じなのかなぁ。
・みんなでやるほうが盛り上がるんだって！
・穏やかで平和……って退屈じゃないよね？

今世はこんな進化をすることに決定！

・他の人のメガネで世界を見る！
・喜んで分かち合う！
・心から助け合う！
・みんなにとっての「いい」を見つけ出す！
・心地よいコミュニケーションを身につける！
・相手の望みを叶えて、宇宙からお返しをもらう。
・ともに手を取り、ともに栄える。

宇宙からのメッセージ

あなたは強く「世界の未来を拓く」ため、たくさんの人生を生きてきましたが、人々は、危険を顧みず戦うあなたと距離を置き、感謝もしませんでした。あなたは怒り、心を閉ざしながらも未来をあきらめず、さらに多くの人生を戦い抜きました。

今、あなたの目の前に広がる明るい世界はすべて、過去世であなたが切り拓いたものです。そしてこれからは、それをもとに、大切な人とともに喜び栄える番です。

あなたが起こす美しい進化をますます楽しみにしています。

ドラゴンヘッド 天秤座

今世

今世のテーマ（チャレンジ）
眠っていたあなたを
起動するパスワードは、

「パートナーシップ」でともに栄える

1＋1は2じゃなかった！　誰かと調和して広がる素晴らしさを体験しよう

「人と調和して暮らす方法」を学ぶ……徹底的に「人とともに生きる」術《すべ》を学ぶ予定。

「自分以外の世界」に意識を向ける……狭い自分の枠を超え、相手の見方を体験する予定。

「協調」してともに栄える……異質の能力をもつ人と協力し、調和しながらともに栄える予定。

「与える」と「受け取る」のバランスをとる……未体験の2つのエネルギーについて学ぶ予定。

自分の思い通りにならないとあなたは、自力で猛烈になんとかしようとするか、「もういい！」とすべてを投げ出してしまいがちです。

そこで魂は「カチン」ときた時に、一気にテンションが下がるようにプログラムして生まれてきました。自分の問題だけでなく、誰かが激しい感情を見せた時にも、ものすごくエネルギーが落ちて、すべてにやる気がなくなるはずです。そんな時こそ、自分勝手に結論を出してごまかすのではなく、大切な人に意見を求めてください。きっと何かを決めつけていたことに気がつくはず。解決のヒントは、いつも人とのつながりの中にあります。あなたは人と関わることで、新しい可能性を見つけ、やわらかい対話を通して、ともに栄えようと計画してきたのです。

人に向かって自分を開いていくあなたに触れて、人々もともに生きる幸せと喜びを知るでしょう。

今世のテーマ
初心者レベル ハンパー ♎

ハンパーは、まだ過去世の影響が色濃く、今世のテーマが身についていません。生きづらい状態です。

魂の困ったクセ

どんな人も今世の思春期ごろまでは、過去世でできた魂のクセをおさらいします。

あなたは過去世で、どんな危険もひとりで乗り切ってきました。「弱いと、いざという時に困るのは自分」と信じて、誰にも頼らずに済むよう自分を鍛え続けて生きてきました。あなたは甘やかし合う交流を避け、甘えた人々を遠ざけ、ついには日々のやりとりもなくなってしまいました。ますます頼れるのは自分だけと思うようになったあなたは、「身勝手」「無愛想」「独りよがり」だと思われることも。そして、心の奥底に、「認められたい気持ち」をどんどんため込んでしまいました。

ソウルサポーター

「自分の強さ」だけが頼り！
そんなあなたが選んだ魂のサポーターは……

今世でも「弱いとバレるのが怖い！」と思いすぎて、必要以上に強がってしまう、この**ハンパー**レベルのあなた。なんでもひとりでできるようにさえなれば、すべてがうまくいくと思ってしまいがちです。

そんなあなたの周りには、あなたがいくら強くなろうとしても「まだこれくらい平気なんだな」と**どんどん大変なことを頼む人**や、あなたの決めつけのせいで**大切にされていない気がして、ギクシャクしている人**がいるのではありませんか？

あなたは、自分の弱さがバレるのが怖くて、完璧な自分をつくり上げるのに必死になっていますが、やればやるほど周りの反応は冷めていって、よけい人との距離を感じているのではないですか？

そこが魂の狙い！「弱さ」を隠してひたすら自分

の世界で生きようとするクセを直すには、あなたの強さが厄介ごとや争いに発展するよう協力してもらうのが一番です。実はあなたの周りの理不尽な人たちは、あなたが**「相手を裏も表も理解した分、自分も相手に理解してもらい」「人と調和して幸せを生み出す」決意をするために魂の契約をしたお助けソウルサポーターたち**なのです！

やがてあなたが戦いの記憶を手放し、お互いについて穏やかに語り合い、助け合い、それぞれの「違い」を認め合っていくにつれ、単調だった人生が彩りよくにぎわっていくでしょう。

魂のクセに効く　5つの言霊

もう戦いは終わった。白黒をつけない。
人とシェアすると、得るものは増える。
出した分、受け取り、受け取る分、差し出そう。
笑顔と挨拶とおしゃべりが世界を調和させる。
心地よい距離感から安らぎは生まれる。

魂成長のためのワーク

ものごとがうまくいかない時に、すぐに焦ったりキレたり、その場をプイッと立ち去る前に。

ハンパー♎さんは人と調和して生きることを学ぶために、まずゆっくりと時間をかける練習が絶対に必要！　なんでも焦ってすぐに答えを出そうとするのではなく、それぞれの人のこだわりや望みを丁寧に聴き、平和的な雰囲気をつくり、じっくりとお互いが理解し合う時間をかけましょう。何より「自分がいかにたくさんの思い込みで世界を見ているか」あなたの中の**ハンパー♎**にいつも思い出させてください。

今世は、あなたが出会うすべての人が、あなたの味方です。お互いわかり合おうと歩み寄り、いくつかの誤解を解きさえすれば、全力で協力し合いたいと願っている魂ばかりなのです。

さっそくやってみよう!!

傾聴とカウンセリングスキルのワーク
――相手のメガネで世界を見ながら、自分のメガネをなくさないスキル

※注……普段のどんな会話でも、密かに心がけてみること。

【ステップ1】

どんな会話を始める時にも、「自分対相手」ではなく、「私たち」という意識をもつ。話を始める前に、軽く深呼吸をして、お互いがとても満足し、いい気分で、ほほ笑んでいるところをイメージする。

【ステップ2】話し合いの時間配分

まず心の中で、ザッと時間配分をする。

①4分の1は、先に相手の言い分を聴く時間（あなたが先に話をすると、相手はあなたの意見に影響されて、自由に自分の意見を言えない可能性が高いため）。

②次の4分の1は自分の意見を言う時間。

③残った2分の1は合意や解決策を探る時間。

【ステップ3】①相手の言い分を聴く

興味をもって相手の話を聴くことに集中する（自分の話はステップ4でする）。

相手が話したくなるような態度を心がける。

・**「うなずき」**相手の気持ちを否定していないよ、という合図。「興味があるよ」「聴いているよ」という思いが伝わるように、そして、ジャマにならないようにうなずく。

・**「相づち」**話を聴いている間は、自分の意見は言わず、相手が言うことはすべて相手にとっては事実なんだと思って興味深く聴く。「うん、うん」「そうなんだ」「へぇ」「そうか」「なるほどね」など。

・**「相手の強い気持ちの確認」**くり返してみる。「ビックリしたんだ！」「それはうれしいね」「腹が立つよね」「悲しいなぁ」など（やりすぎるとウソ臭いので気をつけて）。

・**「質問」**をして相手の情報を引き出す。「なぜそう思ったの？」「どうしてそうしたの？」「その時どう思った？」など。質問が上手だと、相手はあな

たが本当に理解しようとしてくれていると感じて、本音を話し出す。

※注……ただし、うなずいたり相づちを打ったからといって、相手にすべて同意できなくてもかまわない。うなずきや相づちは、「相手にはそう感じられたということを私は理解した」というサイン。

【ステップ4】②自分の意見を言う

「○分間はこちらの話を聞いてね」と前置きし、必ず時間を守る。

この時、「あなたにそんなつもりはなかったかもしれないけど……」「本当はどうかわからないけど……」「あの時の自分にはそう見えた」「あの時はそうとしか思えなくて」など、客観的な前置きができると、より相手に聞いてもらいやすくなる。

【ステップ5】③合意や解決策を探る

一方的に解決策を伝えるのではなく、まず相手に「どうしたらいいと思う?」「ゆずれないこだわりは?」「どこがゆずれる部分?」「どうしたい?」「お互いが納得できるかたちはなんだろう?」など質問する。

相手の意見を聞いたうえで、提案があればするが、結論は急がず、時間が来たら「また次回までお互い考えてみよう」と切り上げる（多くの人は、納得するのに時間が必要なので）。

その後、関係者名を匿名にして、信頼できる人に相談してみるのもおすすめ。その人の視点で見える世界は、あなたが気づかなかったポイントを見せてくれるかも。

※注……紹介したものは、人との心地よい会話のために役立つ基本的なもの。もっと深く詳しいスキルは、「傾聴」「カウンセリング」「アサーション」の技術としてたくさん紹介されているので、いろいろ学んでみると世界が広がる。

つらい時のセルフヒーリング

・自分を心身ともに美しくしてくれる場所に行く（男女とも。美容院・マッサージ・エステ・ネイルサロン・ブティック・カウンセリングなど）。
・本物の芸術に触れる。

今世のテーマ 上級者レベル バランサー ♎

今世のテーマが達成されバランサーに進化していきます。自分の人生に満足し、ありのままで周りにも喜ばれます。

今世のテーマ 達成度チェックリスト

★しょっちゅう思う、たいていそうする…A（10点）
★たまに思う、時々そうする……………B（5点）
★あまり思わない、ほぼやらない………C（1点）

合計点＝バランサー率（今世のテーマの達成度）

達成度に合わせて、自分が魂の時にセッティングしてきた「レアアイテム」や「ごほうび」「パーティー」「イベント」などのお楽しみがゲットできます！（魂のルートMAP　34ページ参照）

0〜49%……どちらかというと楽しいことよりつらいことが多く、自由度も少なく感じます。過去世のくり返しを避けるために、魂がそうセッティングしてきたのです。

50〜89%……いやなこともあるけど、まぁ、なんとかうまくやれるようになってきたし、それなりに「いい人生」なんだろうなぁ……って感じています。

90〜100%……たいていの出来事が自分の進化にどう役に立っているかわかり、つらくても苦しくても楽しい。軌道修正も自在。人生はかなり自由で思い通りな感じです。

チェックリストは次ページ!!

バランサー ♎
今世のテーマ　達成度チェックリスト

【どんな時にも平和は創り出せる】

たとえどんなに争っていても、それぞれの見えている世界がシェアできたら、必ず平和は導き出せます。それを一緒に見ようとするかどうか次第です。 □

【怒っている人は困っている人】

見た目の怒りに惑わされず、その人の本当の苦しみにフォーカスして、何がしてあげられるのか一緒に考えようとするだけで、恵みはやってきます。 □

【笑顔こそが最高のギフト】

「悪意や計算」のないほほえみ・挨拶・何気ないおしゃべりは、誰もが差し出せる「ギフト」です。これだけで世界をやわらかくしています。 □

【相手の話を相手になりきって聴く】

どんな時も「自分だったら」ではなく、その人になりきって「どんなふうに見えていて」「どんな気持ちなのか」しっかり聴き取ろうとしています。 □

【自分の弱さを客観的に語れる】

自分の正直な「不安」を他人事のように話すと、理解し合うのにとても役立つことを実感としてわかっています。 □

【ギブ&テイクのバランスが完璧】

自分が出せる以上のものは受け取らないし、人から受け取る以上のものは差し出しません。どちらにとってもアンバランスはよくない流れをつくるからです。 □

【すべては勝ち負けではなく弥栄《いやさか》】

「正しい」を語ると争いが起こり、勝ち負けが生まれ、みんなが満足することはありません。自分・相手・周りがみな満足できる弥栄を目指しています。 □

【誰も依存させない】

一方的に誰かを助けて依存関係を生むのではなく、お互いの能力を差し出し合って・助け合う関係をつくることを心がけています。 □

【心地よい調和は時間をかけてつくられる】

いろいろな考えや経験をもった人同士が、わかり合ったり、妥協し合ったり、ゆずり合ったりしながら、少しずつ調和していく、優雅な時間を大切にしています。 □

【人は誰かと助け合い、支え合い、ともに栄えたいと願うもの】

人は、相手が自分の味方で、事情が許せば、できる限り協力し合い、ともに栄えたいと願っているのだと確信しています。 □

合計点
（バランサー率） □ %

今世のテーマ

指導者レベル ハーモニアン ♎

何度もこのテーマで転生すると、
指導者レベルのハーモニアンに進化します。
個人の目的より、人類と地球生命のために動くことが
生きがいとなります。

異質のものを穏やかに調和させ、活性化する方法を人類に理解させる

「不安」や「恐れ」を完全に必要としなくなった指導者レベルの**ハーモニアン♎**は、自分の中の

「衝突」と「調和」
「自分で」と「一緒に」
「与える」と「受け取る」
「強さ」と「やさしさ」
「対立」と「弥栄」

2つのエネルギーを自在に組み合わせて、全く新しいエネルギーを生み出し、地球上に平和で穏やかなバランスを生み出すでしょう。

そして地球に転生したそれぞれの魂の「らしさ」をより活性化し、美しく調和させます。

ドラゴンヘッド　蠍座

過去世

あなたの過去世、こんなパターンばっかり！

「欲しがり」すぎて「満たされない人」

快適な暮らしのため、地道な努力を長年続けたが、結局何かが足りない退屈な人生

たくさんの過去世で、生活の不安から抜けるため、働きづめに働いて生きていくのが本当に大変だったあなた。

毎日毎日わき目もふらずに努力して、アレもない、コレも必要だからとがんばって、ようやく快適な暮らしを手にしたら、「欲しがり」すぎて「満たされない人」になってしまった。

はたから見ればそこそこいい暮らしなのに、何かがいつも足りない感じ。

けっこう幸せなはずなのに……。どうして？

お金も家も食べ物も服も
もっとあれば安心だよね
どれだけあっても
物足りないのはなぜ？

【たとえば、こんな人だった】

ひたすら働いた農民／コツコツ稼いで成功したお金持ち／作物・家畜・土地を増やし続けた農場主／親からの財産を地道に守った貴族／幼いころから下働きをして実力で老舗の商家を継いだ人／子どものころから修行した大工の棟梁／独力で名を成した建築家／見習いから達人になった職人／先祖からの領地を一生かけて管理した領主（領主婦人）

「もう、イヤッ！」魂が経験しすぎたこと
——魂の本音

【豊かで安心・安定した生活】を実現しようと、過去世のあなたは「快適さ」を求め、がんばってきた。

「もっと、もっと手に入れれば安心」「何ひとつ失わないように、ゆっくり慎重に」「目標は贅沢とダラダラ生活」。そうやって心地よさばかり求めているうちに、周りがだんだん見えなくなった。

みんなは「マイペースすぎ！」ってガンガン急かしてくるけど、ほっといて！

どうせ失敗したって責任とらないくせに。あわてるとロクなことないんだから……。

「人の話をちゃんと聞いて」って言われても、どうせ自分のやり方が絶対、一番なんだもん……。

イヤなこと

急かされること。面倒くさいこと。貯めたお金や物が減ること。貧しい雰囲気。

「『次々、変化しないと！』ってよく聞くけど、そんなに変化し続けたら、確かなものって、なくなっちゃうでしょ⁉」と言いつつ、確かなものってホントにあるのか自信ない（笑）

だからいつも確かな自分でいたいと思って、実は、ず～っと延々、同じことのくり返し。

あぁ、でもホントはこんな**「退屈でおもしろくない自分」**が一番イヤ！

過去世の無限ループから抜け出そう！
——こんなクセが進化を遅くする！

「足りないから心配」……多くの過去世で、物やお金が足りず、まともな生活、人としての扱いも失った。

「何ひとつ失いたくない」……毎日コツコツと長い年月をかけて蓄えたものだけが人生を守ってくれた。

「絶対に失敗したくない」……不注意や衝動で人生が崩壊した人を見て、冒険や挑戦はタブーと決めた。

「他人と関わると負担が増える」……多くの人生で人と関わればいつも、よけい大変になるばかりだった。

ドラゴンヘッド　蠍座

魂世界

賢いセンパイ魂たちと相談して選んだプランはこれ！

ソウルメイトと味わう 魂の融合《フュージョン》プラン

※魂のルートMAP（32〜35ページ）参照

まずは過去世で得意だったことをバージョンアップしよう！

あなたは、**「五感を使って素晴らしいものをつくる能力」**が本当にスゴイ！

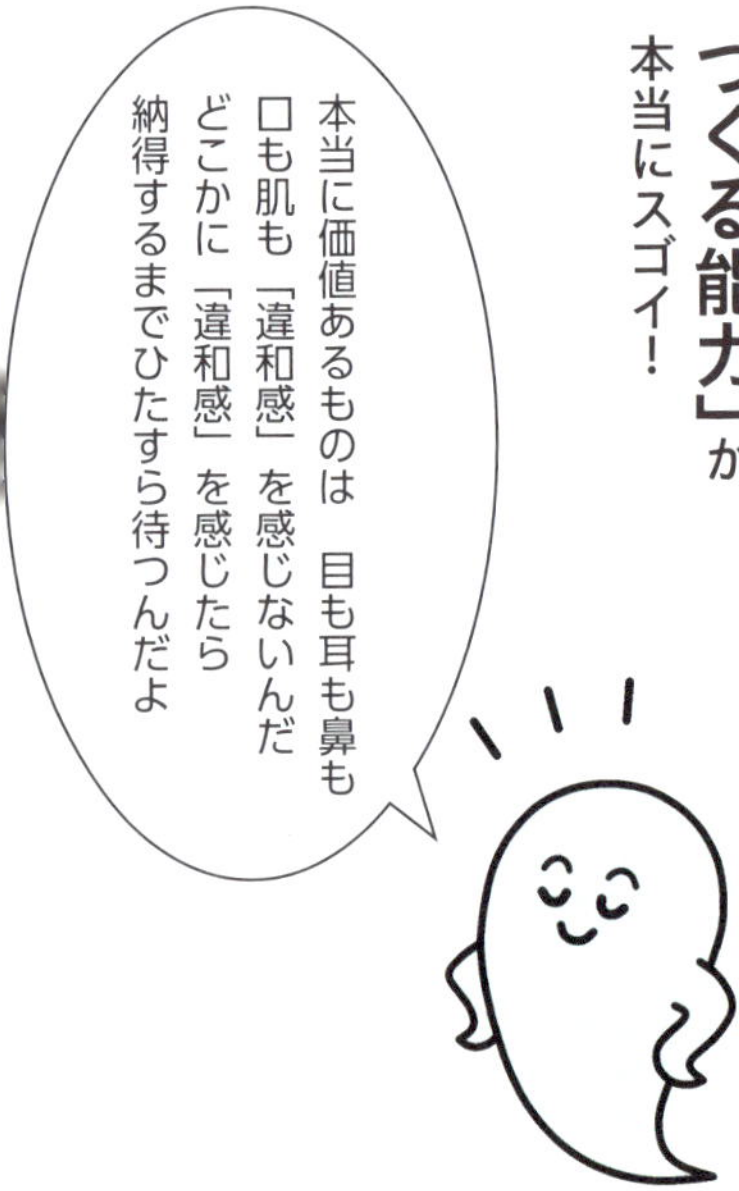
本当に価値あるものは　目も耳も鼻も
口も肌も「違和感」を感じないんだ
どこかに「違和感」を感じたら
納得するまでひたすら待つんだよ

そうやって、いつも妥協せずじっくり向き合い続けてきたから、感動を生む素晴らしいものをコツコツとつくり上げる才能はピカイチ！　あなたは、多くの過去世で、この能力を使って、人類の歴史に残る芸術品や建造物をつくり、社会に貢献してきました。

けれど、ひとりの力だけでできるものには、限りがあります。今世では**「自分以外の人の能力」**を自分の能力と融合させれば「想像を超えた素晴らしいもの」が生まれて、驚くほど楽になり、その感動は計りしれないほど大きくなりますよ！

今世で魂がやってみたいことリスト
——次の人生ではどんな「あなた」を起動しようかな

・愛を込めて何かを手放すと、もっといいものが入ってくるんだって！
・最小の力で、最大の効果を出すって、スゴそう！
・エネルギーを爆発させるとどうなるのかな？
・誰かとエネルギーを融合させるなんて大感動!!
・精神エネルギーについて、知ってみたい。
・物みたいに、人のパワーも引き出せるらしい……。
・何かが変化する時の壮絶なパワー、使ってみたい。
・与えたものは、何倍にもなって返ってくるの？
・身体・心・魂は混ざり合うことができるんだって。
・誰かを幸せにすることって、最高に幸せなんだって……。

今世はこんな進化をすることに決定！

・自分のエネルギーが下がるものを手放す！
・ソウルメイトとの魂の融合を体験する！
・精神エネルギーについて深く学ぶ！
・エネルギーを集中爆発させ効率的に結果を出す！
・まず自分が与え、返ってきたものを受け入れる！
・人の潜在能力を引き出す！
・変化のエネルギーで魂を活性化させる！

宇宙からのメッセージ

あなたは「豊かで快適な暮らし」のため、たくさんの人生を黙々と生きてきましたが、人々は、地道に生きるあなたと心を通わせませんでした。あなたは満たされないながらも、決して豊かさをあきらめず、さらに多くの人生を生き抜きました。

今、あなたの目に映るあふれるほどの豊かさはすべて、過去世であなたが創造したものです。そしてこれからは、それをもとに、特別な絆で豊かな奇跡を創造するのです。

あなたが起こす劇的な進化をますます楽しみにしています。

ドラゴンヘッド 蠍座

今世

今世のテーマ（チャレンジ）

眠っていたあなたを
起動するパスワードは、

「魂レベルの絆」を取り戻す

そこで魂は、欲しいものを手に入れても、不満や罪悪感を感じるようにプログラムして生まれてきました。不安な時ほど何かが欲しくなり、手に入れてもなぜか安心できないはずです。そんな時こそ、誰かとつながる合図と考えましょう。あなたの信頼する、大切な人に「何か困ったことはないか」「自分にできることはないか」とたずね、できることをしてあげましょう。相手から感謝されたら今度は「今、自分が感じている不安」についてシェアしてみましょう。あなたは大切な人とともに数々の大きなチャレンジを乗り越え、古い自分を燃やし尽くし、すっかり生まれ変わろうと計画してきたのです。

そんなあなたに刺激され、多くの人が変化を選び、やがて大きく生まれ変わっていくことでしょう。

こんな感覚知らなかった……身体・心・魂の一体感とエネルギーの世界を体験しよう

「ソウルメイトとの魂の融合」を体験する……特別な人の魂と深く溶け合う体験をする予定。

「他人とエネルギーを合わせて共同創造」する……身体・心・魂の次元で融合し、ともに現実を創る予定。

「エネルギーのブーメラン効果」を知る……出したものが何倍にもなって戻る体験をする予定。

「変化」と「破壊」のメリットを知る……苦手な2つのエネルギーについて学ぶ予定。

あなたは困ると、足りないものを手に入れればいいと考え、すべて自分のペースでやろうとしがちです。

今世のテーマ
初心者レベル ハンパー ♏

ハンパーは、まだ過去世の影響が色濃く、今世のテーマが身についていません。生きづらい状態です。

魂の困ったクセ
どんな人も今世の思春期ごろまでは、過去世でできた魂のクセをおさらいします。

あなたは過去世で、「足りないもの」を手に入れ増やしていけば、「安全で快適な生活がずっと続く」と信じ、何を言われようと黙々と多くのものを手に入れ続けました。でもそれ以外のことをやる余裕も時間もなく、いつしか誰とも心を通わせることができなくなってしまいました。あなたは「もっと豊かになればすべてうまくいく」と誰の言うことも聞かずひたすら働き続け「ガンコ」「鈍感」「マイペース」と思われることも。そして、心の奥底に、ものすごい「つまらなさ」をどんどんため込んでしまいました。

ソウルサポーター
足りないものが手に入れば安心……
そんなあなたが選んだ魂のサポーターは……

今世でも、「足りないのが怖い！」と思いすぎて、なんでも欲しがってしまう、この**ハンパー**レベルのあなた。どんなピンチでも「足りないものが手に入りさえすればきっと大丈夫！」と思いがちです。

そんなあなたの周りには、あなたがどれだけ素晴らしいものを手に入れても、**あなたの不安や空しさをさらにかきたてる人**や、物質的な豊かさでは解決できない**人間関係やメンタルに問題を抱えている人**が多いのではないですか？

そのくせあなたは自分のペースを乱されたり、厄介ごとを押しつけられるのがイヤで、自分から人と深く関わろうとせず、**大変な時にはみんなと距離ができて**しまってつらい思いをしているのではないですか？

そこが魂の狙い！　なんでもひとりで解決しようとするクセを直すには、人と生み出すエネルギーでしか満たされないように協力してもらうのが一番です。実はあなたの周りの理不尽な人たちは、あなたが**「ガンコで古い自分を手放し」**、**「人と融合して新しい自分を再生させる」決意をするために魂の契約をしたお助けソウルサポーターたち**なのです！

そのうちあなたも人と生み出す無限エネルギーを実感し、過去世でため込んだ不要なものを手放し、止まりかけた人生を一気に活性化し始めるでしょう。

魂のクセに効く　5つの言霊

信じていい人かどうか、動機を探ればわかる。
大切な人なら、まず自分が全力で支える。
自分のしたことは必ず自分に返ってくる。
進化したければ、変化を選ぶ。
不死鳥のように生まれ変わるには、まず「破壊」。

魂成長のためのワーク

ものごとがうまくいかない時に、すぐに足りないものを集めたり、自分のやり方にこだわってしまう前に。

ハンパー♏さんは「魂レベルの絆」を取り戻すために、なんでもひとりで解決しないこと、相手の望むことを深く理解し、それを与えてあげることが必要です。「いつも自分が一番いい方法を知っている」とあなたの中の**ハンパー**は考えますが、「どうしたらいいと思う？」「どうしてほしい？」と相手に質問するクセをつければ、想定外の解決法を知ることもできますし、相手が「自分はあなたに大切にされている」と感じることで、あなたが望むものを与えてくれることもあるでしょう。

人は今あるものを「いつまでもあって当たり前」と勘違いし、本当にやりたいことや、大切なことがわからなくなりがちです。失ってから後悔しないよう、限りある今世を大切に生きましょう。

さっそくやってみよう!!

余命のワーク
――今世の終わりを意識することで、残りの人生をよりよく生きる

【ステップ1】
「自分が未知のウイルスによる流行病《はやりやまい》で、余命が1年しかない」とイメージする。

ただしこの病は、死ぬギリギリまで普通に生活ができて、その時間になったら苦痛なくパタリと死ぬ病。

※重要……ありありとその状況をイメージする。

紙に「12か月」と書き、12か月間でやっておきたいこと、伝えておきたいこと、行っておきたい場所などをすべて書き出す。日付などもできるだけ細かく決め、本気ですべてを書ききる。持ち物・財産・貯金・書類や思い出の整理、仕事の引き継ぎや、死後の各種手続きについての指示も含む。

（書き終わるまで決して次のステップを見ない）

【ステップ2】「いよいよ余命は半年となった」

違う紙に「6か月」と書き、残り6か月になったらやっておきたいこと、伝えておきたいこと、行きたい場所など、すべて書き出す。

（書き終わるまで次のステップは見ない）

【ステップ3】「いよいよ余命は1か月となった」

違う紙に「30日」と書き、残り30日になったらやっておきたいこと、伝えておきたいこと、行きたい場所など、すべて書き出す。

（書き終わるまで次のステップは見ない）

【ステップ4】「いよいよ余命は1週間となった」

違う紙に「7日」と書き、残り7日でやっておきたいこと、伝えておきたいこと、行きたい場所など、すべて書き出す。

（書き終わるまで次のステップは見ない）

【ステップ5】「いよいよ余命は1日となった」

違う紙に「24時間」と書き、残り24時間でやっておきたいこと、伝えておきたいこと、行きたい場所など、すべて書き出す。

（書き終わるまで次のステップは見ない）

【ステップ6】「最期。今、誰に何を言いたいか」

違う紙に「今」と書き、名前（何人でもいい）と、伝えたいことを書く。

（書き終わるまで次のステップは見ない）

【ステップ7】「今世にお別れの時」

身体からフワッとあなたは離れ、今、倒れている自分の身体を見下ろしている。「今世でやり残したことは？」「次の人生でやってみたいことは？」

（書き終わるまで次のステップは見ない）

――ここから先は、すべて書き終わるまで決して見ないでください！――

【ステップ8】「このリストの使い方」

ステップ7以外の紙を、順番を逆にして貼る。

「ステップ　6→5→4→3→2→1　の順」

これは「今世を後悔せずに生きるために、たった今から最優先でやることリスト」。さっそく6→5→4→3→2→1の順に各用紙の期限を守って実行する。

実は、死の間際にやりたい・言いたいことが、あなたには一番大切で、次のステップの「起動スイッチ」となる。順にすべてのリストを実行しながら「進化版」に生まれ変わろう！

ステップ7は、実は「今世のタスク／まだやれていないことリスト」。これをやらないと、次に予定されているプランは見えてこない。常に意識して、タイミングが合ったら迷わずそのチャンスをつかみ、次々とプランをクリアしていこう！

つらい時のセルフヒーリング

- 心許せる人のことを思い浮かべ、つらい気持ちを受け止めてもらっているイメージをする。
- とことん落ちるところまで落ち込む（底を見た瞬間、つきものが落ちたように楽になる）。

今世のテーマ
上級者レベル
バランサー ♏

今世のテーマが達成されバランサーに進化していきます。自分の人生に満足し、ありのままで周りにも喜ばれます。

今世のテーマ達成度チェックリスト

★しょっちゅう思う、たいていそうする…A（10点）
★たまに思う、時々そうする……………B（5点）
★あまり思わない、ほぼやらない………C（1点）

合計点＝バランサー率（今世のテーマの達成度）

達成度に合わせて、自分が魂の時にセッティングしてきた「レアアイテム」や「ごほうび」「パーティー」「イベント」などのお楽しみがゲットできます！（魂のルートMAP　34ページ参照）

0～49％……どちらかというと楽しいことよりつらいことが多く、自由度も少なく感じます。過去世のくり返しを避けるために、魂がそうセッティングしてきたのです。

50～89％……いやなこともあるけど、まぁ、なんとかうまくやれるようになってきたし、それなりに「いい人生」なんだろうなぁ……って感じています。

90～100％……たいていの出来事が自分の進化にどう役に立っているかわかり、つらくても苦しくても楽しい。軌道修正も自在。人生はかなり自由で思い通りな感じです。

← チェックリストは次ページ!!

バランサー♏
今世のテーマ　達成度チェックリスト

【最小のエネルギーで最大の効果を狙います、絶対に！】

最高のタイミングとパフォーマンスで、シミュレーションし尽くして狙いを外さず、一瞬で勝負をつけます。 □

【自分より、大切な人を優先する】

いつでも相手に与えられるものがあれば与えたいと思い、相手の心からの感謝とギフトは素直に受け取ることができます。 □

【何より動機が大切】

自分が出したものはどんなものであれ自分に返ってくるとわかっているので、「何をするか」より「なんのためにするか」のほうを大切にしています。 □

【深くつきあう相手は選び抜く】

自分のすべてを与える価値があり、相手も同じくらいの覚悟で自分に与えてくれる人を慎重に選び抜いて、特別な関係を始めるようにしています。 □

【変化は退屈に効く薬】

退屈とは「進化が止まっているサイン」。唯一の薬は「変化を進んで受け入れること」です。 □

【破壊は再生の第一歩】

大規模な進化に必要なことは、感謝とともにいったんすべてを完全に破壊し、全く新しい形に生まれ変わらせることです。この時にためらいはありません。 □

【ダークサイドを光の目で観る】

誰もが目を背けるダークサイド（闇の部分）を、光の目で観るようにしています。それは滋養たっぷりの泥から、美しいハスの花が咲くようなものだと実感しています。 □

【ソウルメイトだと確信できる人がいる】

その人の裏の裏まで知り尽くし、すべてを受け入れたいと思い、たとえ自分の裏の裏までさらけ出しても、すべてを受け入れてくれると確信できる人がいます。 □

【特別な人と魂の次元で融合できる】

多くの修羅場を乗り越え、どこからどこまでが相手と自分の「境界線」なのかわからないくらい、「好み」や「望み」や「判断」が一致するようになった人がいます。 □

【すべての経験には光と闇の両方が含まれている】

どんなにイヤな人や体験にもメリットが、どんなにいい人や素晴らしい体験にもデメリットがあります。その両方を見つめるブレない人であるよう心がけています。 □

合計点
（バランサー率）　　%

今世のテーマ
指導者レベル
ハーモニアン♏

何度もこのテーマで転生すると、指導者レベルのハーモニアンに進化します。個人の目的より、人類と地球生命のために動くことが生きがいとなります。

魂の融合により、人類の意識の大変容と再生をうながす

「不安」や「恐れ」を完全に必要としなくなった指導者レベルの**ハーモニアン♏**は、自分の中の
「ため込む」と「差し出す」
「積み上げる」と「壊す」
「維持」と「変化」
「分離」と「融合」
「自分」と「相手」

2つのエネルギーを自在に組み合わせて、全く新しいエネルギーを生み出し、地球上の物質・精神のエネルギーを再生させ活性化するでしょう。

そして地球に転生した魂たちに、融合による進化の劇的な大変容をうながします。

☊
♏

ドラゴンヘッド　射手座

過去世

あなたの過去世、こんなパターンばっかり！

「うまくやり」すぎて「不自由な人」

個性が強い人たちの中で、器用にうまくやりすぎて、かえって不自由になってしまった人生

たくさんの過去世で、いろいろなタイプの人や考え方に囲まれ、もみくちゃになりながら必死で生き抜いたあなた。

うまくやるため、あらゆる人とつながって、顔色見ながら空気を読んで、話題や情報を集め、気をつかって、策を練って……気がついたら、「うまくやり」すぎて「不自由な人」になってしまった。

あっちにもこっちにも話を合わせてたら、本音なんて言えないし、結局どうでもいいことばっかりしゃべり続けて疲れたよ～！

うん　うん　わかる！
ホントそうだよね～！
ウソじゃないけど
ホンネでもない
だって　そう言って
ほしそうなんだもん……

【たとえば、こんな人だった】

大きな港町で生き延びた孤児／大きな芝居小屋で多くの笑いを生んだ売れっ子芸人／王宮にも出入りした吟遊詩人／多国籍な住民がひしめく地域で成功した商売人／いろいろな宗教戦争が起こっている地域の住民／たくさんの生徒を教えた小学校の先生／新聞社の記者／流行雑誌の編集者／本家や分家など親戚縁者が大勢いる家系のまとめ役

「もう、イヤッ！」魂が経験しすぎたこと
――魂の本音

【いろいろな人が豊かにつながり合う刺激的な社会】を実現しようと、過去世のあなたはいつでも「情報交換」をがんばってきた。

「確かにそれ、すっごくいいよね」「あなたはどう思う？」「Aにはこう書いてあったし、Bさんはこっちがいいって。C先生にも聞いてみよう！」。そうやってあちこちから情報をかき集めるうちに、何が本当かわからなくなった。

みんな好き勝手言うけど、正直けっこういいかげん！　それぞれに合わせて、なんだか自分も混乱中。「誰とでも仲良くなるね」って、よく言われるけど、正直、誰といても落ち着かない（笑）……絶対顔には出さないけどね……。

イヤなこと

孤立すること。自分だけ知らないこと。無視や誤解。堅苦しい雰囲気。

「『ブレない自分』って人は言うけど、ブレない者同士が、しょっちゅうもめごと起こすよね？」と言いつつ、気づいたら自分はブレすぎてフラフラ（笑）

実は、あっちの意見や、こっちの情報、あの言い方やらこのタイミング、あの人の立場や、この人との関係、考えすぎて、ショート寸前……。

あぁ、もうこんな**「情報に振り回される自分」**が一番イヤ！

過去世の無限ループから抜け出そう！
――こんなクセが進化を遅くする！

「もっと情報がないと不安」……多くの過去世で、情報を握っていないと、生き延びられなかった。

「誤解されてないか心配」……誤解されて人生が大混乱。誤解をされないようあらゆる言葉を駆使した。

「孤立だけはイヤ！」……どんな話題にもついていき、誰とでもつながって、必死で自分を守ってきた。

「どれが本当の自分？」……誰とでも合わせるけれど、どれが本当の自分で、何が本音かわからなくなった。

ドラゴンヘッド 射手座

魂世界

賢いセンパイ魂たちと相談して選んだプランはこれ！

自由と叡智《えいち》を求めて 真理探究の旅プラン

※魂のルートMAP（32～35ページ）参照

まずは過去世で得意だったことをバージョンアップしよう！

あなたは、**「コミュニケーション能力」**が本当にスゴイ！

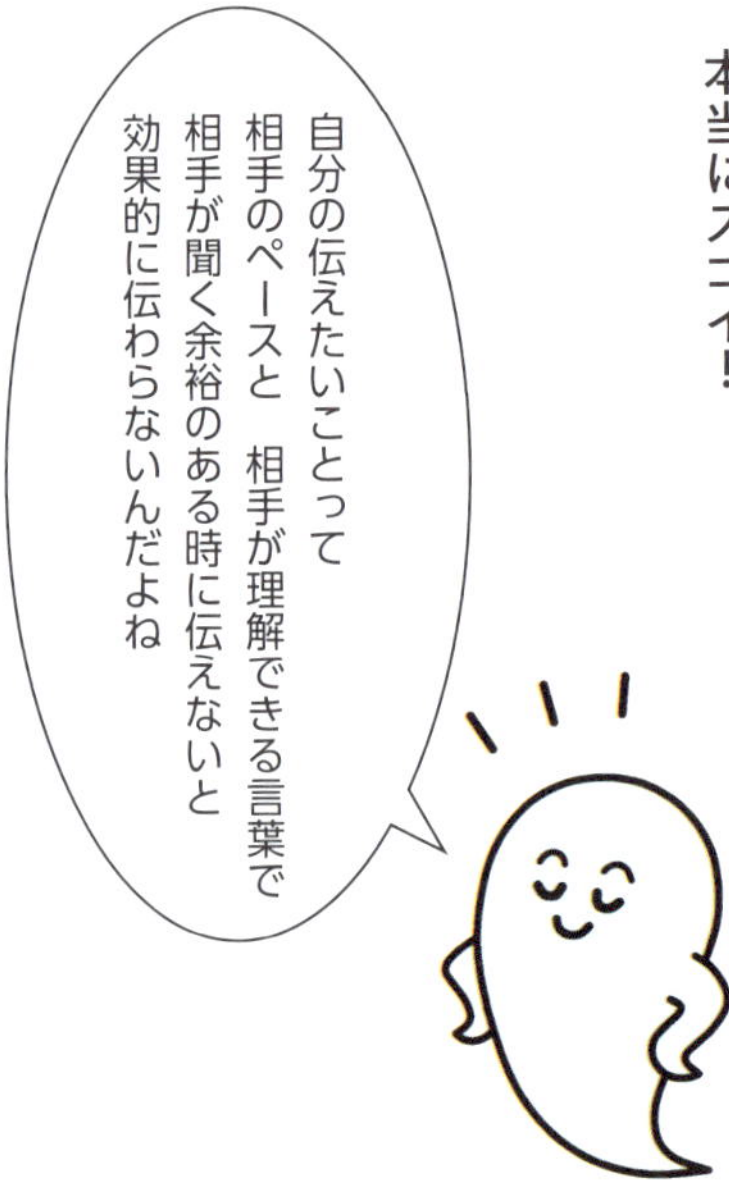
自分の伝えたいことって 相手のペースと 相手が理解できる言葉で 相手が聞く余裕のある時に伝えないと 効果的に伝わらないんだよね

そうやって、いつも顔色を見て、空気を読んで、態度を変えてきたから、相手に合わせてコミュニケーションをとる才能はピカイチ！

あなたは、多くの過去世で、この能力を使って、人類が理解し合い、発展することに貢献してきました。けれど、自分の内に「絶対的にゆるがない真理」がないと深い説得力は発揮できません。

今世では人がなんと言おうと**「自分にはこれ！」**というものをしっかりもてば「どうしたらいいの？」なんてあれこれブレなくなって、周りの反応を気にせず自由に気楽に生きていけますよ！

今世で魂がやってみたいことリスト
——次の人生では どんな「あなた」を起動しようかな

・直観をすぐに行動に移すと、満足する結果につながるんだって！
・すべて本音でストレートに伝えてみたい。
・細かいことは気にせず、大らかに生きてみたい。
・興味のあることに思いっきりのめり込んでみたい！
・自然や動物みたいにシンプルに生活したい。
・明るく前向きなことにフォーカスしたい！
・お互いの「違いや差」を超えた「大切なもの」をたくさん見つけるんだ！
・なんにも気にせず自由に行動するぞ〜
・冒険みたいな人生を送ってみたいんだ！
・考えなくても、大いなる力が導いてくれたらなぁ。

今世はこんな進化をすることに決定！

・直観・ひらめき・高次元のサポートを駆使する！
・あるがままに、操作も修正もせず、正直に生きる！
・心と身体が望むまま「自由」に行動しまくる！
・自然に還る「自分だけの時間」を満喫する！
・どんな状況でも「明るく」「気楽に」「前向きに」生きる！
・より広く、より大胆に、冒険をする！
・人の次元ではなく、大いなる存在の次元で学ぶ！

宇宙からのメッセージ

あなたは「違いを超えてつながる社会」のため、たくさんの人生を生きてきましたが、人々は、板挟みのあなたを軽んじ、信頼を寄せませんでした。あなたは消耗しながらも、決してつながりをあきらめず、さらに多くの人生を生き抜きました。

今、人のつながりがもたらす恩恵はすべて、過去世であなたが創造したものです。そしてこれからは、それをもとに、進化した自分自身と深くつながる番です。

あなたが起こす深遠な進化をますます楽しみにしています。

ドラゴンヘッド　射手座

今世

今世のテーマ（チャレンジ）
眠っていたあなたを
起動するパスワードは、

「大いなる叡智とのつながり」を取り戻す

根本的な解決になっていないのではありませんか？

そこで魂は、「なんとかしなきゃ」と思った時に、頭がフリーズし、身体が重くなるようにプログラムして生まれてきました。あらゆる情報や妄想がいっぱいで息苦しくなったり、考えすぎて動けないことがあるのではないですか？　そんな時こそ気を楽にして、高次元のエネルギーに協力してもらいましょう。あなたが自分で操作したいという欲を手放し、「どうせうまくいく！」と決めさえすれば、高次元からの直観やひらめきというお気楽なかたちで最適な道が開けるようあなたは計画してきたのです。

そんなあなたを見て、人生に行き詰った人たちも、自然体で「大らかに生きる喜び」を味わうでしょう。

なんて深くてシンプル！　自由な心の旅を通して究極に明るい真実を見つけ出そう

「広い視点」を初体験……高次元の叡智とつながり、全く新しい視点から世界を体験する予定。

「本当の自由」を満喫する……身体・心・魂のレベルで自由を満喫する予定。

「ポジティブエネルギー」について学ぶ……希望的・楽観的なアプローチについて学ぶ予定。

「直観」と「信頼」のメリットを知る……未知のエネルギーについて学ぶ予定。


イヤな状況になった時、あなたは「自分ならうまくやれる」と思いがちですが、実際は、その場しのぎで、

今世のテーマ　初心者レベル　ハンパー ♐

ハンパーは、まだ過去世の影響が色濃く、今世のテーマが身についていません。生きづらい状態です。

魂の困ったクセ

どんな人も今世の思春期ごろまでは、過去世でできた魂のクセをおさらいします。

あなたは過去世で、とても個性の強い人たちにもまれながら、誰とでもそこそこうまくやってきました。「相手に合わせたコミュニケーションスキルと情報が重要」と信じて、表情やしぐさ、言葉のニュアンス、態度などを変え、たくさんの情報を駆使して関係をコントロールしてきました。やがてあなたは疲れ果て、矛盾するような言動をとり、ついには信頼を失っていきました。人々に「気まぐれ」「ウソつき」「いいかげん」と思われることも。そして、心の奥底に、激しい「やりきれなさ」をため込んでしまいました。

ソウルサポーター

ものは言いよう！　どの自分でいけば孤立しない!?
そんなあなたが選んだ魂のサポーターは……

今世でも、「孤立するのが怖い！」と思いすぎて、無意識に状況をコントロールしてしまう、この**ハンパーレベル**のあなた。あらゆる情報をつかみ、高いコミュニケーションスキルを駆使し、策を練って、柔軟に対応すれば、すべてを操作できると考えがちです。

そんなあなたの周りには、あなたがいくら情報を集めても、**さらに複雑な情報でますます混乱させる人や、予定外の出来事、予想外の誤解**のせいで、情報も戦略も結局台無しにする人が多くないですか？

またあなたは、情報を表現するスキルに自信をもっていて、相手や状況に合わせて自在にニュアンスを変えたり、ちょっと話を盛ったりと、態度を効果的に修正・加工しますが、実は**「かすかな不誠実さ」を感じ**

た人からの信頼を失ったりしていませんか？

そこが魂の狙い！　すぐ状況を操作して器用にいろいろな自分を演じるクセを直すには、何をやっても通用しないように協力してもらうのが一番です。実はあなたの周りの理不尽な人たちは、あなたが**「自分の真の姿」を取り戻し、「大いなる叡智につながる」決意をするために魂の契約をしたお助けソウルサポーターたち**なのです！

いつかあなたがすべてのコントロールをあきらめた時、ようやく宇宙の目的とプランがクリアになり、自然体で真の自由を感じることができるでしょう。

魂のクセに効く　5つの言霊

大いなる叡智からの直観に従う。

100％ありのまま。ウソはタブー。

自然の中、自然から学ぶ。

自由の最高の友は「寂しさ」。

人事を尽くしてお気楽に天命を待つ。

魂成長のためのワーク

ものごとがうまくいかない時に、すぐに心配して操作したり、悲観してあきらめてしまう前に。


ハンパー♐さんはものごとが実はいつも「起こるべくして起こっている」ことを信じるために、なんでもありのままに観る練習が必要です。

「よい出来事」に見えることにも「デメリット」が、「悪い出来事」に見えることにも「メリット」が、必ずあります。どちらもちゃんと観察した後に、どちらを選ぶか直観で決めてください。あなたの中の**ハンパー**は目先の損得や、人目を気にした決断をしがちですが、それでは結局、あなた自身が不自由になっていくだけ。

大切なことは「自由に選べるか」「魂の喜びがあるか」「学びはあるか」。この3つがクリアできるものを選べば、のちのち悔やむことはないでしょう。


さっそくやってみよう!!

リボンのワーク
――ものごとをありのままに観て、観たいものを自在に選ぶ

人の性格を、コインの表裏のように考えるのではなく、リボンの位置（右はしと真ん中と左はし）でとらえる。

【ステップ1】

コインの表裏でものごとをとらえてみる。

（例）表……**明るい**、裏……**暗い**　など。

（あの人は、表は明るく振る舞うが、裏では暗い）

（あの人は、表はぶっきらぼうだが、裏ではやさしい）

※注……これは、ある性格（たとえば明るい性格）はよい、反対（たとえば暗い性格）はよくないというとらえ方になりやすい。「いい」「悪い」でとらえると、ありのままに受け入れにくくなる。

【ステップ2】

リボンの位置でものごとをとらえてみる。

（例）**優柔不断**という性格について

優柔不断というリボン

・右はし……ある性格が、とても困った状況を引き起こす。

（例）**優柔不断で、大事な決断ができずにチャンスを逃した。**

・真ん中……その性格でも誰も気にしないし、自分も気にならない。

（例）**優柔不断でも、誰にも迷惑かけてないし、決められなくてもかまわない。**

・左はし……その性格が、とても役に立ったり、いい状況を引き起こす。

（例）**優柔不断のおかげで、迷っている間に乗り遅れたバスが事故を起こし、助かった。**

どんなことも、「いい効果」を生んだり、「悪い効果」になったり、どうでもよかったりする面がある。「それ」がいい・悪いではなく、「どこ」に焦点を当てるかが重要になる。

【ステップ3】イヤな性格のおかげで起きたこと

右はし……その性格のせいで困った状況になり、おかげで生まれた「実はよかったこと」を見つける。

（例）「優柔不断で大事な決断ができずにチャンスを逃した」と思っていたが、「次のチャレンジをし、もっと自分に合うものに出会えた」とか、「よくよく考えることができて、今から思えばこの機会は逃して大正解だった」など。

【ステップ4】イヤな性格の新しい名前

右はし……その性質のおかげでとても役立ったり、いい状況を引き起こした場合の、この性質の「他の表現・言葉」を探す。

（例）「優柔不断」→慎重・たくさんの選択肢を思いつく・想像力がある・長い目で見る・思慮深い……など。

【ステップ5】新しい名前の利用法

①ステップ4の言葉で自己紹介してみる。

②誰かが「自分は優柔不断」と言った時、「慎重で、選択肢をたくさん思いつく、想像力豊かな人でもあるんですね」と付け加えてみると、今まで気がつかなかった「よさ」を知らせることができるかもしれない。

【ステップ6】

自分も他人も、「左はし」や「右はし」そして誰も気にならない「真ん中」のどれでも自由に選べることを忘れず、いつもこの「両端」を思い浮かべて、気分がよくなる表現を探そう。見た目の「いいこと」「悪いこと」に隠された本質に気がつき、高次元のひらめきをニュートラルにまっすぐ受け取れるようになる。

発する言葉はできるだけ減らそう。足せば足すほど本質からズレていきがち。愛想笑いもウソと心得て。

つらい時のセルフヒーリング

・計画のない旅に出る。
・自然の中で、自然の一部となってのんびり過ごす。

今世のテーマ 上級者レベル バランサー♐

今世のテーマが達成されバランサーに進化していきます。自分の人生に満足し、ありのままで周りにも喜ばれます。

今世のテーマ 達成度チェックリスト

★しょっちゅう思う、たいていそうする…A（10点）
★たまに思う、時々そうする…………B（5点）
★あまり思わない、ほぼやらない………C（1点）
合計点＝バランサー率（今世のテーマの達成度）

達成度に合わせて、自分が魂の時にセッティングしてきた「レアアイテム」や「ごほうび」「パーティー」「イベント」などのお楽しみがゲットできます！（魂のルートMAP　34ページ参照）

0～49％……どちらかというと楽しいことよりつらいことが多く、自由度も少なく感じます。過去世のくり返しを避けるために、魂がそうセッティングしてきたのです。

50～89％……いやなこともあるけど、まぁ、なんとかうまくやれるようになってきたし、それなりに「いい人生」なんだろうなぁ……って感じています。

90～100％……たいていの出来事が自分の進化にどう役に立っているかわかり、つらくても苦しくても楽しい。軌道修正も自在。人生はかなり自由で思い通りな感じです。

← **チェックリストは次ページ!!**

バランサー♐
今世のテーマ　達成度チェックリスト

【直観とひらめきですぐ行動】 唐突にやってくる直観とひらめきが一番正確で、ワクワクする冒険に導いてくれるから、いろいろ頭で考えずに即、行動してみます。	□
【毎日自由】 何にもとらわれず、思いついたら、やりたいことを、やりたい時に、やりたいところで、やりたいように、やります！　飽きたら即、やめます。	□
【正直が一番】 ウソはどんなささいなものでもエネルギーを下げてしまうので、たとえ相手が気を悪くしても、場の空気が凍っても、（愛を込めて）真実をストレートに伝えます。	□
【希望はどこにでもある】 すべてのピンチは、チャンスの卵。それを実体験で思い知っているから、トラブルが来たら期待でワクワクしてしまいます！	□
【自然に学ぶ】 みんな同じ生き物。自然につられて、自分も野性にかえり、視野も広がって本来の在り方を思い出すので、迷ったらなんでも自然を見習っています。	□
【ひとりが最高】 たくさんの人の思念を離れ、ひとりで過ごす時間は自然体になり、身心が開放され軽くなるので、何ものにも代えがたい、とても大切な時間です。	□
【こだわらない】 どうせこだわっても、狭い自分の過去の経験からしか結論は出ないから、気持ちが楽になるなら、なんでも試してみればいいと気楽に考えています。	□
【とにかく明るく前向きに】 ややこしいことではなく、実際に明るく前向きにとらえたほうがなんでもうまくいくから、そうしています。シンプルに（頭打っても笑って済んでます）。	□
【大いなる叡智と導きに従う】 ちっぽけな人間の知恵を手放し、大いなる摂理や叡智を学び、ひらめきに従っていけば、予想以上の結果になることが多いです！	□
【なんとかなる】 できることを精いっぱいやる。夢中でやる。のめり込んでやる。飽きたら大いなる流れにお任せすれば、なんとかなっています。わりと。	□

合計点
（バランサー率）　　　　%

今世のテーマ

指導者レベル

ハーモニアン ♐

何度もこのテーマで転生すると、
指導者レベルのハーモニアンに進化します。
個人の目的より、人類と地球生命のために動くことが
生きがいとなります。

人類の魂を完全な自由と真実に開放する

「不安」や「恐れ」を完全に必要としなくなった指導者レベルの**ハーモニアン♐**
は、自分の中の
「論理」と「直観」
「コントロール」と「自由」
「疑い」と「信頼」
「社会」と「自然」
「人」と「大いなる存在」

2つのエネルギーを自在に組み合わせて、全く新しいエネルギーを生み出し、物質界に高次元の精神エネルギーを開放するでしょう。

そして地球に転生した魂たちに、真の学びと成長のための自由と真理をもたらし、魂の喜びに導きます。

ドラゴンヘッド　山羊座

過去世

あなたの過去世、こんなパターンばっかり！

「繊細」すぎて「面倒くさい人」

身近な人たちの気持ちを受け止めながら、ずっと干渉されつつ、守り守られた人生

たくさんの過去世でほとんどの時間を限られた人たちと過ごし、社会とほとんど関わらずに生きてきたあなた。

家族や身内の望みを叶え、外で働くメンバーのお世話や家事や育児に追われるうちに「繊細」すぎて「面倒くさい人」になってしまった。

ささやかで変わらぬ幸せって大切だけど、当たり前みたいにこき使われる「囲い込まれた安全な世界」ってなんだか気持ちが爆発しそう。

みんなの望みはよ～くわかってるあれもこれもしてあげるね！
そのかわりみんなももっと私の気持ちわかって！

【たとえば、こんな人だった】

人里離れた一軒家で、家族だけで暮らした人／病のため家に引きこもって過ごした人／障害をもって生まれ、生涯家の中で育った人／代々受け継がれた広大な農場の跡取り息子／独占欲の強い夫（妻）をもつ妻（夫）／保守的な名家の貴族の子ども／大富豪の箱入り娘／一子相伝の伝統芸能を受け継ぐ名取り／何世代もが同居している大家族の嫁

「もう、イヤャッー！」魂が経験しすぎたこと
――魂の本音

【何があっても、ともに助け合うファミリー】を実現しようと、過去世のあなたはいつでも「大切な人たちを支えて」がんばってきた。

「この人たちのことなら、なんでもわかる」「世界中が敵になってもこのメンバーだけは味方だ」「どんなことがあっても一緒にいれば大丈夫」。そうやって身内のことばかり考えていたら、ふと自分の人生ってなんだろうと思う。

朝から晩まで彼らを気にして、どんなささいなことでも顔色ひとつでわかってしまう。みんな「気にしすぎ」って、うっとうしそうに言うけれど、そんなのひどい！　悲しいよ！　みんなのためにがんばってるのに！

イヤなこと

傷つけられること。感謝されないこと。新しい人や環境。厳しい雰囲気。不機嫌な人。

「『自己責任』ってよく言うけど、そんなに厳しい世界って生きづらそう……」と言いつつ、甘え合ってるこの状況も、かなり生きづらいんだけど（笑）

とはいえ実際、自分で責任なんてとれる気がしない。しかも今さら社会で生きていけるスキルも自信も、なんにもない。

あぁ、もうこんな**「世間知らずな自分」**が一番イヤ！

過去世の無限ループから抜け出そう！
――こんなクセが進化を遅くする！

「愛されないかも」……多くの過去世で、身内に守られ生き延びたので、愛されないことは死を意味した。

「居場所がない」……家を失うことは、ひとりで生きる力のない自分にとって、人生の終わりを意味した。

「傷つけられる」……敏感に周囲の心を読んで生き延びたので、その分ささいなことで致命的に傷ついた。

「責任なんかとれない」……どの人生でも、責任をとるという経験をほとんどしていないので自信がない。

☊ ♑

ドラゴンヘッド　山羊座

魂世界

賢いセンパイ魂たちと相談して選んだプランはこれ！

世の中で試す実力 社会で大成功プラン

※魂のルートMAP（32～35ページ）参照

まずは過去世で得意だったことをバージョンアップしよう！

あなたは、**「人の気持ちに深く共感する能力」**が本当にスゴイ！

大切な人を一目見て
「どう感じるかな」
「どうするかな」って思ったら
その瞬間、毛穴から気持ちが
沁み込んでくるんだよね～

そうやって、「相手の気持ち」が自動的に流れ込んでくるあなた。どんな気持ちも受け止めてきたから、人の気持ちに深く共感する才能はピカイチ！

あなたは、多くの過去世でこの能力を駆使し、人類がお互いを受け入れ合う温かい関係を築くことに貢献してきました。

けれど、「自分」と「人の気持ち」は、ハッキリ分けておかないと巻き込まれて共倒れになってしまいます。今世では**「社会に役立つ目標」**をハッキリ決め、たとえ周囲がどんな気持ちでいようと振り回されず、決してブレずに進み続ければ、着実に目標に到達して、結果的にみんなに大喜びされますよ！

今世で魂がやってみたいことリスト

——次の人生ではどんな「あなた」を起動しようかな

・自分の人生は、時間をかけて自分で創るんだって！
・まず「目標」を決めれば、人の気持ちに振り回されないらしい……。
・厳しいやさしさっていうのがあるんだって……。
・社会の役に立ちたい！　絶対！
・世の中の人に認められて、感謝されたいなぁ！
・自分がみんなの生活をしっかり支えてみたい！
・いろんな責任をとれるようになれるかなぁ……。
・たとえイヤなことが起きても「変わらぬ歩み」で進める人になりたいな。
・いつでも、やるべきことがわかる人になる。
・ブレず、あきらめず目標にたどり着く！

今世はこんな進化をすることに決定！

・自己責任で生きる！　自己責任で生きてもらう！
・望まぬことが起きても、落ち着いて対処する！
・みんなの大切な目標は、何があっても達成する！
・感情に振り回されず、手足を動かす！
・人のせいにせず、自分の責任をしっかり果たす。
・世の中に認められ、感謝される人になる！
・焦らず、おごらず、変わらず、歩み続ける！

宇宙からのメッセージ

あなたは日夜「身内に安らぎを与えて」たくさんの人生を生きてきましたが、彼らの成功のために、自分を投げ打っても誰も気にしませんでした。あなたは自信を失いながらも、決して温かい絆をあきらめず、さらに多くの人生を生き抜きました。

今、あなたを包む温かい関係はすべて、過去世であなたが創造したものです。そしてこれからは、それをもとに、いよいよあなたが社会の中で自分の力を発揮する番です。

あなたが起こす堅実な進化をますます楽しみにしています。

ドラゴンヘッド　山羊座

今世

今世のテーマ（チャレンジ）
眠っていたあなたを起動するパスワードは、

「自分の実力」を発揮する

社会で認められるって最高！　確実に目標を達成し、自分の実力を実感しよう

「自分の実力」を自覚する……自分のスゴさに気づき、周囲に役立てていく予定。

「自分で責任」をもつ……自分の行動のどんなささいな影響にも責任をもつ予定。

「社会に役立つ」実感をもつ……人々に感謝され、認められる経験をする予定。

「厳しさ」と「自立」のメリットを知る……苦手な2つのエネルギーについて学ぶ予定。

あなたは、すごくイヤなことがあると、感情が抑えきれないくらい激しくなりがちです。

そこで魂は「感情にフォーカスする」と、ものごとがよけいややこしくなるようにプログラムして生まれてきました。きちんと気持ちを伝えようとしたり、相手の気持ちをわかろうとしても、ますますうまくいかなくなるのではありませんか？　そんな時には、深呼吸して、「自分が何を目指しているのか」考えてください。気持ちにフォーカスするより、「どんな状況」「どんな関係」を目指しているのか考え、そのために何ができるか段取りを組みましょう。あなたは一時的な感情に惑わされず、目指す目標を確実に実現し、社会に役立つ自分になろうと計画してきたのです。

そんなあなたを見て、傷つきやすい人たちも感情におぼれず、大切な目標に向かって確実に歩を進めることができるようになるでしょう。

今世のテーマ

初心者レベル ハンパー ♑

ハンパーは、まだ過去世の影響が色濃く、今世のテーマが身についていません。生きづらい状態です。

魂の困ったクセ

どんな人も今世の思春期ごろまでは、過去世でできた魂のクセをおさらいします。

あなたは過去世で、安心できる居場所がみんなに必要だと思い、「この人たちの気持ちをわかってあげないといけない」と信じて、とても繊細にみんなの心に寄り添ってきました。けれどみんなは、それに甘えて感情を垂れ流し、あなたは生活の糧を彼らに頼りきって、ついに社会生活からすっかりかけ離れてしまいました。彼らのことだけしか見えなくなったあなたは「心配性」「おせっかい」「感情的」と思われることも。そして、心の奥底に、ものすごい「不安」をどんどんため込んでしまいました。

ソウルサポーター

面倒みてあげるから私をやさしく守って！
そんなあなたが選んだ魂のサポーターは……

今世でも、「傷つけられるのが怖い！」と思いすぎて、身近な人の気持ちをなんでも受け入れてしまう、この**ハンパー**レベルのあなた。みんなをいつも居心地よくしてあげたら、みんなは私を守ってくれるはず……と思いがちです。

そんなあなたの周りには、あなたがいくらみんなの気持ちを思いやっても、**ますますあなたを感情のはけ口にする人**や、結局あなたに**感謝などせず、迷惑がってここ一番のところで離れていく**など、**恩をアダで返す人**が多いのではないですか？

またあなたは、自分がなんの役にも立っていないと感じるのが怖くて、最初から何ひとつしようとせず、一から十まで**面倒をみてもらうことでよけい自信を**

失っているのではありませんか？

そこが魂の狙い！　すぐ自分の人生から目をそらすクセを直すには、目をそらせば人生が混乱するように協力してもらうのが一番です。実は、あなたの周りの理不尽な人たちは、**あなたがどんな時も自分の目指す「目標」にまっすぐ歩を進め、「社会の一員として役に立つ」決意をするために魂の契約をしたお助けソウルサポーターたち**なのです！

そのうちあなたが、心配より、やるべきことをやり出すと不安は消え、やがてみんなのための目標を次々と達成し、多くの人に喜ばれることになるでしょう。

魂のクセに効く　5つの言霊

自己管理できれば、むやみに傷つかない。
目標はいつか必ず達成する。
人に解決してもらうより、時間に解決してもらう。
社会の役に立つ自分になる。
気持ちより、やるべきことを平常心でやる。

魂成長のためのワーク

ものごとがうまくいかない時に、すぐにやってもらおうとしたり、パニックになってしまう前に。

ハンパー♑さんは、本来もっている実力を発揮するために、まず自分だけの目標が必要です。そして、その目標を達成するために、達成可能な具体的プランを考えましょう。

また、あなたの中の**ハンパー**は生活の中で、自分や誰かの強い気持ちに振り回されがちなので、そのたびに自分の目標達成を後回しにしないよう、「感情」と距離を置く練習も必要です。

どちらも生活の中でしっかりと、毎日、確認しながら実践しましょう。

たとえ思い通りにならないことがあっても、長い目で見ればそれは必ず、その時うまくいかないほうがよかったタイミングだったのです。焦らず落ち込まず、いつも通りに続けていきましょう。

さっそくやってみよう!!

なりきりごっこのワーク
——人の感情を、自分としっかり分けて受け取る

誰かがものすごく感情的になっていたり、あなたに感情をぶつけてきた時に、心の中でやってみてください。相手の感情に共感しすぎて、巻き込まれなければ多くの人に感謝され自信もアップします！

【ステップ1】現実的に観る

相手のすべての言動を、**心の中**で、ニュースキャスターになったつもりで、リポートしてみる。

（例）本日、午後3時ごろ、○○に勤める○○さん（54歳女性）が同僚（あなた）を突然激しい口調で怒鳴りつけました。理由は「仕事の遅れをすぐに報告しなかったから」とのことです。

【ステップ2】目標を決める

心の中で、雑誌の取材をイメージし、メモをとりながらインタビューする感覚で、相手や自分に質問してみる（ただし気持ちは聞かない）。

（例）「では次からはどうしてほしいですか？」「同じことが起きないための目標は？」

※注……すぐに正解や答えを出さなくても大丈夫。「考える時間がほしい」と言って、実際に誰かに相談するのもＯＫ。大切なのは、あなたが感情的にパニックにならないこと。それさえ避ければ、時間はかかっても、あなたは非常に有能で、処理能力・管理能力を発揮できる人なのだから。

【ステップ3】イメージを固めてメモする

あなたは、とても有能で、上手に人材を管理する責任者や社長だとしっかりイメージし、**ステップ2**の「今後の対策」や「目標」を伝えるためのメモをつくる。

（例）「他にいいアイデアはないですか？」「その提案はすごくいいです。早速やってみましょう」「その目標は私には実行しにくいので、もう少し考えさせてください」

気持ちを語ったり、責めたり、むやみにあやまったりしないこと。

【ステップ4】目標や対策を伝える

相手がどんな反応をしても、感情を交えずに、落ち着いてその対策や目標が言えそうになったら、相手に

伝える（メモを見ながらでもかまわない）。

（例）「次は報告が遅れないよう○○対策をします」（怒鳴られたことに関してはスルー。目標に集中）

目標の山登りワーク
――大きな目標を立てて、実現可能なタスクを決める

【ステップ1】
10枚のメモ用紙を用意する。山登りに見立てて、それぞれに「1合目」～「10合目」のタイトルを書く。

【ステップ2】
まず10合目には、10年かけて到達したい大きな目標を書く（自分の努力で絶対に到達するもの。夢物語やお願いごとではない）。

【ステップ3】
10合目までに必要な具体的なプロセス（経過や手順）を、現在の1合目から9合目まで、それぞれの紙に書く。期限も書き込む。

【ステップ4】
それぞれの紙に、やるべきことを書く。ひとつひとつは、すぐできそうなことに小分けしてたくさん書く（少なくとも5個以上×9枚分）。

【ステップ5】
1合目から10合目までの紙を縦に並べて貼り合わせる。すべてが一目で見えるようにして壁に貼り、達成するごとに赤ペンで消していく。

※注……時間をかけ、ひとつひとつ目標を達成すれば、確かな自信がつくはず！

つらい時のセルフヒーリング

・10年後の目標を達成して感謝されている自分をイメージする。
・誰にも気づかれない「奉仕」をして、自分にごほうびをあげる。

今世のテーマ
上級者レベル バランサー ♑

今世のテーマが達成されバランサーに進化していきます。自分の人生に満足し、ありのままで周りにも喜ばれます。

今世のテーマ達成度チェックリスト

★しょっちゅう思う、たいていそうする…A（10点）
★たまに思う、時々そうする…………B（5点）
★あまり思わない、ほぼやらない………C（1点）

合計点＝バランサー率（今世のテーマの達成度）

達成度に合わせて、自分が魂の時にセッティングしてきた「レアアイテム」や「ごほうび」「パーティー」「イベント」などのお楽しみがゲットできます！（魂のルートMAP　34ページ参照）

0～49％……どちらかというと楽しいことよりつらいことが多く、自由度も少なく感じます。過去世のくり返しを避けるために、魂がそうセッティングしてきたのです。

50～89％……いやなこともあるけど、まぁ、なんとかうまくやれるようになってきたし、それなりに「いい人生」なんだろうなぁ……って感じています。

90～100％……たいていの出来事が自分の進化にどう役に立っているかわかり、つらくても苦しくても楽しい。軌道修正も自在。人生はかなり自由で思い通りな感じです。

チェックリストは次ページ!!

バランサー ♑
今世のテーマ　達成度チェックリスト

【どんな時も目標に集中】
イヤな感情は横に置いて、今、なんのために何をすべきかに集中し、黙々と実行すれば、前に行ってる！　と気が楽になります。

【目標→実行→達成】
どんなに大きな目標も、簡単にできる量に小分けにし、ひたすら実行し続ければ、それは必ず達成されてしまいます。体験からくる確信です。

【言葉よりも行動。理想よりも結果】
大切なのは言葉より理想より、確かに現実を変えることです。自分と関係する「みんなにとって」いい結果となるように、実際に手足を動かして、結果を出すことです。

【苦境は人を強くする】
苦境は、人の眠っている才能をたたき起こして鍛え上げ、自分も社会も強くして、本当の意味でのやさしさを教えてくれます。

【厳しいやさしさ】
本当のやさしさとは、その人がもっている「実力」を誰よりも信じ、甘えさせて腐らせることなく引き出し、みんなの役に立つまであきらめず磨くことです。

【ハイレベルな役立ち方】
誰かに感謝されるより、気づかれないように役立つほうが上質。もっとハイレベルなのは、自分でも役に立っていることを知らずに役立つことです。

【時間はありがたい】
どんなに苦しいことも、悲しいことも、時間はいつの間にか薄めて、洗い流してくれます。今のつらさがずっとそのまま続くことはありません。

【自分を管理する】
自分の感情、自分の稼ぎ、自分の環境、そして自分の人生をちゃんとコントロールして生きると、人のせいにして苦しまなくなります。

【人はみな、お役目がある】
どんな人にも、宇宙をよりよくする「お役目」が必ずあり、やるべきことをやっていれば、たとえ認められなくても、必ず、立派にお役目を全うできると確信しています。

【努力と経験は裏切らない】
もろくて、発展途中の人に頼るより、自分自身の積み重ねた努力と経験を頼りに思っています。

合計点
（バランサー率）　　　%

今世のテーマ
指導者レベル

ハーモニアン ♑

何度もこのテーマで転生すると、指導者レベルのハーモニアンに進化します。個人の目的より、人類と地球生命のために動くことが生きがいとなります。

宇宙を全員で共有する意識と責任を人類に教える

「不安」や「恐れ」を完全に必要としなくなった指導者レベルの**ハーモニアン♑**は、自分の中の

「安らぎ」と「努力」
「甘え」と「責任」
「操作」と「管理」
「敏感さ」と「揺るぎなさ」
「身内」と「社会」

2つのエネルギーを自在に組み合わせて、全く新しいエネルギーを生み出し、人々に地球上を見事に管理させるでしょう。

そして地球に転生した魂たちは、眠っていた輝く才能を引き出され、それぞれの宇宙の役目を立派に果たします。

ドラゴンヘッド　水瓶座

過去世

あなたの過去世、こんなパターンばっかり！

「VIP」すぎて「自己中な人」

特権階級の頂点は別世界すぎて、わかり合える人がほとんどいなかった人生

たくさんの過去世で人々の頂点に君臨し、一般大衆からはかけ離れ、わかり合える人がほとんどいなかったあなた。

みんなに顔色をうかがわれ、どんどんおだてられ、心も通わず、普通もわからず生活していたら、「特別」すぎて「自己中な人」になってしまった。

別にわがままを言う気もないのに、いちいちみんなとかみ合わなくて、寂しい人生になってしまった。

周りはみんないい人！
人生は思い通り！
え？　なんでダメなの？
なんとかしてよ

【たとえば、こんな人だった】
一番大きな部族の長／国王や女王／独裁者／世界的規模の宗教団体のトップ／一番裕福で格式の高い王侯貴族／一般人とかけ離れた大富豪の子女／一世を風靡した大物俳優や女優／国民的人気の音楽家や芸術家／古いしきたりを受け継ぐ家柄のよい旧家の子女

「もう、イヤッー」魂が経験しすぎたこと
——魂の本音

【望み通りの現実を創って生きる喜び】を実現しようと、過去世のあなたはいつでも「強い意志」でがんばってきた。

「意志さえ曲げなければ、どんな夢も叶うよ！」「大丈夫、任せて！　やってみせる！」「こうするって決めてしまえば、なんとかなるんだよ！」。そうやって必死で夢を実現してきたけど、気がついたら誰とも話が合わなくなった。

　恵まれているのは否定しないけど、正直、並外れた努力もしてきた。この生活だっていろいろあるのに、違いすぎてわからないよね。

「うらやましい」って　みんな言うけど、こっちの苦労は知らないもんね。ま、わかるわけないか。

イヤなこと

　エラそうにされること。バカにされること。無視されること。うまくいかないこと。暗いこと。

「『みんなでやればスゴイことができる』ってよく言うけど、みんなでやると誰の手柄かわかりづらいよね？」と言いつつ、どれだけ手柄を立てても満たされないんだけど（笑）

　実は最近、何をやってもつまんない。正直ひとりでは、喜びも苦しみも分かち合えなくて寂しい……。

　あぁ、もうこんな**「寂しがっている自分」**が一番イヤ！

過去世の無限ループから抜け出そう！
——こんなクセが進化を遅くする！

「ガッカリされるかも」……多くの過去世で、すべてを失わないよう、大衆の大きな期待に応え続けた。

「劣っていたらどうしよう」……お払い箱にならないよう壮絶な努力をして、誰よりも優れ続けた。

「特別で人気者じゃないと」……想像を絶する努力を決して人に見せず、常に特別であり続けた。

「思い通りにしないと」……反乱の兆しとして、周りの反発は注意深く制御しなければいけなかった。

ドラゴンヘッド　水瓶座

魂世界

賢いセンパイ魂たちと相談して選んだプランはこれ！

違いを活かして常識を超える　生き物みんな友だちプラン

※魂のルートMAP（32～35ページ）参照

そうやって、どんな状況でも楽しみを見つけて、夢中で向き合ってきたから、欲しいものを次々と創り出す才能はピカイチ！

あなたは多くの過去世で、この能力を使って、人類の喜びに満ちたあらゆる現実創造に貢献してきました。けれど、ひとりでやる創造ではもう物足りなくなっていますね。今世では**「みんなとともに」「みんなの才能で」「みんなのため」の大創造**にチャレンジすれば、寂しがる余裕もなくなって、エネルギーの相乗効果でケタ外れの満足を感じることができますよ！

まずは過去世で得意だったことをバージョンアップしよう！

あなたは、**「どんなものも楽しみながら創り出す能力」**が本当にスゴイ！

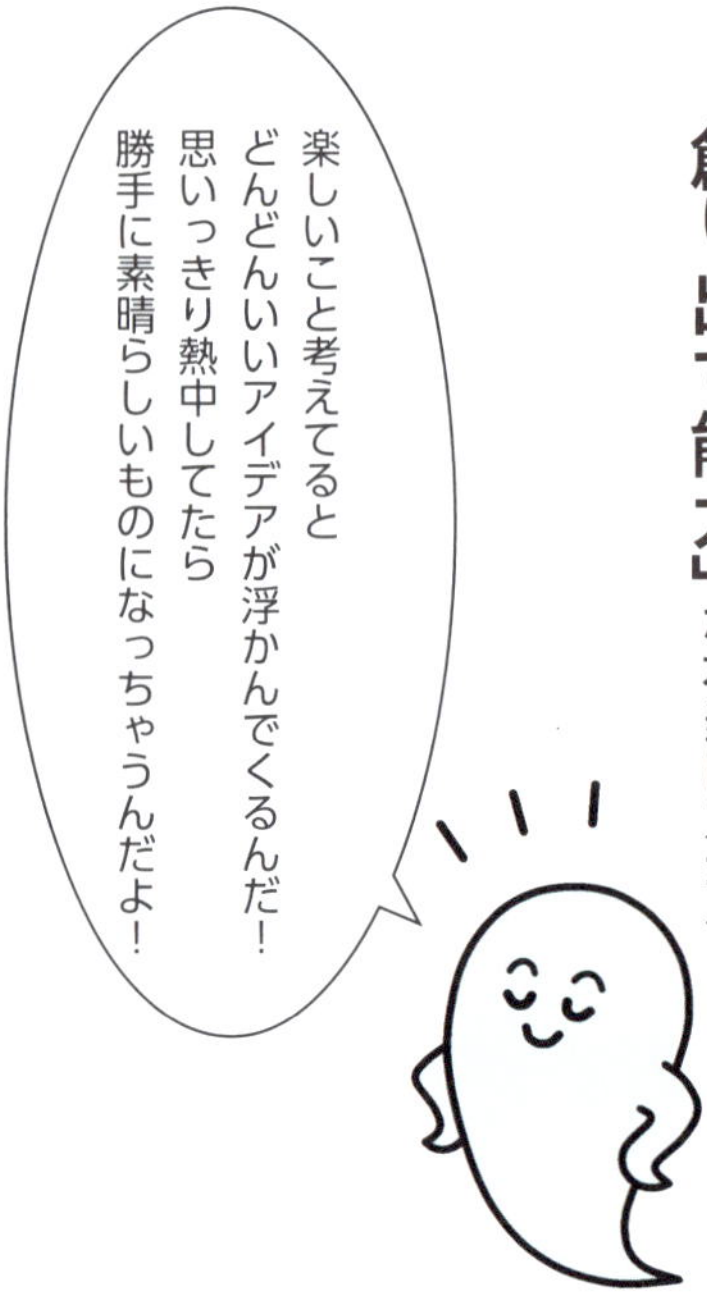
楽しいこと考えてると
どんどんいいアイデアが浮かんでくるんだ！
思いっきり熱中してたら
勝手に素晴らしいものになっちゃうんだよ！

今世で魂がやってみたいことリスト
――次の人生ではどんな「あなた」を起動しようかな

・もう自分ひとりのことはやり尽くしたから、もっと大きなことをやるんだ！
・ありとあらゆる存在と友だちになってみたい。
・みんなのことを優先したら、不思議と自分のためになるんだって。
・誰も思いついたことのない方法を試し続けたい。
・最新のアイデアを次々みんなに伝えた～い！
・どんなことが起きても、冷静に対処してみたい～
・未知の法則やしくみを実験できたらおもしろそう！
・みんなとテレパシーでつながってスゴイことやる！
・みんなの特殊能力を持ち寄って世界を変えたい！
・人じゃなく、宇宙の目線で見たらどんな感じかな。

今世はこんな進化をすることに決定！

・どんな時も宇宙目線ですべてを冷静に観察する！
・人とテレパシックにつながり、能力を活かし合う！
・あらゆる存在と、対等に友だちになる！
・世のため人のために生きる！
・常識を超えた最新のアイデアを広める！
・未知のことを、どんどん実験してみる！
・宇宙に住む「地球人」として生きる！

宇宙からのメッセージ

　あなたは「望む現実を創る喜び」のため、たくさんの人生を生きてきましたが、人々は、ただうらやみ、あなたを別世界の住人扱いしました。あなたは孤立しながらも、決してゼロからの創造をあきらめず、さらに多くの人生を生き抜きました。

　今、あなたの周りの喜びを生むものはすべて、過去世であなたが創造したものです。そしてこれからは、それをもとに、みんなと、より壮大な創造をするのです。

　あなたが起こす独特な進化をますます楽しみにしています。

ドラゴンヘッド　水瓶座

今世

今世のテーマ（チャレンジ）
眠っていたあなたを起動するパスワードは、「みんなとともに、みんなのため」に生きる

違うってスゴイんだ！　常識も違いも超えて、生き物みんなとコラボしよう

「友だち＝対等の関係」を知る……ほとんど知らない上下区別のない関係を楽しむ予定。

「世のため人のため」に生きる……才能を持ち寄り、みんなのための壮大な目的に使う予定。

「宇宙の目線」で観る……あらゆるものごとが全員にどう役立っているのか観る予定。

「常識にとらわれない」「実験」のメリットを知る……全く未知の2つのエネルギーについて学ぶ予定。

何かが思い通りになってもあなたは、すごく物足りない気持ちになっていませんか？

実は魂は「自分のこと」がどれだけ成功しても、あまり満足しないようにプログラムして生まれてきました。人にどれだけほめられても、うらやましがられても、なぜか他人事や、つまらないことのように感じるはずです。それこそが発想転換の合図！　今世は、自分のためだけでなく、みんなのために動き出しましょう。あなたは個性的な仲間と対等に力を合わせ、それぞれの才能を発揮し合い、より大きな世界のために尊い仕事をしようと計画してきたのです。それぞれの責任とやり方で多くの実験をしてみてください。

多くの仲間たちが、あなたとともに世界をよりよくしようと待ちわびていることでしょう。

今世のテーマ

初心者レベル ハンパー ♒

ハンパーは、まだ過去世の影響が色濃く、今世のテーマが身についていません。生きづらい状態です。

魂の困ったクセ

どんな人も今世の思春期ごろまでは、過去世でできた魂のクセをおさらいします。

多くの過去世で、人々のあこがれと羨望の中を生きてきたあなたは、「いつもみんなの輝く星でいないといけない」と信じて、明るく楽しく、そして人知れずものすごい努力をし続けがんばってきました。でも人々はあなたを雲の上の人として扱い、あなたもそれを当然と受け止め、ついには全く心の交流がなくなってしまいました。やがて望み通りの称賛のみ求めるようになったあなたは、「わがまま」「自己中心的」「支配的」だと思われることも。そして、心の奥底に、深い「孤独感」をどんどんため込んでしまいました。

ソウルサポーター

認められても、なぜか満足できない……。
そんなあなたが選んだ魂のサポーターは……

今世でも、「認められないのが怖い！」と思いすぎて、相手の反応に内心ではビクビクしてしまう、この**ハンパーレベル**のあなた。みんながほめてくれる間は気前よく堂々としていても、みんなの気持ちが離れそうになると騒いだり暴れたり、気を引こうとしがちです。

そんなあなたの周りには、あなたがいくら自分を認めてもらおうとがんばっても、**次々と揚げ足をとる人や、あなたを巧みにおだてて、さんざん利用したあげく、陰口をたたくような人**が多いのではないですか？

あなた自身、なぜかいつも**「こんなことをしに来たのではない」**という気がして身が入らず、夢中でやっても不思議と**空しさばかり**が広がって、しかも**何かを得ると突然大切な人やものを失ったり**……どうにも**報**

われない気がしているのではないですか？

そこが魂の狙い！　すぐ自分に意識が集中するクセを直すには、自分のために動いてもムダになるよう協力してもらうのが一番です。実はあなたの周りの理不尽な人たちは、あなたが**「素晴らしい創造力」**を、**「世のため人のため」に使う決意をするために魂の契約をしたお助けソウルサポーターたち**なのです！

いずれあなたが自分のためだけでは空しいと気づいて、世のために動き出すと、待ってましたとばかりに仲間が集まり、過去世でため込んだ孤独感はすんなり消えていくでしょう。

魂のクセに効く　5つの言霊

人間の目でなく、宇宙の目で観る。
みんなの意識を変えるやり方を選ぶ。
全体のことをよくすると、自分もよくなる。
すべては必ず進化するように流れている。
世界のために動く時、必ず宇宙のサポートが入る。

魂成長のためのワーク

ものごとがうまくいかない時に、すぐに上から仕切って強引に解決してしまう前に。

ハンパー♒さんは、「自分の視点」を、「宇宙の視点」に移し、全体をつかむ練習が必要です。

起きた出来事を、いつも宇宙空間から見下ろすようなイメージでとらえ直し、さらにそのことが全体にどう役立っているのかを観る習慣をつけましょう。

自分にとって何かがうまくいかない時は、みんなの成長のことを考えると、その時には「うまくいかないほうがよかった」ということが多く、結局、後で「なるほど！」と納得がいったりするものです。あなたの中の**ハンパー**は焦って強引に「なんとかしよう」としますが、全体の流れを観て待つ練習をすると、すべてがスッと自然に進み、魂レベルの仲間たちとの活動に、深いやりがいを感じるようになりますよ。

さっそくやってみよう!!

宇宙からの眺めのワーク
——自分の視点を、宇宙から眺める魂の視点にアップグレードする

最近自分に起きた、おもしろくないことや納得がいかなかった出来事をひとつ振り返る。


【ステップ1】

何が起きたと思ったか（自分の視点）。

（例）・みんなで意見を出し合った時、私の意見だけスルーされた。
・明らかに改善できる案なのに、どんなに訴えても、誰も賛成してくれず、上司に「この話はここまで」と止められた。

【ステップ2】

その時、**具体的に、何を考え、どう感じたか**（自分の視点）。

（例）・考え……みんなが、私のことを軽く考え、無能だとバカにしている。私は、みんなに嫌われている。
・気持ち……ムカついた、落ち込み、悲しい、悔しい、情けない、焦り、軽蔑。

【ステップ3】

何を証拠に、そう考え、そう感じたのか（自分の視点）。

（例）・みんな、普段から私にはとげとげしい。
・いつも私への指示が初歩的な仕事ばかりだ。
・上司の方針はいつも保守的すぎる。

【ステップ4】

自分の身体を意識の一部が抜け出し、宇宙空間から見下ろすところをイメージする（このテーマの人は、感情を脇に置いて、意識を高次元に引き上げることが上手にできるようセッティングしてきている）。

ステップ1〜3の時には**見えていなかった事実**は何か。忘れていた事実、他の人から見た事実や聞いた話、他の人の気持ちなど。

（例）・私の言い方もちょっと厳しかった（らしい）。

・気が弱い人は、進んで「賛成」と言いにくい？
・私が下調べしたことは、みんな知らない。
・会社での上司の立場は、割と弱い。

【ステップ5】

ステップ4の事実から考えて、**かたよりのない考え方は何か**（宇宙から観た魂の視点）。

※注……「正しさ」にこだわらない。

（例）・実は私の普段の言動で、みんなは距離を感じているのかもしれない。
・調べた資料を見せると理解が得られるかも。
・上司も人間。事情があるのかもしれない。

【ステップ6】

みんなにとって、**今、何をすることが必要か、あるいは、しないことが必要か**（魂視点）。

（例）・普段から、気楽にみんなとおしゃべりして、お互いのことを知り合う。
・提案は雑談で話してみて、反応を見る。
・これからは、調べた資料を必ずシェアする。
・上司の立場や悩みにも、普段から興味をもっておく。

【ステップ7】

この出来事は何を学ぶために起きたのか（魂視点）。

①自分の学び……普段からみんなと気さくに交流しておくことの大切さを知る　など
②相手の学び……私のことや現状など、意外と決めつけていたとわかった　など
③周囲の学び……私の変化を見て、不安を越え、よりよく変化する方法を知った　など

このワークは、あなたが「自分」という狭い世界から、「みんなと成長する」という広い世界へ飛び出す練習になる。満足感はきっと期待以上！

つらい時のセルフヒーリング

・とにかく寝る（眠りは浄化です）。
・同じ命として、動物とじゃれ合う。

今世のテーマ
上級者レベル
バランサー ♒

今世のテーマが達成されバランサーに進化していきます。自分の人生に満足し、ありのままで周りにも喜ばれます。

今世のテーマ達成度チェックリスト

★しょっちゅう思う、たいていそうする…A（10点）
★たまに思う、時々そうする…………B（5点）
★あまり思わない、ほぼやらない………C（1点）

合計点＝バランサー率（今世のテーマの達成度）

達成度に合わせて、自分が魂の時にセッティングしてきた「レアアイテム」や「ごほうび」「パーティー」「イベント」などのお楽しみがゲットできます！（魂のルートMAP　34ページ参照）

0〜49％……どちらかというと楽しいことよりつらいことが多く、自由度も少なく感じます。過去世のくり返しを避けるために、魂がそうセッティングしてきたのです。

50〜89％……いやなこともあるけど、まぁ、なんとかうまくやれるようになってきたし、それなりに「いい人生」なんだろうなぁ……って感じています。

90〜100％……たいていの出来事が自分の進化にどう役に立っているかわかり、つらくても苦しくても楽しい。軌道修正も自在。人生はかなり自由で思い通りな感じです。

← **チェックリストは次ページ!!**

バランサー ♒
今世のテーマ　達成度チェックリスト

【みんな友だち】

あらゆる関係は友だちの進化形。男友だち・女友だち・ケンカ友だち・結婚した友だち・別れた友だち・子どもの友だち・魂の友だち・犬の友だち・宇宙の友だち……（以下省略）

【みんな同じ生き物】

人も動物もウイルスも地球上の生物はみんな平等に、地球も天体も銀河もみんな平等に「大切にしたい」と願ってやみません。


【人生はでっかい実験室だ】

この世にはあふれんばかりの選択肢があるから、「成功」「失敗」なんて決めつける前に、いろいろな実験をやり尽くします！　爆発させたらごめんね！


【人の意表を突くのが楽しい】

あらゆる思い込みや常識を超えて、みんなの「枠」をぶち壊すのが爽快です！　よりよいものにつながる最新のアイデアが大好物！「変！」って言われたら快感です！


【みんなとつながる】

それぞれの類まれな才能（ギフト）を持ち寄ってつながれば、成功の喜びは何倍にもなり、失敗のつらさは分散されます！


【特別な存在のままで調和する】

自分らしいアイデアが、みんならしいアイデアと調和して、全く新しいものを生み出す経験が楽しくてしかたないです！


【調和と自己責任】

「ひとりはみんなのため」「みんなはひとりのため」をうまくやるには、ひとりひとりが自分の起こした結果に責任をとる覚悟がいります。甘えは通用しませんよ。


【みんなと創る】

情報が集まり、協力者はつながり、フラットな関係でそれぞれ自由にやっても、タイミングが合えば、必要なものが自然とつながっていきます。


【みんなが進化するために】

自分のことより、今はみんなや地球が進化するためにとことん創造力を発揮しています。意外と感謝されてビックリです。


【遠い宇宙から観察する】

人生に起こるあらゆる出来事を、宇宙から眺めるように観察すると、今まで気がつかなかった視点や大切なことにいろいろ気がつきます。

合計点
（バランサー率）　　　　%

今世のテーマ

指導者レベル　ハーモニアン♒

何度もこのテーマで転生すると、指導者レベルのハーモニアンに進化します。個人の目的より、人類と地球生命のために動くことが生きがいとなります。

人類の創造力を「みんなで」「みんなのために」発揮させる

「不安」や「恐れ」を完全に必要としなくなった指導者レベルの**ハーモニアン♒**は、自分の中の

「自信」と「信頼」
「意志」と「流れ」
「自我」と「我々」
「特別」と「公平」
「統率」と「連携」

2つのエネルギーを自在に組み合わせて、全く新しいエネルギーを生み出し、人々の意識を劇的に変化させるでしょう。

そして地球に転生した人類の創造力を、個人のためから全体のために大きくシフトチェンジさせます。

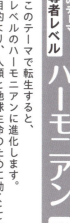

ドラゴンヘッド 魚座

過去世

あなたの過去世、こんなパターンばっかり！

「完璧」すぎて「息苦しい人」

人の命や人生を預かり、清く正しく完璧にすべてを整え続けた人生

たくさんの過去世で、人々の命や人生を預かり、ほんのわずかな気のゆるみも許されなかったあなた。だから必死で自分を律し、少しの手抜きもないよう努力して、張りつめて張りつめて、気がついたら「完璧」すぎて「息苦しい人」になってしまった。

周りの人に距離を置かれても、気になって気になって、やめようと思ってもやめられなくて、自分で自分が息苦しくてたまらない！

成功を左右するのは分析・計画・実行のみ！
ダメ！　ダメ！
もっともっと完璧に！

【たとえば、こんな人だった】

王族付きの侍医／王様の近衛兵／人々のお手本となる聖人／医者／看護師／産婆／権力者の秘書／大組織の会計管理者／全寮制の寮長

「もう、イヤッー」魂が経験しすぎたこと
——魂の本音

【秩序のある、正確で完璧な世界】を実現しようと、過去世のあなたはいつでも「すべてを整えて」がんばってきた。

「すべての混乱は、正しい手順でやれば治まる」「計画のズレは失敗のもと」「小さなミスはトラブルの種！芽が出た先から摘んでおくこと！」。そうやって完璧を目指して手直しすると、みんなは反発ばっかりしてくるけど、正直、私がやらないとあっという間にメチャクチャじゃない！

あっちも気になる、こっちも心配……。

「そんなに神経質にならなくても……」って、みんな無責任なこと言うけど、何かあったらどうするの⁉

絶対、手抜きしないでよ⁉

イヤなこと

混乱。不完全。不衛生。無理すること。ルールを破ること。役目を果たさないこと。

「『少しくらい息抜きしたら？』なんてとんでもない！その少しのせいで、あっという間にグチャグチャ、取り返しがつかなくなっちゃうんだから」と言いつつ、気づいたら自分がグチャグチャ（笑）

正直、ちゃんとやろうとすればするほど、心配ごとが増えている気がする。

あぁ、もうこんな**「気の休まらない自分」**が一番イヤ！

過去世の無限ループから抜け出そう！
——こんなクセが進化を遅くする！

「きっちり正しくやらないと」……多くの過去世で、ちゃんとやらなかったせいで大切な人の命を失った。

「計画通りにしないと」……すべてを計画通りにきっちり管理していないと、すぐに大混乱となった。

「ささいなことですべて失う」……わずかな手抜きが人生を狂わせたため、細かいところこそ気にした。

「完璧でないと気持ち悪い」……すべてをキッチリこなしていたので、予想外のことはすべて排除した。

ドラゴンヘッド　魚座

魂世界

賢いセンパイ魂たちと相談して選んだプランはこれ！

すべてがカンペキ　宇宙にお任せプラン

※魂のルートMAP（32～35ページ）参照

まずは過去世で得意だったことをバージョンアップしよう！

あなたは、**「グチャグチャになったものを整理整頓する能力」**が本当にスゴイ！

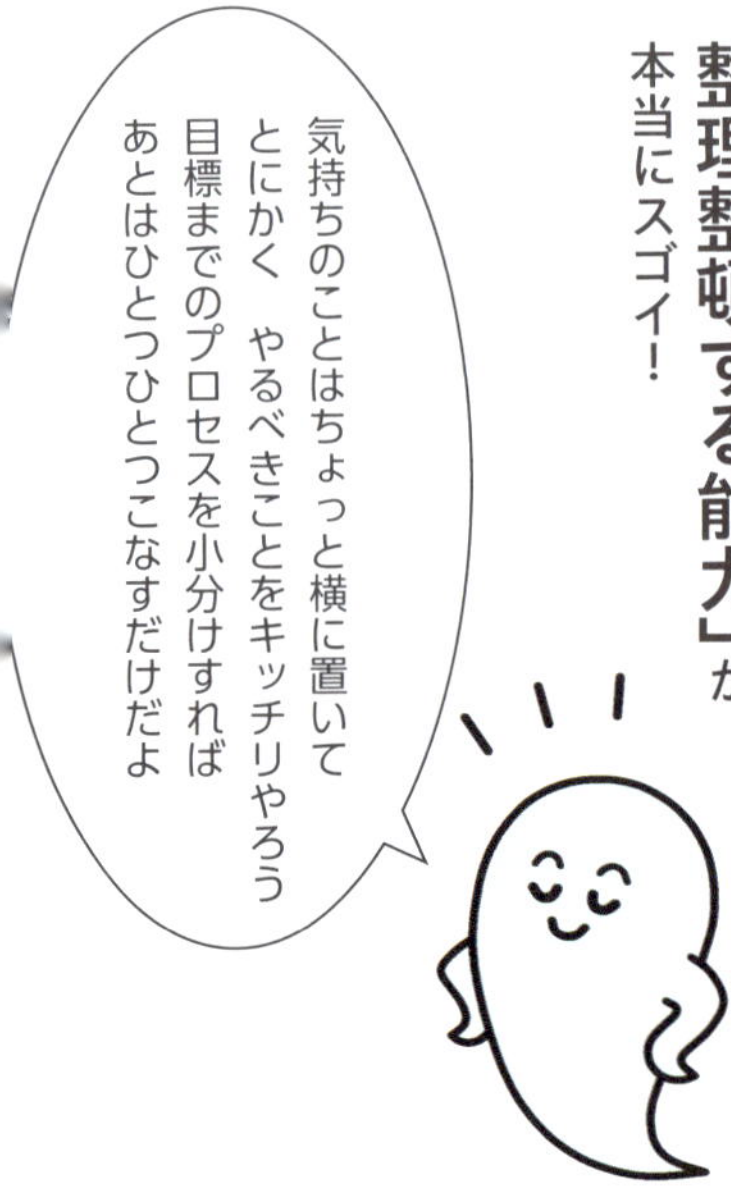
気持ちのことはちょっと横に置いて
とにかく　やるべきことをキッチリやろう
目標までのプロセスを小分けすれば
あとはひとつひとつこなすだけだよ

そうやって、ものすごい混沌《カオス》を片づけてきたから、混乱をスッキリさせる才能はピカイチ！

あなたは、多くの過去世で、この能力を使って、人類が生んだあらゆる混沌《カオス》の浄化に貢献してきました。けれど、人間がコントロールできることには限界があります。

今世では**自分の「こだわり」を手放して、「高次元のエネルギー」にすべてをお任せ**できたら「どれもこれも気に入らない！」なんて言わずに済むようになって、不思議と何もかもが収まるところに楽々と収まっていきますよ！

今世で魂がやってみたいことリスト
――次の人生ではどんな「あなた」を起動しようかな

・人生のお任せツアー！　楽しそ〜っ！
・「高次元の力」にお任せすればいいの？　楽しみ。
・人を癒す「大いなるエネルギー」を使ってみたい。
・そこにいるだけでみんなをいい気分にしてみたい。
・トラブル続出の時、「祈り」の力を体験するんだ。
・計画通りにいかなくても、「天の計画」がある?!
・ひとり静かにしてたら、宇宙から魂の充電もしてもらえるんだ。
・必要なものは、イメージして待てばいいって！
・「それでいいよ」ってそばにいれば、奇跡が起こる?!
・本当に困ったら、必ずお助けがくるの？

今世はこんな進化をすることに決定！

・大いなる存在と意識的につながる！
・高次元の力にお任せする！
・見えないエネルギーを使う！
・宇宙の摂理に沿って生きる！
・すべてのものと、ありのままに溶け合う！
・すべてのこだわりや批判を手放す！
・愛に包まれていることを実感して生きる！

決定

宇宙からのメッセージ

あなたは「清く完璧な社会」を維持するため、たくさんの人生を生きてきましたが、人々は、口うるさいあなたから逃げ回り、仕事を押しつけました。あなたは疲れ果てながらも、決して理想をあきらめず、さらに多くの人生を生き抜きました。

今、あなたが満足する、清く、健やかなものはすべて、過去世であなたが創造したものです。そしてこれからは、それをもとに、ありのままの完璧さを見るのです。

あなたが起こすやさしい進化をますます楽しみにしています。

☊
♓

ドラゴンヘッド 魚座

今世

今世のテーマ（チャレンジ）

眠っていたあなたを起動するパスワードは、

「高次元の存在」にすべてをゆだねる

そこで魂は「不完全なもの」を見つけた時、異常にイライラしたり、視野が狭くなるようにプログラムして生まれてきました。「やってもやってもキリがない！」とか「あれも、これも間に合わない！」と追い詰められた感じになるはずです。そんな時こそ、「宇宙にお任せ」するタイミングです！　何もかもいったん手放し、どうなるか眺めていてください。宇宙がどんなふうにすべてを片づけるか、その見事な仕事ぶりを楽しみましょう。あなたは、大いなる存在があなたのために用意した不完全に見える「完璧なもの」をすべて、ニッコリ笑って受け取る計画をしてきたのです。

そんなあなたを見て、心配性な人たちも、宇宙を信じて身を任せることを覚えるでしょう。

ああ、このままで世界は完璧だった！
ありのままの宇宙の完全さに包まれよう

「大いなる力」を信じる……すべてのコントロールを手放し「あるがまま」の状態を体験する予定。

「宇宙のリズム」で生きる……ベストタイミングを大切にしながら生きる予定。

「すべての存在がひとつ」とわかる……あらゆる体験を通してすべてがひとつなんだと体感する予定。

「受容」と「無条件の愛」のメリットを知る……未体験の2つのエネルギーについて学ぶ予定。

あなたは自分が思う理想の状態に向けて、すべてをすぐに「手直ししよう」としがちです。

今世のテーマ
初心者レベル
ハンパー ♓

ハンパーは、まだ過去世の影響が色濃く、今世のテーマが身についていません。生きづらい状態です。

魂の困ったクセ

どんな人も今世の思春期ごろまでは、過去世でできた魂のクセをおさらいします。

あなたは過去世で、人の命や人生を守る仕事をしてきたため、「すべてを完璧にしなければ、人も世の中も一瞬でダメになる」と信じて、はしからはしまで制御をして生きてきました。けれど、どれだけやっても仕事は減らず、みんなもあなたのダメ出しにうんざりして、お互いギスギスし、どちらも居心地悪くなってしまいました。使命感に燃えたあなたは、それでもくじけず、「細かい」「口うるさい」「神経質」だと思われることも。そして、心の奥底に、すべてへの「不満」をどんどんため込んでしまいました。

ソウルサポーター

そこもダメ、ここもダメ、すぐに直して！
そんなあなたが選んだ魂のサポーターは……

今世でも、「不完全が怖い！」と思いすぎて、世の中の何から何まで細かくダメ出しをしてしまう、この**ハンパー**レベルのあなた。いつかすべてが完璧になる日まで安心して手を離すことなどできないと思いがちです。

そんなあなたの周りには、あなたがいくら口出し・手出しをしても、**適当な言い訳をしながら散らかし続けていく人**や、あなたの有能さにつけ込んで、**次々と仕事を押しつけて怠ける人**が多くありませんか？

また、あなたは責任や義務で仕事を引き受けても、**感謝もされず、さらに「完璧にできていない」と文句を言われようものなら**、どんな無茶なことでもなんとかしようとしてつぶれかけていませんか？

そこが魂の狙い！　すぐ完璧を目指してがんばろうとするクセを直すには、そんなことがすべてダメになるように協力してもらうのが一番です！　実はあなたの周りの理不尽な人たちは、あなたが**「義務や責任から解放」され、「宇宙の流れに乗っかる」決意をするために魂の契約をしたお助けソウルサポーターたち**なのです！

いつか「完璧」を目指すことがお手上げになった時、ついにあなたも「大いなる力」にすべてを任せ、周りの人も心から安らげるようになるでしょう。

魂のクセに効く　5つの言霊

すべては宇宙のプラン通り。
不完全さの「完全さ」を見る。
すべては成長と進化のために起きている。
あなたが手を離せばうまくいく。　祈ろう。
宇宙・魂にはすべてが大切な役目を果たしている。

魂成長のためのワーク

ものごとがうまくいかない時に、すぐにダメ出しをしたり、自分で細かい修正をしてしまう前に。

ハンパー♓さんは大いなる存在にすべてを「ゆだねる」ことを覚えるため、いったん、問題から手を引き、数歩下がって、ただ「祈る」練習が必要です（宗教的な意味ではありません）。何もしないまま、どこがどうなったらいいのかとぼんやり眺め、そのままそっと目をつぶって、「描いた通りの状況になったらどんな気分になるか」をありありとイメージします。「そんなのムリ」「どうせうまくいかない」。こんな気持ちは心の奥の不安な**ハンパー**が動揺してわめいているだけ。そんな**ハンパー**をそっと抱きしめてなだめながら、イメージの中で宇宙にその不安を浄化してもらいましょう。何が起こっても、大いなる存在はいつもあなたを大事にしています。必ず「ありがたい」ことが起きているのです。

さっそくやってみよう!!

慈愛のイメージトレーニングワーク
——ありとあらゆるものを慈しむ

【ステップ1】ひとりになる

気持ちがイライラしたり、焦っている時に、静かな場所で少しひとりになる。

【ステップ2】光の呼吸で宇宙の中心とつながる

軽く目を閉じ、口からフ〜ッと細く長〜く息を吐きる。吸う時に鼻から美しい光が入ってくるイメージをする。光が全身を巡り、体内のつらい、重い、心配や不安などを、吐く息と一緒にフ〜ッと口から出していく。出したものは、大地に吸い込まれ、浄化される。**鼻から光を吸う**。この深い呼吸を最後までくり返しながら、全身に光がどんどん増えて、全身の毛穴から光があふれ出してくるところをイメージ。全身が光にすっぽり包まれたら、ゆったりと力を抜く。とても美しいその光が、宇宙の中心のまばゆい光とつながり、大いなる存在にすっぽり守られているイメージをする。

【ステップ3】すべては成長のために起きている

口から吐いて、鼻から吸う、深い光呼吸を続ける。大いなる光に包まれながら、今あなたが体験しているつらい、大変な状況を思い浮かべる。

次のイメージが、頭で考えず、なんとなく全身に沁み込んでくるのを感じる。

光の向こうに**【魂の目で観た景色】**が広がっている。

・みんなが成長するには、あれは、あのまま起こる必要があった。

・あのままでないと変われないことがあった。

イヤな人たちと**【魂がつながっている】**のを観る。

・彼らの弱さや痛みや苦しみが静かに伝わってくる。

・彼らも、あのままで「みんなの成長のために完璧な役割」を果たしている。

自分自身の**【完璧な役割】**を観る。

・自分もまさにこのままで「自分と誰かの成長のために完璧な役割」を果たしている。

【ステップ４】心の中でくり返す

「誰も悪いことは何ひとつしていない。
自分の成長のためにベストを尽くし、
誰かの成長のための役割をこなしているだけ。」

【ステップ５】あなた色のエネルギーが宇宙とひとつになる

あなたの中心から、美しいあなただけの色のエネルギーがあふれ、地球を包み、宇宙にも広がっていく。その色は宇宙のあらゆるエネルギーと調和して、あらゆるところを癒していく。

慈愛のエネルギーが細胞のすみずみから宇宙のすみずみにまで沁みわたり、今すべてがひとつにつながっているという感覚に満たされる。

【ステップ６】現実に戻る

深く息を吸いながら、手と足の指を思いっきりギュッと握りしめる。

吐く息と一緒に一気に脱力する。

もう一度息を吸い、全身の力を込めて、もう一度ギュッと握りしめ、息を吐きながら脱力し、最後に両手で全身を軽くポンポンと叩きながら現実感覚を取り戻す。

光に包まれたまま、意識を元の場所に戻す。

何もしなくても、あなたから出ているエネルギーは、周りの波動をやさしく変えているので、もうそこはさっきとは別の空間、別のあなた、別の人として受け入れて。

「甘えて助けてもらう」ワーク
——人の魅力を引き出す

誰かに「頼みごと」をする。お礼を言う時に、その人の素晴らしい魅力・能力について伝える。

(例)「あなたの明るい声は、みんなに伝わりやすくて助かった。ありがとう」

つらい時のセルフヒーリング

・見守ってくれている見えない存在にお礼を言う。
・いつもエネルギーをくれる自然にお礼を言う。

今世のテーマ
上級者レベル バランサー ♓

今世のテーマが達成されバランサーに進化していきます。自分の人生に満足し、ありのままで周りにも喜ばれます。

今世のテーマ 達成度チェックリスト

★しょっちゅう思う、たいていそうする…A（10点）
★たまに思う、時々そうする……………B（5点）
★あまり思わない、ほぼやらない………C（1点）

合計点 ＝ バランサー率（今世のテーマの達成度）

達成度に合わせて、自分が魂の時にセッティングしてきた「レアアイテム」や「ごほうび」「パーティー」「イベント」などのお楽しみがゲットできます！（魂のルートMAP 34ページ参照）

0〜49％……どちらかというと楽しいことよりつらいことが多く、自由度も少なく感じます。過去世のくり返しを避けるために、魂がそうセッティングしてきたのです。

50〜89％……いやなこともあるけど、まぁ、なんとかうまくやれるようになってきたし、それなりに「いい人生」なんだろうなぁ……って感じています。

90〜100％……たいていの出来事が自分の進化にどう役に立っているかわかり、つらくても苦しくても楽しい。軌道修正も自在。人生はかなり自由で思い通りな感じです。

チェックリストは次ページ!!

バランサー ♓
今世のテーマ　達成度チェックリスト

【何が起きても大丈夫】

どんなことが起きても、見た目に惑わされず、起こるべきことが起こっていると信じ、自然と落ち着くベストタイミングを待ちます！ □

【ありのままを何より大事にする】

苦しむ人や悩む人にあれこれ干渉せず、そっとそばにいて、その人の苦しみや経験がいつか大きな恵みとなることだけをひたすらイメージし続けています。 □

【心配は呪い。理想のイメージをする】

潜在意識にはびこる「心配」の影響力はとても強いので、やることをやったら、あとは「理想のイメージ」をして、その幸せ感に浸ります。 □

【不思議な力も利用する】

私たちの科学力ではまだ解明されていない不思議パワーは、実際に役立ちそうなら、なんでも試しに取り入れます！ □

【自分と合わないものを引き寄せない】

「ありのままの自分」を全力で受け入れているから、「自分と合わないもの」にはそれとなく近づきません。 □

【人間空気清浄機になる】

イヤなムードがただよっていたら、あれこれコントロールせず、イメージの中でひたすらいい気を出す「人間空気清浄機」になりきってます。効果絶大です。 □

【高次元のプランに任せる】

自分の狭い選択肢から「いいもの」「悪いもの」を選ぶのではなく、すべての判断を、高次元存在にお任せしています。手放し楽々プランです。 □

【来るもの拒まず、去るもの追わず】

必要なものがベストタイミングでやってきて、不必要なものもベストタイミングで消えていくとわかっているので、自分からあたふたしません。 □

【ただ祈る】

望まないことがあっても、それを変えようとか、排除しようとせず、ただそれが起こった「大いなる目的」が果たされることをそっと祈ります。 □

【すべてはみなひとつだとわかっている】

「自分を愛するのと同じように」「人を愛し」「人からも愛される」のならいっそ「自分も人もありのままに受け入れ」ます。そんなふうに愛されたいから。 □

合計点
(バランサー率)　　　%

今世のテーマ

指導者レベル

ハーモニアン ♓

何度もこのテーマで転生すると、指導者レベルのハーモニアンに進化します。
個人の目的より、人類と地球生命のために動くことが生きがいとなります。

人類に「肉体とともにすべてとつながる、完全受容の愛」をもたらす

「不安」や「恐れ」を完全に必要としなくなった指導者レベルの**ハーモニアン♓**は、自分の中の

「修正」と「受容」
「計画」と「お任せ」
「義務」と「感謝」
「部分」と「すべて」
「分析」と「慈愛」

２つのエネルギーを自在に組み合わせて、全く新しいエネルギーを生み出し、地球を深く慈しむでしょう。

そして地球に転生した人類の魂たちをそのまますっぽり包み込んで癒し、肉体とともに、ついに「ひとつ（ワンネス）」を実感させます。

気になる「あの人」のドラゴンヘッド☊をチェック！

大切な人の「魂の進化」をサポートするために

あなたの大切な人、気になる人、うまくかみ合わない人……あなたが今世で関わるあらゆる人たちも、あなたと同じように、「今世で起動したい自分」を設定して生まれてきました。あなたには、その人が本来望んだ姿へ「魂を進化」させる強力なサポートができるはずです。

さらに、最適な接し方を知ることで、（実はあなたが生み出している）ストレスや悩みを軽減することができます。相手との「違い」が不仲の原因になるのは、魂がお互いの「望む姿」を知らず、否定し合うからです。相手の魂が望む進化をサポートしようと決めた時、お互いの「違い」は必ずかけがえのない恵みとなるでしょう。各星座《サイン》のテーマカラーも参考にして取り入れてみてください。

※サポートしたい人の生年月日、（できれば生まれた時間と場所）の情報が必要です。

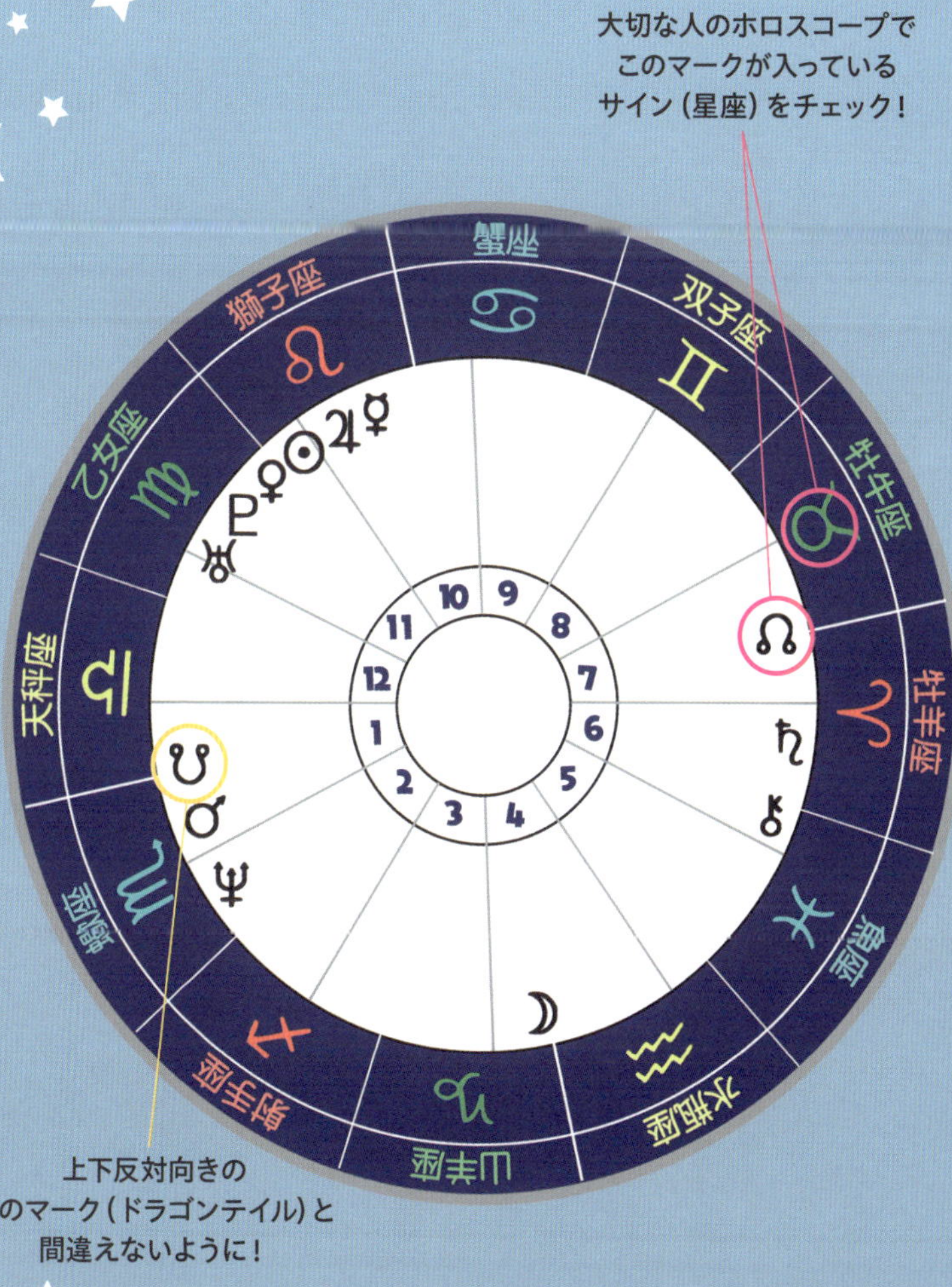

蟹座
双子座
牡牛座
牡羊座
魚座
水瓶座
山羊座
射手座
蠍座
天秤座
乙女座
獅子座
10
9
8
7
6
5
4
3
2
1
12
11
大切な人のホロスコープで
このマークが入っている
サイン（星座）をチェック！
上下反対向きの
このマーク（ドラゴンテイル）と
間違えないように！

「いい人すぎてどうでもいい人」になりがちなハンパー♈さんのサポート法

●嫌われたくなくて、ついニコニコしてしまうハンパー♈さん。「まず、あなたはどうしたいの？」とハンパー♈さんの望みを先に確認しましょう。最初はわからなくても、毎回あなたが確認すれば、だんだん自分の本音に気づくようになります。イヤそうに見えたら「はっきりイヤって言われたほうがわかりやすくて楽だな」と伝え、明るく単刀直入にイヤが言えたらできるだけ受け入れてあげてください。やがて自分の意思を出せるようになります。

●怒りを発散するのがとても苦手なハンパー♈さん。運動や競争（時には激しい言い合いも）など、スポーツ感覚で発散する方法を一緒に試して、お互い気分転換をすばやくすると、イキイキした関係が続きます。

●ハンパー♈さんが自信をもてないのは、失敗経験が足りないから。ハンパー♈さんが勢いやひらめきに従って動けずためらっていたら、バンッと背中を押してあげてください。行動した結果がたとえ失敗に終わっても、決して責めないこと。進化が止まってしまいます。「その失敗を役立てて前に進もう！」と伝え、どれだけ困っていても、できるだけ本人にやらせましょう。

●ハンパー♈さんには「イヤなら断る」という選択肢も与えましょう。そうしないと、つい「そのうちなんとかなるかも……」とズルズルいいかげんな対応を続けてしまうので要注意です。即断即決で猪突猛進する時、進化は加速します。

大切な人の星座
ドラゴンヘッド ☊
牡牛座 ♉

「尽くしすぎて自分が消える人」になりがちなハンパー♉さんのサポート法

●無意識に相手の顔色を読んで、自分のことを後回しにしがちなハンパー♉さん。「人のことより、あなたが心地よいことは?」と時々聞いてあげましょう。人といると自分にフォーカスできないので、気を使わずマイペースに過ごせる環境で、五感が存分に満たされるようなこと（63ページのワーク）を勧めましょう。

●ハンパー♉さんには、一歩一歩無理なく確実に続けられる「タスクリスト」づくりを勧めましょう。毎日焦らず、決まった数のレンガを積み続ければ、いつしか大きな城だってできるのです。人と比べたり、競ったりすると極端に消耗するので、「自分のやり方・ペース」に専念させてあげましょう。

●ハンパー♉さんは、シミュレーション力が過剰なので、あらゆる危機を想定してすぐにテンパります。落ち着いて対処するには、人の3倍の準備時間が必要。ギリギリで急かすとロクなことにならないので、タイムリミットは必ず最初に伝えておくこと。「不安げ」で「イラついている」なら、いったん、スピードをゆるめるか、期限を延ばすか、仕事量・課題量を減らせば結果的によい成果を上げます。

●ハンパー♉さんは、自分の策が尽きて「もうダメだ」と思うと、突然すべてを壊し、一からつくり直そうとしがちです。でも「積み上げ続ける」ことで進化が加速しますので、突然ヤケを起こさないよう、気長に励まし続けてあげてください。

「悟りすぎて孤独な人」になりがちなハンパー♊さんのサポート法

●第一印象による思い込みや勘違いがとても多いハンパー♊さんには、「実際に起きた事実は何?」と必ずたずねてください。そして「なぜそう思ったの?」「その結論はどうやって出したの?」と、事実に基づいた筋道の通る説明をしてもらいます。思い込みの少ない「事実」を伝えるようになると、より多くの人を魅了することができます。

●ハンパー♊さんが人とかみ合わない気がするのは、「相手にとっての事実」に興味がないから。人に興味をもち、どんどん質問するよう勧めてください。新しいことを知れば知るほど進化は加速します。ハンパー♊さんが自分の考えをまくしたて始めたらすぐにその場を離れましょう。議論という争いに巻き込まれるのがオチです。

●ハンパー♊さんは、人といると、突然フラッとひとりになりたがります。まだ多くの刺激に慣れていないのです。いろいろなタイプの人と関わり、さまざまな経験をするよう働きかけていきましょう。自分と違うものにも慣れて「わずらわしい」と感じなくなれば、それぞれの立場から事実を見つめられるようになります。

●物事の本質が自然とわかるハンパー♊さんには、「真実ほど人は受け入れにくい」「真実を伝えるには、相手が受け入れやすい表現とタイミングが大切」と伝えましょう。相手を思いやるマナーやユーモアが身につけば、自由でありながら孤独感からも解放されるはず。

大切な人の星座
ドラゴンヘッド ☊
蟹座 ♋

「背負いすぎて心が乾く人」になりがちなハンパー♋さんのサポート法

●気持ちを察するのが苦手なハンパー♋さんは、まず気持ちに気づく練習が必要です。折に触れ、「私は〜と感じている」と「穏やかに、わかりやすく、何度も」伝えるようにします。ハンパー♋さんが不機嫌な時には、どんな気持ちか確認したり、ピッタリの感情表現に言い換えてあげると、自分や人の気持ちを察し、共感し合うためのよい練習になります。

●ハンパー♋さんの、生活に密着したささやかな夢が叶えられるようサポートしてあげてください。長期目標はうまくいきません。小さな満足、小さな幸せをたくさん見つけて一緒に喜びを積み上げていきましょう。ハンパー♋さんは、甘え合ったり、弱みを補い合ったり、育んだりすることで進化が加速し、本来のやさしさや、やわらかな強さがあふれ出てくるのです。

●非常識なことがとてもキライなハンパー♋さんですが、人によって常識が違うことを常々伝えましょう。内心怒りんぼでせっかちなハンパー♋さんは、自分を追い込んでいる時ほど周囲にも厳しさを見せます。「無理してるんじゃない？」「弱音を吐いてもいいんだよ」とゆるめてあげないと親密な関係が育ちません。

●ハンパー♋さんが「〜べき」と言い出したら要注意。「本当はやりたくないの？」「ちょっとできないほうが可愛げがあるよ」「少しいいかげんなほうが気楽で長続きするかも」「何か手伝えることがあったら言ってね」など、気持ちが楽になる声かけをしてあげてください。

大切な人の星座
ドラゴンヘッド☊
獅子座♌

「世のため人のためにに生きすぎて楽しめない人」になりがちなハンパー♌さんのサポート法

●アレコレ頭で考えすぎて、結局、行動するのをやめてしまいがちなハンパー♌さん。想像と結果はたいてい違うので「とにかく体験してみよう」「やってみてから考えよう」と励ましましょう。どんなことも一度体験すれば、存在感や説得力に厚みが出て、周囲への影響力も大きく変わることを伝えてください。

●ハンパー♌さんが何をしても物足りないのは、周りを気にせず夢中でやった経験が足りないから。「誰がなんと言っても、絶対に楽しんでやる！」という強い意志と、子どものようなむじゃきさも大切。たとえ全力で楽しめなくても、知らなかったことを体験できたということを一緒に喜んであげてください。

●ハンパー♌さんには、できる限り人前に出て、明るくむじゃきに「自分の熱意」をオーバーアクションで伝えるよう勧めましょう。ハンパー♌さんは心が躍動すればするほど進化が加速し、人も運も引き寄せます。多少のわがままは大目にみてあげてください。ただし度がすぎる時には、容赦なく、一度だけガツンと伝えて、後は何もなかったように振る舞うといいでしょう。

●ハンパー♌さんが自分の幸せや喜びについて、他人に意見を求めたり、誰かとシェアしようとしても、心からの満足は得られません。どんなに人と違っても、たとえわかってくれる人がいなくても、ハンパー♌さんには、自分の心の声に従うよう促しましょう。

大切な人の星座
ドラゴンヘッド ☊
乙女座 ♍

「されるがまますぎてボロボロな人」になりがちなハンパー♍さんのサポート法

●ハンパー♍さんは困っても「なんとかなるだろう」「誰かが助けてくれるかも」と思いがち。でも今世は、すべて自分で計画通りに達成するプランなので、まずは「目標達成日」を決め、そこから逆算して、無理のない細かな計画表をキッチリつくることをオススメしてください。最初は一緒につくって、こまめな修正も手伝ってあげてください。目標を達成するたびに進化は加速し、みるみる自信がついていきます。

●なぜか約束や期限があいまいになってしまうハンパー♍さん。口約束は避け、必ずメモなど記録を残し、必要ならスマホなどのアラームをかけてもらいましょう。気持ちがモヤモヤする時には、身の回りの整理整頓やそうじをすると効果絶大です。

●心配性のハンパー♍さんには規則正しい生活を守るようサポートしましょう。無計画に過ごすと、考える時間が増えて、どんどん不安になります。一日のルーティンを綿密に設定し、チェックや線引きをして、やったものがひと目でわかるようにしてもらいます。いかに有能か本人も周りもきっとビックリしますよ。

●イヤなことをイヤと言えず、ズルズル相手の言いなりになりがちなハンパー♍さん。強い口調で頼むと、引き受けてはくれますが、ギリギリになってできていない、ということも。本当にムリなくできそうか、やさしく確認してください。人の念（思い）を吸収して消耗するので、ひとりになる時間は何より大切にしてあげましょう。

「戦いすぎてなじめない人」になりがちなハンパー♎さんのサポート法

●自分以外のことにあまり興味がないハンパー♎さん。周りとうまくいかなくても「しょうがない」と割りきるか、強引に自分のやり方を通してしまいがち。毎回「私にはこう見えている」ということをいちいち伝えないと、わかり合うキッカケさえ逃してしまいます。性格、やり方、大切なものなど、「違いを知ってほしい」「すぐに決めつけないで」とハッキリ伝えることも大切。

●ハンパー♎さんをできるだけ交流の場に誘い、「最適な距離感のキープ」と「笑顔」の大切さを伝えてください。もめた時には、できる限り関係者の話をしっかりと聴き、納得できる妥協点をみんなで探す楽しさも教えてあげましょう。

●ハンパー♎さんに早合点が多いのは、意見交換の経験が足りないから。「聞いてみないとわからないよ」となんでも直接、相手に確認してもらいましょう。にこやかな挨拶、何気ないおしゃべりを通して理解が深まることも体験してもらってください。ふいに投げ出したり、急に怒り出しても、どうせ長続きしないので、気にせず時間をおいて再開すればＯＫ。

●トラブルはなんでも強引に解決しようとする「ヒーロー気質」のハンパー♎さん。しかし一方的な解決より、お互いの能力を活かし合うと、相乗効果で進化が加速します。「一緒にやろう」「できるようになりたいから、半分だけ手伝って」「たまには頼ってほしい」などの声かけをしてあげてください。

大切な人の星座
ドラゴンヘッド ☊
蠍座 ♏

「欲しがりすぎて満たされない人」になりがちなハンパー♏さんのサポート法

●ハンパー♏さんは、大切な人をどう助ければいいか見当もつきません。「わからなければ『どうしてほしい？』『何かできることはある？』と聞いてね」とお願いしましょう。たとえハンパー♏さんが「自分のやり方」に自信をもっていても、まずは「相手の願い通りにしてあげて」と勧めれば、結果的にとても感謝されるでしょう。

●ハンパー♏さんは、思いきった変化を選ぶと進化が加速します。今世は同じことをくり返すとどんどん劣化してしまうので、「いっそゼロからつくり直す」「根本的な大変化」を勧め、「すぐに結果が出なくても、このままジリ貧状態が続くよりずっといいよ」と励ましましょう。

●ハンパー♏さんは、「人は人、自分は自分」と、心の距離を置きがち。けれど普段からこちらの事情や悩みを話し、アドバイスや協力をお願いすると「私たち」と考えられるようになり、やがて深い理解をし合えるように。ハンパー♏さんがちょっとでも寄り添ったり、助けてくれたら、めいっぱいお礼をしておくと、次からさらに親身になって、期待をはるかに超えた極上サポートをしてくれるはず。

●ハンパー♏さんには、人がまだ気づいていない「お宝」を見抜く能力があります。自分のことばかり気にせず、大切な人の「お宝」を発掘することを心がけてもらいましょう。さらに黒幕に徹するよう動いてもらえば、きっと想像以上の成果が得られます。

☊
♏

大切な人の星座
ドラゴンヘッド☊
射手座♐

「うまくやりすぎて不自由な人」になりがちなハンパー♐さんのサポート法

●ハンパー♐さんは、情報を多く取り込むと自分を見失い、人の言葉を横流しすると信頼を失ってしまいます。毎回、ハンパー♐さんが口を開く前に、「ムダな言葉・ウソはないか」「自分の言葉になっているか」を確認してもらいましょう。「まず結論から教えて」と頼めば、会話もスムーズになりますよ。

●ハンパー♐さんがなかなか決断できないのは、情報におぼれて直観に従っていない時。大切なことは、心や身体でわかるはずなので、まずは体験から学べるようたくさんの冒険をさせてあげましょう。「自由なもの」「自然に近いもの」「学びがあるもの」を勧め、できる限り口出ししなければ、失敗の痛みからの成長は驚くほど早いはず。

●ハンパー♐さんには、自然の中で、あるいはマイブームに没頭して「ひとりで」過ごせる時間をたっぷり配慮してください。人から遠ざかれば遠ざかるほど進化は加速し、自然体で気楽なポジティブさや「ひらめき」にも磨きがかかります。逆にハンパー♐さんを自由にしておかないと不安定になって、無意識に周りも大混乱させられてしまいます。

●どんな小さなウソも社交辞令も、ハンパー♐さんが口にするとよい影響を生みません。ところが、たとえ誰かが傷ついたとしても、「目的」が真実のシェアなら、それはきっといつかお互いのためになるはず。どんな時にも正直な関係を目指して、思いついたタイミングで、加工せずに本音を伝えてもらいましょう。

☊
♐

大切な人の星座
ドラゴンヘッド ☊
山羊座 ♑

「繊細すぎて面倒くさい人」になりがちなハンパー♑さんのサポート法

●人の気持ちや場の空気にすぐ影響され、気分の波が激しいハンパー♑さん。「最終目標はなんだった？」といつも確認してください。その目標のために今やる必要のあることを具体的にたずね、気分のムラに関係なく、「仕事のように実行し続けよう！」と応援してあげてください。

●ハンパー♑さんが不安げなのは、周りの都合に押されて、自分の目標を貫いた経験が少ないから。まずは目標を決め（健康のために毎朝30分ウォーキング、スキルアップのためにオンライン学習など）、周りの人はできるだけその予定をジャマせず、自己管理を徹底させてあげましょう。たとえサボっても「自力で再開すれば、それを継続と呼ぶんだよ」と、目標達成するまで気長に支えてあげるのがコツ。

●ハンパー♑さんは、社会で役立つお仕事を引き受けるほど進化が加速します。自分の気持ちにフォーカスすると面倒くさい状態になるので、「今は、人の役に立つ仕事を優先しよう」と切り替えさせてあげましょう。感謝の証として報酬を得ると自信が生まれ、やがて感情に左右されない決断ができるようになっていきます。

●ハンパー♑さんには、周囲の評判をバロメーターにしてもらってください。みんなに受け入れられていれば「今の自分は役に立っているんだな」、周囲から不満が出たら「今の自分は役に立てていないんだな」ととらえ、自分の有能さをしっかり確認してもらいましょう。

「VIPすぎて自己中な人」になりがちなハンパー♒さんのサポート法

●無意識に周囲の注目を集めてしまうハンパー♒さん。感情に訴えると反発されがちなので、一歩下がって状況を観察し、大きな視野でとらえるためのサポートをしてあげましょう。「この状況の問題点は何？」「みんなにとって大切なことは？」「何をすれば(しなければ)よりよくなる？」と、個人的なことより、全体に関する質問を投げかけてください。

●ハンパー♒さんが強引に場を仕切り始めたら、「ベストタイミング」を待つよう促してみましょう。もののごとのベストタイミングとは、関係するすべての人にとってのGOが自然と重なる時です。その時を待ちながら、もっと壮大な目標に目を向けてもらいましょう。

●ハンパー♒さんが、すぐに「自分がなんとかしないと」と思うのは、それぞれの個性や違いを活かし合った経験が少ないから。「自分とみんな」ではなく「自分たち」という意識が進化を加速します。「他の人にもチャンスをあげて」と、他人の才能を知るきっかけを増やせば、やがて、見事な相乗効果を生み出すようになるでしょう。

●ハンパー♒さんは、人と気さくにつきあうのが苦手。時には肩書きや立場にこだわりすぎず、失礼にならない程度の「友だち口調」で接するよう提案してみて。きっと親密度が上がってお互いの理解も深まるはず。何かがうまくいかず「なんで私がこんな目に!?」と大騒ぎしていたら、「みんな似たような目に遭ってるよ」と実例を示してあげてください。

大切な人の星座
ドラゴンヘッド ☊
魚座 ♓

「完璧すぎて息苦しい人」になりがちなハンパー♓さんのサポート法

不完全なところに目がいき、次々とダメ出ししたくなるハンパー♓さん。けれど不思議なことに、すべてをあるがままに受け入れるほうが結局いい流れになるのです。ハンパー♓さんには、細かい計画をやめ、「流れに任せて」「来るもの拒まず、去る者追わず」と言い含めてください。その時にはわからなくても、時とともにきっと納得がいくはず。やがてやわらかく懐《ふところ》の深い、無条件の愛に満ちあふれることでしょう。

神経を使いすぎるハンパー♓さんは、ひとりの時間がとても大切。静かに神経を休め、大いなる自然や宇宙のエネルギーとつながる、ぼんやりとした癒しの時間を決してジャマしないようにしましょう。きっと周囲の癒しにもつながります。

自分と、人と、世界は必ずつながっているので、「人を批判する」と、「人からも批判され」「世の中からも批判され」ます。ハンパー♓さんには、「人や世の中にした批判もやさしさ」も、巡り巡って「いつか自分のうしろから返ってくるよ」と伝えましょう。

目の前に現れたものはすべて宇宙が届けてくれた「ギフト」なのに、ハンパー♓さんがそれを信じきれないのは、手直しに夢中で、不思議なミラクルを逃し続けているから。まずは「何もしない」こと。そして「いいイメージを膨らませる」ことで進化は加速します。ハンパー♓さんが「人に甘える＝感謝する」と、相手のやさしさや能力が引き出されることになるのだと伝えてあげてください。

太陽《サン》星座《サイン》☉でわかる

今世のゴールの姿

魂が決めた「今世はこんな人になる！」

人はみな誰もが「今世のゴールの姿」を自分で決め、魂の奥深いところに刻んで、その姿を目指すためのたくさんの仕掛けをセッティングして生まれてきました。

太陽星座は、あなたの魂が過去世での体験をベースにして、自分で選んだ「今世のなりたい姿・ゴールの姿」を表しています。

この「ゴールの姿」を速やかに進化させるには、「今世のテーマ（42ページ〜）」を少しでも多く達成し、魂のバランスを整え、進化をジャマしていた「恐れ」や「不安」をうまく利用できるようになるのが効果的です。

魂の進化度（成長度）により「**ビビリジャーノ**（進化前）」「**タッカーン**（進化後）」「**ケンジャウルス**（完成形）」の3つのレベルがあります。それぞれの特徴や現在の進化レベルを確かめながら生活してみてください！（各星座《サイン》のテーマカラーも取り入れてみてくださいね）

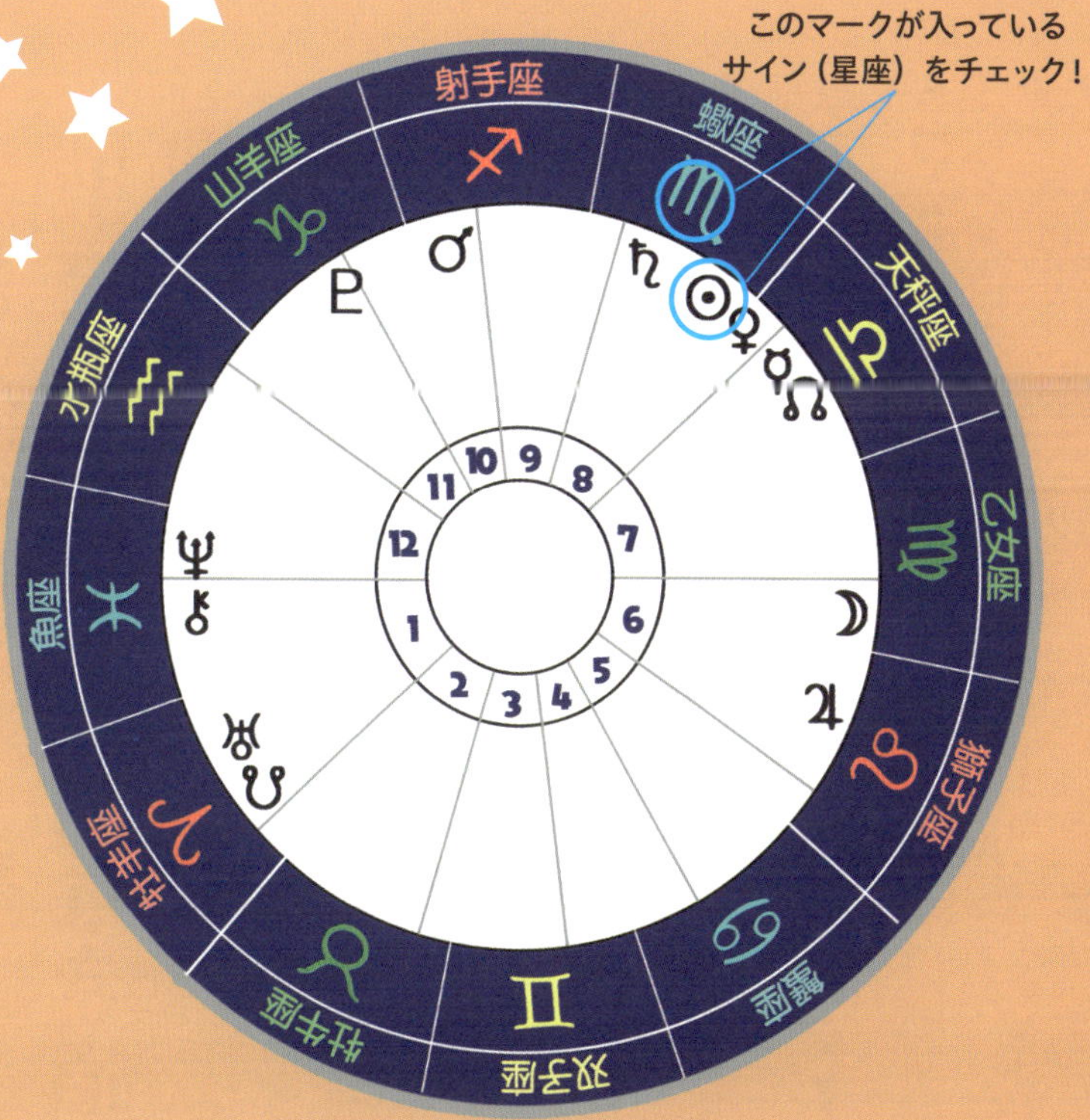

【星座のエネルギーと成長度】

各星座には、その星座特有のエネルギーがあります。ソウルプラン占星術では、生まれ変わる「魂の経験」にたとえてエネルギーのイメージを解説します。よく誤解されるのですが、これは、「発達心理学」のような、各星座や個人の成長段階ではありません。「新生児のような」牡羊座が、「管理責任者のような」山羊座より未熟という意味ではありません。「新生児」というたとえがピッタリのパワフルなエネルギー、「管理責任者」というたとえがピッタリの重厚なエネルギーというだけのことです。それぞれに大切な役割と使命があり、すべての星座のエネルギーをランダムに体験しながら、私たちは進化し続けているのです。

「今世はこんな人になる！」と魂が決めた姿

前進あるのみ！ 道なき道を切り開く 地球の先駆者《パイオニア》

※魂のルートMAP（35ページ）参照

あなたの魂は、生まれてくる**新生児のように**、守られた子宮を出て、狭い産道を全力で押し広げながら、刺激と挑戦が待つ外界へと飛び出すほどの**フルパワーで生きる**ことを決めました。たとえへその緒が絡まっても、進む方向を間違えても、ものともせず、自力で障害を乗り越え、前人未踏の場所へたどり着く**不屈の生命エネルギー**を存分に扱いたくて生まれてきたのです。

宇宙と交わした魂の契約

【その一】 地球のパワフルなエネルギーとつながって、自分の力をどんどん発揮しながら、「限界」「不可能」をなくしていくこと。

【その二】 地球に転生した魂たちに、「みんなの可能性は無限だ」「みんなも強力な生命パワーがこんなに出せるんだ」とわかってもらうこと。

宇宙があなたに与えたギフト

元気さ。勇気。タフさ。意志の強さ。直観。

宇宙があなたに授けたパワー

行動力。機動力。高い身体能力。危機管理能力。突破力。

今世のゴールの姿
進化前
ビビリジャーノ ♈

今世のテーマが達成されるにつれ、今世のあなたが起動され、魂はビビリジャーノからタッカーンへと進化していきます。

まだ「弱さがバレる」ことが怖い

魂がまだ充分進化していないビビリジャーノレベルのあなたは、「弱さ」がバレるのが不安で、怖い時に「怖くないし！」と強がったりしますが、そのせいでよけい怖い思いをすることになるのです。

それはまるで、どこに敵が潜んでいるのかわからない真っ暗な部屋の中にいるようなもの。かすかな風の音にもビクビクし、メチャクチャに腕や足を振り回して疲れ果て、ウトウトしても風の音でまた「ハッ」と目が覚める感じです。ちょっと意見が違う人に対して「否定された」とイラつき、小さな誤解なのに「わざとだろう！」といきなり怒り出して相手を責め、周りから「面倒くさいなぁ」という目で見られて、落ち込んでいるのに、負けるような気がしてまたカチン！ときてしまう……そんなことはないですか？

「弱さ」や「怖さ」とは、実は自分を守るためのものなのです。「今、怖いんだな」とちゃんと認めれば、いろいろなことがわかってきます。「何が怖かったのか」とか、「どうしたらいいのか」とか、「よく考えたら大したことなさそうだな」とか。そのうち「自分だけじゃなくて、みんなもいろいろなことがわからなくて、怖かったんだな……」などと見えてきて、「あ、実はみんな自分より弱かったんだ……」ということもわかってきたりします。

そうしたら、急にもっとのびのびできる方法を思いついたり、怖くなくなるかたちがひらめいたり、安心できる言葉が見つかって、自分を勇気づけたり励ましたりできるようになっていきます。そして、それはそのまま、周りの弱った人たちを勇気づけ、励ます方法になるのです。

　みんなあなたのおかげで、今まで知らなかった「たくましい自分」に気がつくかもしれない。新しい場所に目が向くかもしれない。「本当の自分の力」に気づいた順に、それぞれが本当の冒険に踏み出していくかもしれない。

　それはあなたが、最初に自分の弱さと向き合って、勇気を出したのが始まり。未知なる未来を切り開く**タッカーン**へと進化する第一歩になるのです。

進化を遅くさせる「不安」

「負けるんじゃないか」

「遅れをとるんじゃないか」

「自分がわからない」

「劣っているんじゃないか」

「ジャマされるんじゃないか」

魂からのメッセージ

「空気が読めない」「自己中」「短気」そう言われがちなあなたにしかできないことがあります。

「まだ誰もやっていないこと」に**「ブレない自分」**で**「一気に到達する」**こと。これはあなたにしか起こせない奇跡です。人の顔色を見ながら、周りのペースを気にして、誰かに頼ったりしていては、やりたいことからどんどんズレていってしまいます。

　誰もジャマできないスピードで、誰も知らない場所に、一番乗りでたどり着くというビッグ・チャレンジは「あなたらしいあなた」でないと絶対ムリ！

「失敗は自分を鍛えるためにある！　だから次はもっとよくなる！　落ち込む時間があったらとにかく走れ！」。**転ぼうが、失敗しようが、こんな勢いで人生を駆け抜けて**ください！　たどり着ける場所が変わってきますよ！

今世のゴールの姿
起動後の進化　タッカーン ♈

日頃の言動からタッカーン率をチェックして、魂の進化度を確認しましょう。人生の満足度がアップしていきますよ！

魂の進化度チェックリスト

★しょっちゅう思う、頻繁にそうする……A（10点）
★たまに思う、時々そうする…………B（5点）
★あまり思わない、ほぼやらない……C（1点）

合計点＝タッカーン率（魂の進化度）

進化度に合わせて、自分が魂の時にセッティングしてきた「レアアイテム」や「ごほうび」「パーティー」「イベント」などのお楽しみがゲットできます！

0〜49％……不安や恐怖がまだまだあり、「本来の自分」を楽しめず、やる気や生きる気力さえ弱く感じているかもしれません。今世のお楽しみはまだの可能性が大。

50〜89％……不安や恐怖を少しずつ手なづけて「自分らしさ」を活かせるようになってきたかも?! 今世のお楽しみも増え、「ありのまま」で生きがいを感じ始めたでしょう。

90〜100％……不安や恐怖を使って「自分らしくないもの」を見分け、あらゆる出来事を自分の進化に役立てながら、自由で納得のいく今世を満喫して楽しんでいるでしょう。

チェックリストは次ページ!!

タッカーン♈
今世のゴールの姿　進化度チェックリスト

【自分は「自分ファンクラブ」の会長だと思う】
自分を大切にすることは他のどんなことより重要だ。

【困難やトラブルにはワクワクしてしまう】
最大の敵は「恐怖に負ける自分」だ。

【頭の中はいつもシンプルでクリア】
単純で、ストレートが一番。悪気もないし、言い訳もウソも面倒くさい。

【一番乗りが大好き】
何事もスピード感が大切。危機を脱するのも早い！

【喜怒哀楽はハッキリしている】
なんでもすぐ顔に出るけれど、わかりやすくていいと思っている。

【イヤなことは秒速で忘れる】
切り替えが早いので、ストレスはあまりたまらない。

【いつも元気でエネルギッシュ】
うまくいかない時ほどすぐにはあきらめない！　なんとかする！　前進あるのみ！

【周りのことは全く気にならない】
自分が目指す「自分」になるために、絶賛限界突破中!!

【打たれ強さには自信がある】
「今度こそ！」ヘコんでもヘコんでも瞬時に立ち直り再挑戦する。

【ヤバい時ほどテレパシーのようにみんなと息が合う】
直観に従って突っ走っても、不思議と周りから浮いたりしない。息ピッタリ！

合計点
（タッカーン率）　　　％

今世のゴールの姿

究極の進化

ケンジャウルス ♈

このテーマで何度も転生して、魂が究極に進化し、「不安」や「恐れ」を完全に必要としなくなったら、指導者レベルのケンジャウルスになっていきます。

人類に、自分の人生をたくましく切り開いていく力を身につけさせる使命

地球に転生した魂たちが、長い年月をかけてそれぞれの進化をすると、どんどん複雑になった意識は広がりすぎてボヤけてしまいます。

そこでいったん、余分なものをそぎ落として、一番大切なものに絞り込んだら、一気に圧をかけてエネルギーを上げ、次の進化レベルにまで上昇するのです。

一番大切なことは、いつもとてもシンプルです。たとえ苦境の中でも、全力でもてる力を発揮した時、宇宙は必ず計りしれないエネルギーを注いでくれます。

そして全力で輝くものは、すべて、完璧に全体と調和するようにできています。

たとえ人の目にどう映ろうと、宇宙は、そんなひとりひとりの「限界を突破するエネルギー」で今も拡大し続けています。

ケンジャウルスになったあなたは、素晴らしい未来と、宇宙の拡大のために、みんなに爆発的な底力を発揮させる役目を果たすのです。

太陽 牡牛座

「今世はこんな人になる！」と魂が決めた姿

五感が震える！　地球の豊かさを味わい尽くす　満ち足りし者

※魂のルートMAP（35ページ）参照

あなたの魂は、無垢で純粋な**乳幼児のように**、すべての欲望をためらいなく訴え、次々と五感を使って、身体も心も存分に**満たされて生きる**ことを決めました。求めるものがすぐ手に入らなくても、たとえ望まないものが与えられても、愛らしい笑顔と、想像以上のしつこさで必ず欲しいものを手に入れる**愛着と五感のエネルギー**を存分に扱うため生まれてきたのです。

宇宙と交わした魂の契約

【その一】 地球でしか味わえない五感の喜びを全力で楽しみ、宇宙にあふれている豊かな「恵み」に満たされて、「足りない」という幻想から抜け出ること。

【その二】 地球に転生した魂たちに、「宇宙のエネルギーはいつも注がれている」「自分が幸せに満たされることが宇宙へのお返し」とわかってもらうこと。

宇宙があなたに与えたギフト

豊かさ。やさしさ。粘り強さ。感覚の繊細さ。幸福感。

宇宙があなたに授けたパワー

待つ力。積み上げる力。美を見極める力。安定力。継続力。

今世のゴールの姿
進化前
ビビリジャーノ ♉

今世のテーマが達成されるにつれ、今世のあなたが起動され、魂はビビリジャーノからタッカーンへと進化していきます。

まだ「足りない」ことが怖い

魂がまだ充分進化していない**ビビリジャーノ**レベルのあなたにとって、世間はとても恐ろしく、自分には何もかも「足りない」と不安で、自分の家の中、心の中にしか安心できる場所を感じられないでしょう。

イヤなことやつらいことがあると、あなたはすぐに「耳をふさぎ、目をつぶって」自分の隠れ家に引きこもり、こっそり自分だけのダラダラ時間を楽しみたがります。理想の逃げ場所には気分がアガるものをあれこれ集めていますが、誰かがもっと豪華でステキなものを持っていると、いきなり不安になり「足りない」「足りない」となんでも欲しがります。形あるものでも、才能や技術のように形ないものでも、お金でも、まるでそれさえあれば、すべての悩みが消えるような気がするのです。

そして、もし、あなたがコツコツためたものを気軽に利用したり、うっかり横取りするような人がいたら、大変です。あなたはニッコリ笑ってそっとキレます。もう相手がどんなに困っていようと、あなたは容赦なく気がつかないフリをして、徹底的に見放すでしょう。あなたにとって「大切なもの」とは、増えれば防御力が上がり、減れば危険にさらされる、本当に特別なものなのです。普段、たいていのことには我慢できるだけに、「もうダメだ」とひとたび決めると、その気持ちを変えることは自分でもかなりむずかしいはずです。

けれど、あなたがひとたび「足りない」という誤解を解いて、自分にはどれだけたくさんの恵みが与えられているかを認めたら、あなたの世界は激変します。自分の感覚に合った、本当に幸せを感じるものだけを厳選すると、そんなに量や数がなくてもとても満たされた気がするでしょう。そしてあなたは、自分に合わなくなったものを必要な人に必要なだけ差し出すようになり、やがて宇宙からのお返しを受け取って、さらに豊かで優雅な経験をすることになるのです。

しかも、その美しい教訓は、多くの人々に語り継がれ、あなたはふんだんな恵みで満たされた優美な世界を築き上げる**タッカーン**へと進化するのです。

進化を遅くさせる「不安」

「足りない」
「失いたくない」
「失敗したくない」
「変化は危険」
「急ぐとロクなことはない」

魂からのメッセージ

「遅い」「マイペース」「ガンコ」と言われがちなあなたにしかできないことがあります。**「すべてのものごとが熟すタイミング」**まで、**「丁寧」**に向き合いながら、自分の**「感覚を信じて待つ」**なんて、あなたにしか起こせない奇跡です。それは、なんでも急いで雑になり、不安になって右往左往し、粗末な仕上がりで妥協するような人には決してできないこと！

すべてが充分に熟成される「ベストタイミング」まで、その豊かさをじっくりと味わいながら、時間をかけてあらゆるものを上質にするなんて「あなたらしいあなた」でないと絶対ムリ！

あなたは**いつもその素晴らしい五感を喜ばせる方向を目指し**、人でも物でも、場所や出来事でも、あなたの**五感をにぶらせたり、五感が拒否するようなものから速やかに距離を置いて**くださいね。

今世のゴールの姿
起動後の進化　タッカーン ♉

日頃の言動からタッカーン率をチェックして、魂の進化度を確認しましょう。人生の満足度がアップしていきますよ！

魂の進化度チェックリスト

★しょっちゅう思う、頻繁にそうする……A（10点）
★たまに思う、時々そうする……B（5点）
★あまり思わない、ほぼやらない……C（1点）

合計点＝タッカーン率（魂の進化度）

進化度に合わせて、自分が魂の時にセッティングしてきた「レアアイテム」や「ごほうび」「パーティー」「イベント」などのお楽しみがゲットできます！

0～49％……不安や恐怖がまだまだあり、「本来の自分」を楽しめず、やる気や生きる気力さえ弱く感じているかもしれません。今世のお楽しみはまだの可能性が大。

50～89％……不安や恐怖を少しずつ手なづけて「自分らしさ」を活かせるようになってきたかも?! 今世のお楽しみも増え、「ありのまま」で生きがいを感じ始めたでしょう。

90～100％……不安や恐怖を使って「自分らしくないもの」を見分け、あらゆる出来事を自分の進化に役立てながら、自由で納得のいく今世を満喫して楽しんでいるでしょう。

チェックリストは次ページ!!

タッカーン♉
今世のゴールの姿　進化度チェックリスト

【大地のような穏やかさを自分の中に感じている】 深い安堵感とゆったりとした優雅な時間を生活の中で感じている。	□
【ひとつひとつ確実に積み上げていきたい】 どんな時もムリせず、一歩一歩たゆみない歩みを続けていきたい。	□
【たいていのことはあまり気にならない】 目先の小さなことはどうでもいい。ステキな未来を粘り強く信じている。	□
【五感がするどい】 五感の喜びが大きく、ちょっとでも不快感があれば、その状況は避ける。	□
【どんな時にも「ありがたいなぁ」と感じる】 幸せでいるために、どんな人、出来事にも、よいところを見つける。	□
【人は人、自分は自分のペースがある】 その人にとって心地よいペースが、その人のベストスピードだと思う。	□
【自然で自分を満たす。自分を癒すことが第一歩】 まず自然のパワーを取り込んで自分を癒せば、周囲をうるおすことはどんどん楽になると身体でわかっている。	□
【物質やお金にこもるエネルギーを感じる】 感じ取ったエネルギーによって、心地よいものだけを選ぶようにしている。	□
【人の意見より自分がどう感じるかのほうが確実】 自分に必要なものは人に聞かず、いつも自分の感覚で確かめている。	□
【焦らない】 今、自分が手にしているものは、すべて宇宙がベストタイミングで用意したもの。	□

合計点
（タッカーン率）　　　　%

今世のゴールの姿
究極の進化

ケンジャウルス♉

このテーマで何度も転生して、魂が究極に進化し、「不安」や「恐れ」を完全に必要としなくなったら、指導者レベルのケンジャウルスになっていきます。

人類に、感覚の素晴らしい使い方を教え、地球の豊かさをしっかり実感させる使命

地球に転生した魂たちは、精神領域から物質領域へとやってきて、たくさんのとまどいを経験します。時間というしくみも、物質化のスピードも、魂の時と、身体を持った時とでは、あまりに違うからです。

地球へは、時間の流れを使って「意識の扱い方」を学んだり、五感を使って「自然と共同作業」をしたりと、他ではできない、特別な体験をしにきたのです。

特に、時間や肉体という制限は、魂の力や輝きをじっくり確かめながらグレードアップするのにとても効果的です。肉体を通して心地よい色や音や香り、味や肌触りを感じ、「ありがたい」という高波動の精神エネルギーを発すると、魂も、地球も、宇宙も確実に波動が上昇していきます。

ケンジャウルスになったあなたは、みんなに五感の使い方を教え、地球でしか味わえない豊かさを確実に実感させる役目を果たすのです。

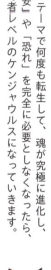

☉ 太陽　♊ 双子座

「今世はこんな人になる！」と魂が決めた姿

なぜ？　どうして？　地球リポーター

好奇心で人々をつなぐ

※魂のルートMAP（35ページ）参照

あなたの魂は、**言葉を覚えたての子どものように**、何にでも興味をもって、会う人すべてに質問し、見たこと聞いたことをどんどん取り込んで**好奇心むき出しに生きる**ことを決めました。さまざまな人や経験に気軽に近づき、得た情報を全方向に発信しながら、刺激を求めて渡り歩く**知的好奇心と情報交換のエネルギー**を存分に扱うために生まれてきたのです。

宇宙と交わした魂の契約

【その一】バラエティ豊かな魂たちと、さまざまな地球での経験をシェアしながら「高度なコミュニケーション能力」を身につけること。

【その二】地球に転生した魂たちに、「魂レベルのコミュニケーション」を楽しく教え、「情報を広く軽やかにシェア」し合うこと。

宇宙があなたに与えたギフト

知的好奇心。ユーモア。頭の回転の速さ。器用さ。要領のよさ。

宇宙があなたに授けたパワー

聴き取る力。拡散力。おもしろがる力。情報収集力。いろいろな角度から見る力。

今世のゴールの姿
進化前

ビビリジャーノ Ⅱ

今世のテーマが達成されるにつれ、今世のあなたが起動され、魂はビビリジャーノからタッカーンへと進化していきます。

まだ「知らない」ことが怖い

魂がまだ充分進化していないビビリジャーノレベルのあなたは、「知らない」ということがとても不安で、1つでも多くの意見・新しい事実から答えが見つかるとばかりに、手当たり次第に情報を求めます。あなたの心の中の会議室では、たくさんの心のメンバーたちが、情報を得るたびにそれぞれの論理を主張し、意見はいつもバラバラで一向にまとまりません。あなたが口を開くたびに心の中のメンバーが勝手に入れ替わって意見を口走るので、人からは「言うことがコロコロ変わる人」と思われ、あなた本人でさえも、どれがあなたの本当の意見かわからなくなってしまう……そんなことはないですか？

また、「知らない」ことがバレないように、あなたはあやふやな事実を伝える時、ほんの少しニュアンスを変えたり、事実をすべて言わなかったりします。あなたは、ベストタイミングを見計らって、相手が受け止めやすいかたちでいずれ事実を伝えればいい、と考えるのですが、時間とともにチャンスがなくなると、簡単にそのことを忘れ去ってしまいます。しかしあなたの伝えたことと事実の小さなズレは、あちらこちらでちょっとずつさらにズレていき、気がつけばあなたは信用を失ってしまうのです。

けれど、あなたが「知らない」ということを不安に思うかわりに、どんどん「知らない」を利用して、出会う人々にたくさんの質問をし出すと世界は大きく変わります。目の前の人や出来事に温かい興味をもって向き合い、わかりやすい質問をすることで、ささいなニュアンスや言葉の選び方が結果を大きく変えることや、すべての人がもつ矛盾した気持ちにも理解が生まれます。気がつくとバラバラだった自分の心のメンバーたちもまとまり始めることでしょう。やがて人の数だけ言葉の意味があることを深く理解できるようになると、あなたはほとんどズレのないコミュニケーションが自在にできるようになり、周りには温かいネットワークができあがり、あなたは、世界をまとめる**タッカーン**として多くの人に慕われていきます。

進化を遅くさせる「不安」

「もっと知っておかないと」

「誤解されてないか心配」

「どれがホントの自分？」

「聞き逃したくない」

「乗り遅れたくない」

魂からのメッセージ

「落ち着きがない」「自分がわからない」「コロコロ気が変わる」そう言われがちなあなたにしかできないことがあります。

「いろいろな視点からの情報を」「高速で客観的に処理」して、**「あらゆる解決法を導き出す」**なんて、あなたにしか起こせない奇跡です。なぜなら、あなたの中には何十もの「モニターカメラ」が内蔵されていて、あらゆる方向から事実をとらえているから。

　これは自分の視点からしか世界が見えない人や、状況の変化に追いつけないような人には決してできないこと。いろいろな角度から事実をとらえ、柔軟に、高速処理するなんて「あなたらしいあなた」でないと絶対ムリ！

　定期的なメンテナンスとして、**時々、思考が止まるような活動（運動や瞑想、反射的なゲームなど）をして、頭を休め、回転数を常に最適化**してくださいね。

今世のゴールの姿

起動後の進化 タッカーン Ⅱ

日頃の言動からタッカーン率をチェックして、魂の進化度を確認しましょう。人生の満足度がアップしていきますよ！

魂の進化度チェックリスト

★しょっちゅう思う、頻繁にそうする……A（10点）
★たまに思う、時々そうする……………B（5点）
★あまり思わない、ほぼやらない………C（1点）

合計点＝タッカーン率（魂の進化度）

進化度に合わせて、自分が魂の時にセッティングしてきた「レアアイテム」や「ごほうび」「パーティー」「イベント」などのお楽しみがゲットできます！

0〜49％……不安や恐怖がまだまだあり、「本来の自分」を楽しめず、やる気や生きる気力さえ弱く感じているかもしれません。今世のお楽しみはまだの可能性が大。

50〜89％……不安や恐怖を少しずつ手なづけて「自分らしさ」を活かせるようになってきたかも?! 今世のお楽しみも増え、「ありのまま」で生きがいを感じ始めたでしょう。

90〜100％……不安や恐怖を使って「自分らしくないもの」を見分け、あらゆる出来事を自分の進化に役立てながら、自由で納得のいく今世を満喫して楽しんでいるでしょう。

チェックリストは次ページ!!

タッカーン Ⅱ
今世のゴールの姿　進化度チェックリスト

【必要な情報はすぐ引き出せる】
知りたいと思ったことが、まるで向こうから飛び込んでくるようにやってくる。 □

【笑いは癒し】
どんなにつらい状況でも、笑えば必ず道は開ける。 □

【相手に合わせたコミュニケーションがとれる】
いつどこで何をどう言えばいいか、そして、いつ黙ればいいか自然とわかる。 □

【言葉とは魔法だ】
素晴らしい言葉は、人の心を変え、数々の奇跡を生み出す。 □

【止まったら腐っちゃう！】
一生でどれだけたくさんの人と、たくさんの経験ができるかチャレンジ中！ □

【日々の生活に役立つ知恵を伝えたい】
それぞれの「大切なもの」に気づくサポートができた時、満足だ。 □

【心の中でいろいろな自分が24時間会議中】

さまざまな矛盾や価値観をどれも大切にすると、自分が拡大したような感覚になる。 □

【人の話をよく聴くことは自分を理解すること】
温かく相手に興味をもって質問すれば、自分の本当の気持ちも見えてくる。 □

【教え上手と言われる】
お互いの違いを学び、相手の言葉とペースで話すとスムーズに伝わりやすい。 □

【要領がいい】
どんなことも不思議とどうやったら効率よくできるか瞬時にわかってしまう。 □

合計点
（タッカーン率）　　　％

今世のゴールの姿

究極の進化

ケンジャウルス ♊

このテーマで何度も転生して、魂が究極に進化し、「不安」や「恐れ」を完全に必要としなくなったら、指導者レベルのケンジャウルスになっていきます。

人類のコミュニケーションレベルの次元を上昇させる使命

地球に転生した魂たちは、自分の力と感覚を取り戻すと、いよいよ地球上のあらゆる存在、あらゆる経験へとつながり始めます。

肉体を通して、他の魂と多くの「経験」をシェアするには、「複雑なネットワーク」の中で、高いコミュニケーションスキルが必要となります。

一番伝えたいことはたいてい言葉だけでは伝わりません。「言葉以上の表現スキル」と「わかりやすい論理」と「好奇心」でお互いの魂が瞬時に響き合った時、はじめて誤解や違いを超えた感動をともなう情報共有が実現するのです。

宇宙は広大なシェアフィールドに、共有された情報を次々と取り込んで、そのバリエーションを今も増やし続けています。

ケンジャウルスになったあなたは、そんな奇跡のコミュニケーションをみんなに体験させる役目を果たすのです。

太陽 蟹座

「今世はこんな人になる！」と魂が決めた姿

おかえり……やさしく温かい地球ファミリーを育む共感者《エンパス》

※魂のルートMAP（35ページ）参照

あなたの魂は、**幼稚園児のように**、家庭のような安心できる場所と新しい世界の間を行き来しながら、不安やワクワク……さまざまな気持ちを**新鮮にダイナミックに感じて生きる**ことを決めました。家族や社会で出会う人たちみんなと、感情を通して温かな絆を育み、大きなファミリーをつくる**親愛と感情表現のエネルギー**を存分に扱うために生まれてきたのです。

宇宙と交わした魂の契約

【その一】 地球上の乱れた感情エネルギーのバランスを取り戻し、身近な魂たちとの温かい輪の中で「ぬくもり」と「癒し」を生み出すこと。

【その二】 地球に転生した魂たちに、「感情は魂からのメッセージ」「みんなも感情を使えば自分や大切な人を癒せる」とわかってもらうこと。

宇宙があなたに与えたギフト

やさしさ。温かさ。癒し。感受性。豊かな情緒。

宇宙があなたに授けたパワー

感応力。包容力。共感力。育成力。防御力。

今世のゴールの姿
進化前　ビビリジャーノ♋

今世のテーマが達成されるにつれ、今世のあなたが起動され、魂はビビリジャーノからタッカーンへと進化していきます。

まだ「傷つく」ことが怖い

魂がまだ充分進化していないビビリジャーノレベルのあなたは、「傷つく」のが怖くて、安全な人と、害を与えそうな人を常により分け、距離を測るのに必死で、内心ビクビクオドオドしています。

それはたとえるなら、あなたの心の中にある高い高い塔で、あなたを傷つけない安全な人たちと甘やかし合いながら住んでいるようなもの。その塔の周りは「内堀」「中堀」「外堀」で区切られ、さらに一番外側は、世界とあなたを隔てる「外壁」に囲われています。各エリアには日々関わる人たちがいて、あなたは塔のてっぺんからあなたへの態度を毎日チェックし、みんなをチェスのコマのように動かして安全な距離を保っています。「以前あなたをひどく傷つけた人たち」は、あなたの世界を守る壁の向こうへ容赦なく放り出し、永久に追放します。あなたが誰よりストレスを感じるのは、壁のギリギリ内側にいて、「追放しようか、しまいか」と悩んでいる人たちです。厄介なのは、その人たちの評判がどれだけ悪くても、彼らがあなたを好きなフリさえすれば、あなたはしぶしぶ壁の内側で彼らを甘やかし、見えないナイフで傷つけられながら、あなたを傷つける「言いわけ」を代わりに考えてやったりするのです。

けれどある段階で、あなたは「傷ついたすべての痛み」が、道を間違わないためのサインであり、魂の進化を後押しする「起爆剤」であったと気がつきます。そして「傷つく」のを恐れていたのは実はあなただけではなく、ほとんどの人であり、あなたを傷つけた人たちでさえ「傷つくまいと必死だった」ということが見えてきます。

するとあなたに、突然、彼らの隠されたつらさや苦しみが沁み込んできて外壁は崩壊します。やがて彼らの本当の輝きや、素晴らしさも見えてくると、あなたのその温かいまなざしにつられて、多くの人はありのままの自分を見つめ、完璧でないことがどれほどみんなの成長と進化に役立ってきたのかに気づき、自分の強みや輝きに目を向け始めるでしょう。あなたが「もうどんなことにも傷つけられない」とわかるころ、あなたは地球ファミリーを育む**タッカーン**へと進化していくのです。

進化を遅くさせる「不安」

「傷つけられるかも……」
「居場所がない」
「愛してもらえないかも……」
「私のせいで機嫌が悪いんだ」
「きっとわかってもらえない」

魂からのメッセージ

「気分屋」「心配性」「おせっかい」そう言われがちなあなたにしかできないことがあります。

誰かのつらさを**「繊細に感じ取って」「あらゆるシミュレーションをし」**その人が困る前に**「サポートする」**こと。これはあなたにしか起こせない奇跡です。鈍感で、想像力がなく、自分の世界に引きこもって、自分のことに手いっぱいの人にはできないことです。

相手の気持ちに共鳴しながら、そのつらさには巻き込まれず、置かれた状況を想定して、ここ一番のタイミングで手を差し伸べる、なんて「あなたらしいあなた」でないと絶対ムリ！

きっとあなたは「自分の気持ち」に焦点を当てすぎると苦しくなるだけなので、代わりに**似たような気持ちの人を探して癒してあげてください。きっと知らぬ間に共鳴して、自分も癒されていますよ！**

今世のゴールの姿

起動後の進化　タッカーン♋

日頃の言動からタッカーン率をチェックして、魂の進化度を確認しましょう。人生の満足度がアップしていきますよ！

魂の進化度チェックリスト

★しょっちゅう思う、頻繁にそうする……A（10点）
★たまに思う、時々そうする……………B（5点）
★あまり思わない、ほぼやらない………C（1点）

合計点＝タッカーン率（魂の進化度）

進化度に合わせて、自分が魂の時にセッティングしてきた「レアアイテム」や「ごほうび」「パーティー」「イベント」などのお楽しみがゲットできます！

0～49％……不安や恐怖がまだまだあり、「本来の自分」を楽しめず、やる気や生きる気力さえ弱く感じているかもしれません。今世のお楽しみはまだの可能性が大。

50～89％……不安や恐怖を少しずつ手なづけて「自分らしさ」を活かせるようになってきたかも?! 今世のお楽しみも増え、「ありのまま」で生きがいを感じ始めたでしょう。

90～100％……不安や恐怖を使って「自分らしくないもの」を見分け、あらゆる出来事を自分の進化に役立てながら、自由で納得のいく今世を満喫して楽しんでいるでしょう。

チェックリストは次ページ!!

タッカーン♋
今世のゴールの姿　進化度チェックリスト

【人の想いがじわっと沁みてくる】
言葉を使わなくても、相手の感情の奥にある本当の気持ちが不思議とわかってしまう。

【どんな場も温かい安らぎの場にしたいと思う】
場や気の流れを肌で感じるので、大切な人たちが安らぐと自分もホッとする。

【自分の感情のバイオリズムがなんとなくわかっている】
どんな気持ちであれ、いずれ過ぎ去るので、じっくり感じきることができる。

【繊細なことと傷つきやすいことは違うとハッキリわかっている】
気持ちに気づくことと、その気持ちに圧倒され、押し流されるのは全く違う。

【波長の合わない人と穏やかな距離をとれる】
イヤだと感じる人は、自分と違う波長の人。距離を置くのが最大の思いやり。

【どう補い合えばいいかすぐにわかる】
お互いの弱さや苦手を「愛し」、得意なことを「どう活かし合うか」すぐわかる。

【相手に断る自由・嫌う自由を与えられる】
援助の手をためらいなく差し出し、断られても、イヤがられても傷つかない。

【大切なものを守るためならなんでもする覚悟がある】
穏やかな生活や、大切な人たちを守るためなら、何を犠牲にしてもかまわない。

【心許せる存在はみんな「魂のファミリー」だ】
ありのまま受け入れ合い、育て、育てられる、血縁を超えたファミリーがある。

【幸せを感じるのがうまい】
日常のささやかな幸せが最高の宝物。深い満足を感じて日々生活している。

合計点
（タッカーン率）　　　%

今世のゴールの姿

究極の進化

ケンジャウルス♋

このテーマで何度も転生して、魂が究極に進化し、「不安」や「恐れ」を完全に必要としなくなったら、指導者レベルのケンジャウルスになっていきます。

人類の感情エネルギーの次元を上げ、宇宙ファミリーを体感させる使命

地球に転生した魂たちは、プラン通りに歩むため、感情という魂のナビを装備してきました。道を外れそうな時や、役立たない情報を取り入れそうになった時には「イヤな気分」、そして魂の望む道にいる時や、役立つ情報を取り入れようとしている時には「いい気分」になるように、アラームをセットしています。

また感情は、よどんだマイナスエネルギーを活性化して癒してくれます。すごく怒ったり泣いたりした後、スッキリして解決策がひらめいたり、大笑いしたら悩んでいたことがどうでもよくなって大切なことに集中できたりします。

人類にとって、最も豊かな贅沢とは、そんな次元の高い感情を分かち合って、お互いを育み、また癒し合うことです。

ケンジャウルスになったあなたは、みんなに感情の高度な使い方を教え、より大きな宇宙ファミリーを体感させる役目を果たすのです。

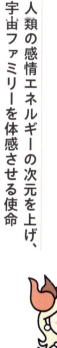

太陽　獅子座

「今世はこんな人になる！」と魂が決めた姿

地球は遊び場！ 生きる喜びを全力で表現するクリエイター

※魂のルートMAP（35ページ）参照

あなたの魂は、**小学生のように**、根拠のない自信と希望にあふれ、毎日が予定のない夏休み、なんでも楽しんでやってみよう！ と、**むじゃきに生きる**ことを決めました。自分は唯一無二の特別な存在だと信じ、愛と喜びと賞賛いっぱいの人生にするため、努力を惜しまない強い意志をもって、**創造と表現のエネルギー**を存分に扱うために生まれてきたのです。

宇宙と交わした魂の契約

【その一】地球上で、意志と、喜びと、愛のエネルギーを活性化して、次々と望む現実を創造し、体験すること。

【その二】地球に転生した魂たちに、「生きる喜びは自分で創る」「みんなの創造によって宇宙は創られているんだ」とわかってもらうこと。

宇宙があなたに与えたギフト

明るさ。遊び心。強運。自尊心。カリスマ性。

宇宙があなたに授けたパワー

創造力。演出力。統率力。巻き込み力。活力。

今世のゴールの姿
進化前
ビビリジャーノ ♌

今世のテーマが達成されるにつれ、今世のあなたが起動され、魂はビビリジャーノからタッカーーンへと進化していきます。

まだ「自信ないのがバレる」ことが怖い

魂がまだ充分進化していないビビリジャーノレベルのあなたは、「認められないかもしれない恐怖」がみんなにバレないよう必死です。おかげで必要以上に堂々と振る舞ってエラそうな態度になったり、その反動で、妙にオドオドしてしまったり……思い当たることはないですか？

それはまるで生活というステージの上で、興味深いドラマを演じながら、常に周りの人々の歓声を求めて、いろいろなお面を次々つけ替えているようなものです。

あなたは人々が注目してくれているうちは安心して、自信にあふれた売れっ子俳優のように堂々と振る舞いますが、ひとたびみんなの興味があなたからそれ始めると、とたんにおびえ、途方にくれ、迷子の子どものように叫び回って、周りが自分の思い通りに動いてくれるよう、ありとあらゆることをやってみます。たとえそれが本当はしたくもないことでも、「注目を取り戻せるならやってみよう」という感じなのです。

また、あなたは心の奥底では、「自分なんか愛されるわけがない」と思っていて、「愛されていない証拠集め」が得意です。どれだけみんながほめても、認めても、「もし本気でほめているなら、きっとこんなもんじゃないはず」と勝手にハードルを上げて、みんなの声をかき消してしまうのです。

あなたが、どこかの時点で「みんなに認めてもらわないと自分には価値がない」という自信のなさを受け入れ、そんな自分をも愛しいと思いながらありのままで生き始めると、やがて魅力的な**タッカーーン**へと進化し始めます。人々は、駄々っ子のようなあなたより、「つらいなぁ、不安だなぁ」と言いつつ明るく前を向くあなたを応援したくなります。たくさんの失敗をくり返しながら、へこたれずに努力を重ねた末、華々しい成功へと近づくあなたの姿に人々は自分を重ねて夢を見、やがてそれぞれが、本来の自分を発見し進化していきます。人々は、あなたの明るい強さにあこがれ、どんな暗闇の中でも自分を信じて重ねた努力に拍手を送り、そのファンの数はどんどんと増えていくでしょう。

進化を遅くさせる「不安」

「軽蔑されたらどうしよう」
「ガッカリさせたらどうしよう」
「認められてない」
「疑われているかも……」
「バカにされている」

魂からのメッセージ

「わがまま」「エラそう」「目立ちたがり」そう言われがちなあなたにしかできないことがあります。

いつも**「自分の意志と考えがしっかり」**あって、**「人の意識エネルギーを引きつけ」**ながら**「自分を最大に輝かせて人を動かす」**こと。これはあなたにしか起こせない奇跡です。自分のことをよく知りもせず、他人の顔色をうかがっては態度をにごし、人前でエネルギー負けして委縮するような人には到底できない芸当。

自分がよいと感じたことを正直に、自信をもって主張し、人前でより魅力的に表現できるなんて「あなたらしいあなた」でないと絶対ムリ！

その能力を、自分だけでなく、**「周りの望みも引き出し」**、**「みんなの意見も取りまとめ」**、**「それぞれの輝きを引き出して、スポットライトを当てる」**ことに活用すれば、あなたの人気もグンとアップしますよ！

今世のゴールの姿

起動後の進化

タッカーン ♌

日頃の言動からタッカーン率をチェックして、魂の進化度を確認しましょう。人生の満足度がアップしていきますよ！

魂の進化度チェックリスト

★しょっちゅう思う、頻繁にそうする……A（10点）
★たまに思う、時々そうする……B（5点）
★あまり思わない、ほぼやらない……C（1点）
合計点＝タッカーン率（魂の進化度）

進化度に合わせて、自分が魂の時にセッティングしてきた「レアアイテム」や「ごほうび」「パーティー」「イベント」などのお楽しみがゲットできます！

0〜49％……不安や恐怖がまだまだあり、「本来の自分」を楽しめず、やる気や生きる気力さえ弱く感じているかもしれません。今世のお楽しみはまだの可能性が大。

50〜89％……不安や恐怖を少しずつ手なづけて「自分らしさ」を活かせるようになってきたかも?!　今世のお楽しみも増え、「ありのまま」で生きがいを感じ始めたでしょう。

90〜100％……不安や恐怖を使って「自分らしくないもの」を見分け、あらゆる出来事を自分の進化に役立てながら、自由で納得のいく今世を満喫して楽しんでいるでしょう。

チェックリストは次ページ!!

タッカーン ♌
今世のゴールの姿　進化度チェックリスト

【人のせいにはしない。すべては自分次第だ】 苦難や失敗はすべて自分を成長させせると思う。何より意志の強さが決め手だ。	□
【どんな状況にも恵みとなる面がある】 どんなことにも、ためらいなくハッピーエンドをイメージできる。	□
【ありがたいことにファンが多い】 自分では無意識だが、アピール力がハンパないとよく言われる。	□
【人はみな、それぞれが輝くステージがある】 自分も他人も、どうしたら一番輝けるか、不思議とわかる。	□
【むじゃきさは魅力のひとつだと思う】 素直に、まっすぐ、明るく向き合うことで、多くの人がサポートしてくれる。	□
【遊びの達人！】 「正しさ」にこだわるより、「楽しさ」にこだわっていて、どんなことも楽しめる。	□
【自分にしかできないことが誰にでもある】 自分は泉のように湧く「創造力」を使って、自分をめいっぱい表現している。	□
【自分を愛することからすべては始まる】 今の自分が大好き！　人も大好き！　人からもとても愛されていると感じる。	□
【経験が何より大切】 自分の言動は、実際の体験に基づいているので自信と説得力が違うと思う。	□
【運とはやれることをすべてやりきった時についてくるもの】 めいっぱいのエネルギーを出しきった時に起こる奇跡が「運」だと思う。	□

合計点
（タッカーン率）　　　　%

今世のゴールの姿

究極の進化

ケンジャウルス ♌

このテーマで何度も転生して、魂が究極に進化し、「不安」や「恐れ」を完全に必要としなくなったら、指導者レベルのケンジャウルスになっていきます。

人類に高次元の現実創造を喜びとともに体験させる使命

地球に転生してた魂たちが、いよいよ3次元世界で現実創造をする時、意志の力と喜びのエネルギーは、非常にパワフルなツールとなります。

肉体・精神・魂がすべて同じ方向に意志を放ち、喜びのエネルギーに満たされると、最短・最速で現実を創る行動がとれるのです。

現実を創造する最も強力な意志は、意識の一番奥に隠れています。だから意志を放つ時には、意識の底にある本当の想いを確かめる必要があります。根っこの想いが自分を疑っていたり、恐れて望まぬイメージをしていると、強力な意志はまず根底の望まぬかたちから創造を始めるでしょう。闇の中でも望むイメージを保ち、喜びとともに行動し続けることで創造力は劇的にパワーアップします。

ケンジャウルスになったあなたは、みんなに宇宙をも創造するドラマティックな方法について、しっかりと実体験させる役目を果たすのです。

太陽　乙女座

「今世はこんな人になる！」と魂が決めた姿

世界は清く健やか……理想郷《ユートピア》に向けて実現し続ける地球ワーカー

※魂のルートMAP（35ページ）参照

あなたの魂は、ピュアな**青年のよう**に、現実の矛盾や混沌《カオス》と向き合い、ひたむきに手足を動かし続けながら**理想を実現して生きる**ことを決めました。美しすぎる夢に、現実の手アカがついて腐敗しないよう、神経を研ぎ澄ませ、緻密《ちみつ》に正確に目標を立て、整理・計画・実行していく**理想と実現のエネルギー**を存分に扱うために生まれてきたのです。

宇宙と交わした魂の契約

【その一】 あらゆる混乱を整え、自分で立てたプランをできる限り確実に達成しながら心身と社会の健康に奉仕すること。

【その二】 地球に転生した魂たちに、「自分の心身を大切にすることは、地球や宇宙を大切にすることに直接つながっている」とわかってもらうこと。

宇宙があなたに与えたギフト

清らかさ。知性。勤勉さ。誠実さ。奉仕の心。

宇宙があなたに授けたパワー

気配り力。達成力。分析力。計画力。修整力。

今世のゴールの姿

進化前

ビビリジャーノ ♍

今世のテーマが達成されるにつれ、今世のあなたが起動され、魂はビビリジャーノからタッカーンへと進化していきます。

まだ「ちゃんとしていない」ことが怖い

魂がまだ充分進化していない**ビビリジャーノ**レベルのあなたにとって「混乱」は恐怖ですが、実際、世界はまさにとっ散らかった混沌《カオス》です。あちこちに適当なものが積み上げられ、人々は無責任にいいかげんなことを口走り、あちこちで争いが起こり、何が何やらゴチャゴチャな状態で、あなたはすべてに不満がわき起こります。美しく、チリひとつない清らかな世界をイメージできるあなたにとって、現実は理想から遠くかけ離れた場所に映るでしょう。

ようやくあなたが覚悟をして、世界のお片づけプランを立てたとします。あなたは、みんなの事情を理解はしますが、身の上話に涙しているヒマなどないと考えます。手当たり次第に整理・分類・収納しながら、周囲3メートル以内にいるすべての人の仕事ぶりをチェックして、「役に立つ人」「立たない人」を心のメモに記入します。どうしたらもっと効率が上がり、美しく正確に予定が進むかをみんなに説明しますが、人々はあなたのポイントが細かすぎてサッパリやる気が起きません。やがて、自分の理想に届きそうもないと分析したあなたは、どうせ完璧なものにならないなら、いっそ「全く手をつけない」という完璧さにこだわり、世界が荒れ果てていくに任せてしまいます。

本来あなたは、人の「不完全さ」にとても理解のある人です。人にはできること、できないことがハッキリあって、分をわきまえ、自然体で生活することの価値を知っている人です。

あなたが、ひとたび「完璧」という幻想から少し離れ、多少の間違いや遅れ、ムダや不完全さがもたらす

「ゆとり」や「ユーモア」「温かい笑顔」を取り戻して肩の力を抜けば、人々はやがて少しずつよりよいものに向かっての努力を始めます。あなたがするどい批判のかわりに「細やかなサポート」に力を入れ出すと、人々もだんだんと自分を律する強さを取り戻し、気がつくとあなたは、「整然とした清らかな世界を維持する能力」をみんなから引き出す**タッカーン**へと進化していくのです。

進化を遅くさせる「不安」

「ちゃんとしないと大変なことになる」
「計画通りにしないとメチャクチャになる」
「間違ったら全部ムダになる」
「完璧でないと」
「世の中できてないことだらけ」

魂からのメッセージ

「細かい」「神経質」「口うるさい」そう言われがちなあなたにしかできないことがあります。**「細やかに」「繊細に」「徹底的に」**ものごとを整え実現していくこと。これはあなたにしか起こせない奇跡です。大ざっぱで、無神経で、ささいなことに混乱し人生を散らかしてしまうような人たちには決してできないことです。

「人生をより理想に近づけるため」には、小さなチリが大きな山となることを瞬時に見抜いて、どんな混乱の中でも着々と手足を動かせる「あなたらしいあなた」でないと絶対ムリ！

　自分のこともうんざりするほどよく見えるあなたですが、「完璧」を目指してイヤになってしまうより、**「前と比べて、ちょっとよい」に徹底的にこだわって、持続可能なペースを維持**してくださいね。

今世のゴールの姿

起動後の進化 タッカーン ♍

日頃の言動からタッカーン率をチェックして、魂の進化度を確認しましょう。人生の満足度がアップしていきますよ！

魂の進化度チェックリスト

★しょっちゅう思う、頻繁にそうする……A（10点）
★たまに思う、時々そうする…………B（5点）
★あまり思わない、ほぼやらない………C（1点）

合計点＝タッカーン率（魂の進化度）

進化度に合わせて、自分が魂の時にセッティングしてきた「レアアイテム」や「ごほうび」「パーティー」「イベント」などのお楽しみがゲットできます！

0～49％……不安や恐怖がまだまだあり、「本来の自分」を楽しめず、やる気や生きる気力さえ弱く感じているかもしれません。今世のお楽しみはまだの可能性が大。

50～89％……不安や恐怖を少しずつ手なづけて「自分らしさ」を活かせるようになってきたかも?!　今世のお楽しみも増え、「ありのまま」で生きがいを感じ始めたでしょう。

90～100％……不安や恐怖を使って「自分らしくないもの」を見分け、あらゆる出来事を自分の進化に役立てながら、自由で納得のいく今世を満喫して楽しんでいるでしょう。

チェックリストは次ページ!!

タッカーン♍
今世のゴールの姿　進化度チェックリスト

【ムリな背伸びはしない】
ありのままが一番。ムリをすると、よけいに混乱が広がるだけ。 □

【完璧に縛られず、よりよい細部にこだわる】
完璧を目指すより、少しでもよくするために細部を整えることが大切だ。 □

【規則正しい生活は気持ちを立て直すのにとても効果的】
落ち込んだ時ほど食生活・睡眠・運動・衛生にとても気を配っている。 □

【あらゆる乱れを淡々と整えることができる】
心配するヒマがあったら、手足を動かし、何か1つでも整理する。 □

【目の前のことへの細やかな心配りは大きな変化を生む】
人が気がつかないほどささいなことが結果に大きな違いを生む。 □

【状況や人に合わせて態度を調整する】
特にするどい指摘は、相手の性格・状況・限界に合わせて柔軟にやる。 □

【自分の望みや幸せは自分で叶える】
目標から逆算した細かい計画を実行すれば、たいていのことは達成できる。 □

【どんな人も見た目で判断しない】
誰にも伸びしろがあり、弱みや苦手がある。それを活かせる場で生きればいい。 □

【ムダや不必要なことがすぐわかる】
よく観察し、しっかり分析すれば、ムダな流れや方法はすぐに導き出せる。 □

【誰かの役に立つことを実際にできるのは何よりうれしい】
実際に誰かの苦悩を取り除き、笑顔を見ると、純粋に生きている喜びを感じる。 □

合計点
（タッカーン率）　　%

今世のゴールの姿

究極の進化
ケンジャウルス ♍

このテーマで何度も転生して、魂が究極に進化し、「不安」や「恐れ」を完全に必要としなくなったら、指導者レベルのケンジャウルスになっていきます。

人類に心身と地球の高次元メンテナンス法を指導する使命

地球に転生した魂たちにとって、高い精神性を維持したまま、3次元肉体の欲とともに生活するのはとてもむずかしいことです。魂のプランを効率的にこなすには、身体と心の状態が魂と近い波動に共鳴していることが大切です。そのためには、実践的なスキルがいろいろと必要なのです。

大切なエッセンスとは、「本当に身体によいものは地球も丈夫にする」「本当に心によいものは地球も癒す」「本当に魂によいものは地球も育む」ということです。すべてはつながっています。それは決してむずかしいことでも特別なことでもありません。足元から始まる、とても丁寧な生活の中に答えは散らばっています。

ケンジャウルスになったあなたは、ささやかで当たり前だけれど、宇宙にも影響するとても大切なことをみんなに日々着実に実行させる役目を果たすのです。

☉ ♍

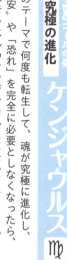

太陽　天秤座

「今世はこんな人になる！」と魂が決めた姿

調和って美しい……誰とでも共栄を生む 地球親善大使

※魂のルートMAP（35ページ）参照

あなたの魂は、洗練された**社会人のように**、人の和を大切にし、相手の目で世界を眺め、お互いの価値観の違いを超えた交流を通して、**調和して生きる**ことを決めました。多くの摩擦を優雅なマナーや配慮で乗り越え、常にバランスを重んじ、ギブ&テイクしながら、ともに繁栄する**パートナーシップと弥栄《いやさか》のエネルギー**を存分に扱うために生まれてきたのです。

宇宙と交わした魂の契約

【その一】 地球のあらゆる存在と調和をとりながら、それぞれの魂と和やかに理解し合い、影響し合い、共存共栄すること。

【その二】 地球に転生した魂たちに、「自分の中を調和させることは、大切な人を調和させ、世界や宇宙を調和させることでもある」とわかってもらうこと。

宇宙があなたに与えたギフト

柔和さ。優雅さ。深い配慮。人脈。ファッションセンス。

宇宙があなたに授けたパワー

バランス力。調整力。交渉力。気配り力。翻訳力。

今世のゴールの姿
進化前

ビビリジャーノ ♎

今世のテーマが達成されるにつれ、今世のあなたが起動され、魂はビビリジャーノからタッカーンへと進化していきます。

まだ「嫌われること」が怖い

魂がまだ充分進化していない**ビビリジャーノ**レベルのあなたは、どんなことよりも「嫌われること」におびえてしまいます。あなたは常に鏡やショーウィンドウに映った自分をチェックしながら「誰かから悪く言われないか」「自分はいい印象を与えているか」と見えない敵の視線を真剣に心配しています。熱い意見のぶつかり合いでさえ、あなたにとっては戦争勃発と感じるでしょう。笑顔を絶やしたり、失礼なことを言ったり、浮いたことをして注目を浴びれば、見えない敵が増えてしまうと思い込んでいるあなたは、どんなに相手がニコニコしていても、裏に「隠れた敵」が潜んでいないかドキドキします。誰かが、軽い気持ちで愚痴を言っても、あなたにはそれがただの気晴らしとは思えません。自分もどこかでこんなふうに、誰かに悪口を言いふらされているのではないかと不安になります。そして、誰かに頼みごとをされると、考えるより先に笑顔で「いいよ！」を連発したり、相手の喜ぶことを一方的にやり続けて疲れきっているのではないでしょうか？

実はあなたは、自分にどこか自信がなく、重要なことほど自分以外の誰かにいつも人生を任せてしまいがちです。心の奥底では、自分には大切なことを見極める力がないと感じていて、気がつかないところで、自信満々な人の言いなりになったり、決断をゆだねてしまうのです。

あなたがひとたび、「嫌われるかもしれない自分」より「相手」に集中し、世界を相手の視点で見ようとし出すと、世界は変わり始めます。ものごとはたった

1つの正解があるのではなく、たくさんののぞき穴から見た1つの景色みたいなものだとわかるでしょう。ひとりひとりが見ている小さな景色を集めて争いの場にとどまれば、あなたの公平なバランス感覚が、すべての景色をつないで本来の大きな景色を完成させるでしょう。あなたの自信に満ちた美しい物腰と、フェアな提案によって、お互いを尊重し合う、穏やかな意見交換が始まります。世界に調和が生まれ始めたその時、あなたは和やかな笑顔に包まれ、みんなに愛される**タッカーン**へと進化していくことでしょう。

進化を遅くさせる「不安」

「嫌われたらおしまいだ」
「もめるのが怖い」
「仲間はずれはイヤ」
「不公平にされたらどうしよう」
「どっちかなんて選べない」

魂からのメッセージ

「優柔不断」「八方美人」「自分がない」そう言われがちなあなたにしかできないことがあります。

「相手の視点で世界を眺め」、**「誰の中にもあるその人だけの美しさ」**を**「偏見なく」**見つけること。これはあなたにしか起こせない奇跡です。すぐに何かを決めつけて、世界を色つきメガネで見ているような人には決してできないことなのです。

ものごとの両面を知り、どんな醜いものや暗いものの中にも輝く面を見つけ、光を際立たせる影の価値を伝えるなんて「あなたらしいあなた」でないと絶対ムリ！

あらゆるものの「光と陰」がよく見えるあなたですが、**あなた自身の中の濃い陰も、あなたの美しい光をしっかりと際立たせています。どうか大切にしてあげ**てくださいね。

今世のゴールの姿

起動後の進化

タッカーン ♎

日頃の言動からタッカーン率をチェックして、魂の進化度を確認しましょう。人生の満足度がアップしていきますよ！

魂の進化度チェックリスト

★しょっちゅう思う、頻繁にそうする……A（10点）
★たまに思う、時々そうする………B（5点）
★あまり思わない、ほぼやらない………C（1点）

合計点＝タッカーン率（魂の進化度）

進化度に合わせて、自分が魂の時にセッティングしてきた「レアアイテム」や「ごほうび」「パーティー」「イベント」などのお楽しみがゲットできます！

0〜49％……不安や恐怖がまだまだあり、「本来の自分」を楽しめず、やる気や生きる気力さえ弱く感じているかもしれません。今世のお楽しみはまだの可能性が大。

50〜89％……不安や恐怖を少しずつ手なづけて「自分らしさ」を活かせるようになってきたかも⁈　今世のお楽しみも増え、「ありのまま」で生きがいを感じ始めたでしょう。

90〜100％……不安や恐怖を使って「自分らしくないもの」を見分け、あらゆる出来事を自分の進化に役立てながら、自由で納得のいく今世を満喫して楽しんでいるでしょう。

チェックリストは次ページ!!

タッカーン♎
今世のゴールの姿　進化度チェックリスト

【他人の目で自分と世界を見ることができる】
ものごとを、相手の立場で見て、自分との違いを理解し合いたいと思う。 □

【穏やかに調和させ、満足を引き出す】
本音を和やかに語り合い、双方にメリットが見つかるまで向き合う。 □

【嫌われるかどうかより、本当に理解したい】
どんな態度をとられても、相手を理解することはあきらめない。 □

【爽やかな自己主張ができる】
相手の言い分をよく聴いて、事情がわかったうえで意見を爽やかに主張する。 □

【「正しさ」より「調和」】
「正しさ」の主張は争いを生む。異質なものが距離を保って輝けば「調和」。 □

【共存共栄を目指す】
自分らしさ、相手らしさを最大限に活かして、助け合い、栄え合いたい。 □

【世界は常に絶妙な調和がとれている】
ギブとテイクはいつも同じ量でないとお互いのためにはならない。 □

【穏やかな興味をもって、丁寧に質問すると大切な気づきが起こる】
丁寧な質問は、相手が自分でも気づいていなかった気持ちをクリアにする。 □

【どんな荒れた雰囲気でも和やかにする方法がすぐわかる】
見た目に左右されず、いい雰囲気にするアイデアならすぐ浮かぶ。 □

【どんな人とでもおしゃべりを楽しめる】
笑顔や挨拶、さりげないおしゃべりは、世界を美しくするギフトだと思う。 □

合計点
（タッカーン率）　□ %

今世のゴールの姿

究極の進化

ケンジャウルス ♎

このテーマで何度も転生して、魂が究極に進化し、「不安」や「恐れ」を完全に必要としなくなったら、指導者レベルのケンジャウルスになっていきます。

異質のものを穏やかに調和させ、最大に活かし合う方法を人類に理解させる使命

地球に転生した魂たちが、お互いの違いを尊重し合いながら、自分の価値を見失わないことは、宇宙のバランスを保つためにもとても大切です。

すべてのものがこの宇宙では必要不可欠なので、安心して、自分らしく・その人らしくいるためには、時には「最適な距離を保つこと」がとても重要なのです。

「すべてのものは、ありのままでないと価値がない」「すべてのものは表と裏を循環し、バランスを生み出している」「すべてのものには常に最適な調和がはたらいている」。

異質のもの同士を、お互い変えようとせず、時間をかけてゆっくりと近づけていくとそれぞれがイキイキする調和ポイントが必ず見つかるものです。

ケンジャウルスになったあなたは、みんなに「あらゆるものの価値」を見出させ、宇宙的な調和へと導く役目を果たすのです。

太陽 蠍座

「今世はこんな人になる！」と魂が決めた姿

魂が溶け合ったらこんなにパワフル⁉ 破壊と再生のシャーマン

あなたの魂は、**ツインソウルのように**、「人と人」という感覚を超え、表も裏も存在丸ごと受け入れ合いながら、**自分以外の魂と一心同体となって生きる**ことを決めました。その魂との共同作業により、もはや役に立たなくなったものを容赦なく破壊し、尊いものに生まれ変わらせ、最大限に輝かせる**融合と再生のエネルギー**を存分に扱うために生まれてきたのです。

宇宙と交わした魂の契約

【その一】 地球にはびこる古くて役に立たなくなったものやエネルギーを破壊し、よりよいものやエネルギーとして再生すること。

【その二】 地球に転生した魂たちに「勇気を出して役に立たなくなったパターンを壊せば、魂のプランは修復され、再生する」とわかってもらうこと。

宇宙があなたに与えたギフト

不屈の精神。高性能センサー。スタミナ。粘り。深い愛情。

宇宙があなたに授けたパワー

洞察力。シミュレーション力。サポート力。破壊力。再生力。

※魂のルートMAP（35ページ）参照

今世のゴールの姿

進化前

ビビリジャーノ ♏

今世のテーマが達成されるにつれ、今世のあなたが起動され、魂はビビリジャーノからタッカーンへと進化していきます。

まだ「信じること」が怖い

魂がまだ充分進化していない**ビビリジャーノ**レベルのあなたは、「信じる不安」にいつもさいなまれています。まるであなたは、小高い丘の上に建てられた小さな祠《ほこら》に住んでいるようなものです。ふもとまでは細い一本道が続いていて、赤い鳥居がいくつも並んでいます。あなたと出会った人々が、その鳥居を順にくぐってあなたに近づいてきますが、あなたはその人の「人間性」を詳細に観察し、どの鳥居までくぐらせても大丈夫か、信用しても安全か、その人の誠意と信頼度に合わせて結界を張り、その距離感を厳しく操作しています。そして、ここ一番のタイミングで恩を売り、いざという時に裏切られないようにするのです。

また、何百本ものアンテナを背負って歩いているようなするどい感覚をもつあなたは、目に見えるもの・見えないもののあらゆる情報を受信しながら身を守っているつもりになっていますが、実は、ほとんど起こりえない危機対策に追われて、いつもピリピリ、心の休まる暇がありません。また過去のあなたに深い傷を負わせた相手のことは、どんな細かいことでも忘れることができず、心の奥底の怒りによって何年でも何十年でも熱を出し続けることができます。その熱は、あなたの生きる原動力にもなりますが、場合によっては自分自身を焼き尽くしてしまうこともあるでしょう。しかし、その苦しみをあなたはほとんど誰にも見せることができず、どんどん心の奥へ押し込めていきます。

あなたがひとたび「信じる不安」と向き合い、実は自分が「弱い」ゆえに「とてつもなく強くなれること」に気づくようになると、当時あなたを裏切ることになってしまった相手のもろさにも気づき、もはやそんな弱い相手の言動では一切傷つかない自分の本質を知るでしょう。その時あなたは自分の「真のサポーター」「真の保護者」となり、もう人を操作し、恩を売り、試し、時に破壊する必要も感じなくなります。すると、ようやく誰かを「信じ」、真の絆を結ぶことが可能となり、ソウルメイトたちと魂の融合という強力な「奇跡」を生み出す**タッカーン**へと進化するのです。

進化を遅くさせる「不安」

「重いと思われるかも……」

「役に立たないと愛されないかも……」

「利用されて裏切られるかも……」

「誰も、何も、信用できない」

「自分の怒りは爆発したら大惨事になる」

魂からのメッセージ

「重たい」「しつこい」「気にしすぎ」そう言われがちなあなたにしかできないことがあります。

「どんな苦境にも負けないほど真剣」に**「決してあきらめず」「繊細に本質を見抜いていく」**なんて、あなたにしか起こせない奇跡です。軽く表面だけで判断しながら、適当に、いいかげんなことをして、すぐに投げ出すような人には決してできないことです。

ものごとにものすごいエネルギーで向き合い、その裏の裏、奥の奥まで見抜いて、あらゆる対策をシミュレーションするなんて、「あなたらしいあなた」でないと絶対ムリ!

そして、**そのすばらしいパワーは自分の欲のためではなく、あなたの大切な人への深い深い想いのために使われる時、最強最大になる**のです。いつでも誰にでも使っていると、激しく消耗してしまうので、時と相手を選んでくださいね。

今世のゴールの姿

起動後の進化
タッカーン ♏

日頃の言動からタッカーン率をチェックして、魂の進化度を確認しましょう。人生の満足度がアップしていきますよ！

魂の進化度チェックリスト

★しょっちゅう思う、頻繁にそうする……A（10点）
★たまに思う、時々そうする……B（5点）
★あまり思わない、ほぼやらない……C（1点）
合計点＝タッカーン率（魂の進化度）

進化度に合わせて、自分が魂の時にセッティングしてきた「レアアイテム」や「ごほうび」「パーティー」「イベント」などのお楽しみがゲットできます！

0〜49％……不安や恐怖がまだまだあり、「本来の自分」を楽しめず、やる気や生きる気力さえ弱く感じているかもしれません。今世のお楽しみはまだの可能性が大。

50〜89％……不安や恐怖を少しずつ手なづけて「自分らしさ」を活かせるようになってきたかも⁉　今世のお楽しみも増え、「ありのまま」で生きがいを感じ始めたでしょう。

90〜100％……不安や恐怖を使って「自分らしくないもの」を見分け、あらゆる出来事を自分の進化に役立てながら、自由で納得のいく今世を満喫して楽しんでいるでしょう。

チェックリストは次ページ!!

タッカーン♏
今世のゴールの姿　進化度チェックリスト

【だいたいひと目で本質が見抜ける】
普通の人では気がつかないもの、感じ取れないものを感じ取れるようだ。 □

【もうダメと思ってからの回復力がすごい】
愛をこめて合わなくなったものや関係を手放すと、急に元気が戻ってくる。 □

【自分の状態や何を発しているか、いつもしっかり自覚している】

どんなものを受け取り、どんな人とつながるかは、自分が何を発しているかにかかっている。 □

【壊れたものは再生させることが可能だ】
人も物も、すべてをあきらめた時こそ、再生するのに最適な時。 □

【最小の労力で最大の効果を狙う】
1＋1＝10以上にできるし、大切な人のために動くと想像以上の恵みがある。 □

【どんな陰の部分にも大事な役割がある】
ネガティブな感情や出来事は、次なる変化へと踏み出す大きなエネルギーだ。 □

【目立たないことは大事】
他人を警戒させないことで、エネルギーも温存でき、多くの情報も得られる。 □

【成功の秘訣は多くのシミュレーション】
パートナーの厳選、ベストタイミング、あらゆる想定で多くの成果を得ている。 □

【性の交わりとは、肉体・精神・魂の次元でのエネルギー融合だ】
深い信頼のあるSEXは、各次元でエネルギーが融合·活性化する崇高な行為。 □

【たった1人の特別な人が味方してくれたら世界中が敵でも平気】
身も心も魂も1つになった人が1人そばにいてくれたら、もう何もいらない。 □

合計点
（タッカーン率）　　　％

今世のゴールの姿
究極の進化

ケンジャウルス♏

このテーマで何度も転生して、魂が究極に進化し、「不安」や「恐れ」を完全に必要としなくなったら、指導者レベルのケンジャウルスになっていきます。

魂の融合による意識の再生力を人類に呼び覚ます使命

魂たちが生まれる前に決めてきたプランは、肉体とともにさまざまな体験を重ねるうちに、少しずつズレていき、気づかぬうちに本来の姿からかけ離れてしまいます。

そんな時、魂たちは、お互いの肉体・心・魂すべてのレベルで融合し、その劇的なエネルギー交換によって不要なものを根こそぎ破壊し、本来の姿を不死鳥のようによみがえらせるのです。行き詰ったもの、腐敗したものを嗅ぎ当てて破壊し、よりよいものへとよみがえらせるには、「パッと見ではわからない本物の輝き」「触れただけでは感じ取れない深い闇」「美しい音色に混じるかすかな不協和音」を敏感に感じ取っていく高性能なセンサーが必要です。

ケンジャウルスになったあなたは、そんな人生を活性化させる「破壊と再生の力」をみんなの中に呼び覚ます役目を果たすのです。

太陽　射手座

「今世はこんな人になる！」と魂が決めた姿

冒険ってサイコーッ!! 自由でお気楽な地球の旅人

あなたの魂は、身軽な**旅人のように**、好奇心に導かれて慣れ親しんだ世界を踏み出し、予想もつかない冒険を続けながら、**自由に生きる**ことを決めました。必要最低限のものだけをたずさえ、何が起きても自分の内なる力や自然・天の見えざる導きに従えば道を誤ることはないと気楽に自分を信じ、世界を信じ、**叡智と希望のエネルギー**を存分に扱うために生まれたのです。

宇宙と交わした魂の契約

【その一】 地球で肉体を持ちながら、高次元のエネルギーとつながって、「魂の自由」「魂の喜び」「魂の学び」を満喫すること。

【その二】 地球に転生した魂たちに、「みんなは大いなる存在に導かれている」「みんなも直観という内なる羅針盤が使える」とわかってもらうこと。

宇宙があなたに与えたギフト

直観。自由。健康。良心。楽観性。

宇宙があなたに授けたパワー

瞬発力。集中力。発想力。洞察力。前進力。

※魂のルートMAP（35ページ）参照

今世のゴールの姿
進化前
ビビリジャーノ♐

今世のテーマが達成されるにつれ、今世のあなたが起動され、魂はビビリジャーノからタッカーンへと進化していきます。

まだ「自由でないこと」が怖い

「自由がきかない怖さ」は、魂がまだ充分進化していないビビリジャーノレベルのあなたを、より広いところ、より遠いところへ追い立てます。実際の不自由さより、狭いところや、しがらみ、退屈から、あなたは逃げ出したい気分になるでしょう。実は、あなたがたくさんの知識を極めようとするのも、「知らないということで感じる不自由」を少しでもなくしたいからです。あなたは、どこまでも自由に吹く風を身体の奥に感じていないと自分が腐っていくような気がするのではないですか?

「常識」という、人々がつくり出す見えない網からも、あなたは自由でいようと必死です。この世は、ありとあらゆる方法で人々を閉じ込めようとしている気がして、あなたは一刻も早く自由になるための真実を探り出し、みんながつくり笑顔でお互いを縛り合うような「ゆるやかな牢獄」を抜け出したいのです。そのためあなたは、いつも真実を口にしたがります。社交辞令や、遠回しの表現は、あなたにとってすべて「ウソ」だと感じます。あなたはどんなウソも脱ぎ捨てて、ありのままの自分で生きてこそ「自由」だと思っているので、どんなに相手の心をえぐるような真実も、ためらいなく口にします。自分が相手だったら、そうしてほしいと思うからですが、実は人から厳しいことを言われても興味がないので聞いてないことのほうが多いのです。

あなたは、いついかなる時も「自由」を感じられそうな場所、行動、関係、教えを探し回ります。これは！と思ったら、寝る間も惜しんでのめり込みますが、「完全な自由をもたらすものではなかった」と気がつくと、ガッカリし、すぐに放り出します。

　あなたは、いずれ「自由とは何かから解放されるものではない」と気がつくでしょう。本当の自由とは、「魂の進化のためになんでも喜んで試し」「その結果がどうであれ」「魂の成長にはすべてがそのまま役立つ」と知って生きる「在り方」なのだと確信します。「私たちは、もうすでに、それぞれの自由を手にしていたのだ」と人々に熱く語り始める時、あなたは**タッカーン**へと進化し、自らを不自由な状態に閉じ込めている人々を明るい未来へ次々と解放していくことでしょう。

進化を遅くさせる「不安」

「縛られたくない」
「決めつけられたくない」
「タイミングを逃したくない」
「期待されたくない」
「ウソに惑わされたくない」

魂からのメッセージ

「身勝手」「無神経」「思い込みが激しい」そう言われがちなあなたにしかできないことがあります。
「誰も思いつかない方法」と**「誰にも追いつけないスピード」**で**「ものすごい大進化」**を実現してしまうこと。これはあなたにしか起こせない奇跡です。人の顔色をうかがいながら、みんなにとってのタイミングを見計らい、いろいろな意見を検討しているようでは、世の中の進化スピードはみるみる落ちてしまいます。

　直観を駆使して、即断即決、自由自在に、信じた道を矢のように駆け抜けることは「あなたらしいあなた」でないと絶対ムリ！

　私たちみんなに備わっている、**それぞれの「羅針盤」を全力で信じる力、そして、それが狂った時に明るく笑い飛ばす「タフさ」**こそ、何より周囲を救いますよ！

今世のゴールの姿

起動後の進化 タッカーン ♐

日頃の言動からタッカーン率をチェックして、魂の進化度を確認しましょう。人生の満足度がアップしていきますよ！

魂の進化度チェックリスト

★しょっちゅう思う、頻繁にそうする……A（10点）
★たまに思う、時々そうする……B（5点）
★あまり思わない、ほぼやらない……C（1点）

合計点＝タッカーン率（魂の進化度）

進化度に合わせて、自分が魂の時にセッティングしてきた「レアアイテム」や「ごほうび」「パーティー」「イベント」などのお楽しみがゲットできます！

0〜49％……不安や恐怖がまだまだあり、「本来の自分」を楽しめず、やる気や生きる気力さえ弱く感じているかもしれません。今世のお楽しみはまだの可能性が大。

50〜89％……不安や恐怖を少しずつ手なづけて「自分らしさ」を活かせるようになってきたかも?! 今世のお楽しみも増え、「ありのまま」で生きがいを感じ始めたでしょう。

90〜100％……不安や恐怖を使って「自分らしくないもの」を見分け、あらゆる出来事を自分の進化に役立てながら、自由で納得のいく今世を満喫して楽しんでいるでしょう。

チェックリストは次ページ!!

タッカーン♐
今世のゴールの姿　進化度チェックリスト

【「自由にやる」より「自由で在る」】
徒党は組まない。何をしていても、誰といても、とらわれない自分で在りたい。 □

【どんな状況でも軽々と気楽に動く】
旅なら着の身着のままのプランなし旅行。人生も思いつくまま気楽に動きたい。 □

【興味がないことはすぐ忘れる。飽きたらやめる】
常に自分に正直でありたい。自分に大切なことは自分にしかわからないから。 □

【絶望的な状況でも希望を見つけられる】
ピンチの時にも「この程度でラッキー！」と思えるし、けっこうなんとかなる。 □

【ここ一番の時には必ず「ひらめき」が降りてくる】
高次元からのインスピレーション、天のサポートをいつも感じている。 □

【正直なコミュニケーションが一番】
愛ゆえにまっすぐ伝えたいし、受け止めたい。ウソはロクなことがない。 □

【いつでも明るく大らかで自然体】
相手にもそうあってほしいし、みんな自然の一部、ありのままが一番。 □

【自然は最高の教師】
身体能力と野性本能には自信がある。困った時は自然から学べば間違いなし。 □

【大切なのは今、この瞬間だけ】
過去を悔やむのも、未来を心配するのもムダ！　この瞬間がすべてをつくる！ □

【世界は大きなアドベンチャーワールドだ】
いついかなる状況でも、常に冒険気分でワクワクしている（か寝ている）。 □

合計点
（タッカーン率）　　%

☉ ♐

今世のゴールの姿

究極の進化

ケンジャウルス ♐

このテーマで何度も転生して、魂が究極に進化し、「不安」や「恐れ」を完全に必要としなくなったら、指導者レベルのケンジャウルスになっていきます。

完全な自由と叡智に人類の魂を解放する使命

地球に転生した魂たちが、物質界での経験を積みながら、もっと精妙な高次元エネルギーを進んで利用する段階になると、慣れきった考えや習慣を手放し、全く新しい視点・感覚・感情・行動で全く新しい経験を楽しむようになります。

新次元での冒険が始まると、より自由に、より柔軟に、より軽やかに、エネルギーは研ぎ澄まされ、その勢いを飛躍的に増していきます。

本来の魂の本質である「自由」「喜び」「経験」は、この段階で徹底的に追求されます。

「叡智からの直観は自由をもたらす」「喜びこそが真実に導く」「絶望の卵から生まれた経験は希望となる」。

ケンジャウルスになったあなたは、「自由」「喜び」「経験」という名の冒険へとみんなを誘い出し、魂の知る叡智へとみんなを開放する役目を果たすのです。

太陽　山羊座

「今世はこんな人になる！」と魂が決めた姿

社会の役に立つ誇り！　厳しさという愛にあふれた地球管理責任者

※魂のルートMAP（35ページ）参照

あなたの魂は、頼れる**管理責任者**のように、自分の能力や経験が社会のメリットとなり、人々の暮らしに安心と安定をもたらす喜びのため、**責任を担って生きる**ことを決めました。結果を焦らず、何十年も先を見つめて、時に人も自分も厳しく導きながら、笑顔あふれる社会を維持する**権威と成功のエネルギー**を存分に扱うために生まれてきたのです。

宇宙と交わした魂の契約

【その二】自分のすべての言動や決断が、自分の人生だけでなく社会や地球にも影響していることを自覚し、愛と責任をもってすべてを「管理」していくこと。

【その一】地球に転生した魂たちに、「地球はみんなのもの」なので「生物・生活・環境・資源すべて」を、みんなに「責任をもって」管理してもらうこと。

宇宙があなたに与えたギフト

責任感。良識。威厳。先見の明。謙虚さ。

宇宙があなたに授けたパワー

管理能力。実現力。忍耐力。達成力。自己コントロール力。

今世のゴールの姿 進化前 ビビリジャーノ ♑

今世のテーマが達成されるにつれ、今世のあなたが起動され、魂はビビリジャーノからタッカーンへと進化していきます。

まだ「役立たずになること」が怖い

魂がまだ充分進化していない**ビビリジャーノ**レベルのあなたは、「役立たずになって見放されるかもしれない不安」に押しつぶされそうになり、真面目すぎる深刻な働き者になってしまいがちです。本当はそんなに真面目にやる気もないのに「人にどう思われるだろう?」と考えると、悪目立ちすることを避け、気がついたら割に合わないほど必死にがんばっているのではないですか?

あなたは、いつも最悪のことに備えて生活しています。たとえるなら、古い橋を渡るみんなを見ながら、突然襲ってくるかもしれない数々の災難を想像して、人知れず補修をし続けているようなものです。しかし自分の頭の上を遠慮も感謝もなしに歩いていく人々に対して、あなたはだんだん腹が立ってきます。そこで「いつか自分がいなくなった時に、誰がこの橋を維持していたのか、みんなは思い知るだろう……」と妄想を膨らませ、感謝状を授与される「あてのない表彰式」を夢見ては、また誰にも気づかれないまま、苦しい作業を何十年も続けたりするのです。一方で、家に帰るとあなたは報われない気持ちで不機嫌になり、安心できる家族に対して「箸の上げ下ろし」にまで文句をつけ、八つ当たりをすることさえあります。

しかしいつの日か、あなたがついに「役立たずで誰にも感謝されない妄想」を手放すと、そんな日々は終わりを告げます。あなたが実際、みんなに大声で「橋が古くなって危険だ!」と訴え、「いい案がある。みんなの協力が必要だ」と自分から安全な橋の再建計画を提案すれば、みんなは自分たちの危険にようやく気がつき、街の安全のため動き出すでしょう。あなたがそれぞれの力量に合った役割を与えるので、みんなはムリなく自分の能力を発揮し出します。人々の気分のムラに影響されないあなたの一貫した歩みは、全員のゆっくりでも確実な前進を可能にし、いつしか橋だけでなく街全体までみるみる美しく安全な状態によみがえっていくでしょう。そうして、あなたは、人々を確かな安全へと導いた**タッカーン**として感謝され、尊敬されるようになるのです。

進化を遅くさせる「不安」

「迷惑をかけてはいけない」
「すべて私のせいだ」
「達成できなかったらどうしよう」
「最悪の事態になったらどうしよう」
「悪いウワサになったらどうしよう」

魂からのメッセージ

「マイナス思考」「融通が利かない」「生真面目」そう言われがちなあなたにしかできないことがあります。**「慎重に」「何が起きても揺るがず」「安全着実」**に描いた未来を形にすること。これはあなたにしか起こせない奇跡です。ノリと勢いで目標をコロコロ変え、行き当たりばったりの気分次第でパニクるような人では、全体のまとまりもなくして、目標には一生たどり着けないことでしょう。

どんなトラブルにも動じず、妥協せず、リスクを抑えてコツコツとやり抜き、確実に目標に近づいていくなんて「あなたらしいあなた」でないと絶対ムリ！

あなたは、**どんなタイプの人でもまとめて守れる、揺るぎない基礎をつくれる人**なので、**みんなのよさもうまく組み合わせて、アメとムチを上手に使い分けながら**目標を達成してください。

今世のゴールの姿

起動後の進化 タッカーン ♑

日頃の言動からタッカーン率をチェックして、魂の進化度を確認しましょう。人生の満足度がアップしていきますよ！

魂の進化度チェックリスト

★しょっちゅう思う、頻繁にそうする……A（10点）
★たまに思う、時々そうする…………B（5点）
★あまり思わない、ほぼやらない………C（1点）

合計点＝タッカーン率（魂の進化度）

進化度に合わせて、自分が魂の時にセッティングしてきた「レアアイテム」や「ごほうび」「パーティー」「イベント」などのお楽しみがゲットできます！

0～49％……不安や恐怖がまだまだあり、「本来の自分」を楽しめず、やる気や生きる気力さえ弱く感じているかもしれません。今世のお楽しみはまだの可能性が大。

50～89％……不安や恐怖を少しずつ手なづけて「自分らしさ」を活かせるようになってきたかも?!　今世のお楽しみも増え、「ありのまま」で生きがいを感じ始めたでしょう。

90～100％……不安や恐怖を使って「自分らしくないもの」を見分け、あらゆる出来事を自分の進化に役立てながら、自由で納得のいく今世を満喫して楽しんでいるでしょう。

チェックリストは次ページ!!

タッカーン♑
今世のゴールの姿　進化度チェックリスト

【自己管理能力には自信がある】
自分を管理できる人間こそ、みんなの人生を守れるのだと思う。

【人の成長には「厳しさ」と「笑い」が必要だ】
「厳しさ」も「笑い」も究極の愛のかたちだと確信している。

【世のためになることは何よりの自信になる】
誠実に着実にコツコツと、世に役立つ生き方は誇らしい。

【背負えない荷物はやってこない】
背負う荷物の大きさが、その人の器の大きさ。器に合ったギフトが来る。

【粘り強く頑丈な基礎をつくることが何より大切】
一気にできたら一気につぶれる。基礎は特に時間と労力をしっかりかける。

【今の快楽より遠い未来の栄光のためにこそがんばれる】
大胆なほど大きな「成功」を目指している。人知れずやる努力中も楽しい。

【あらゆるムダをなくす】
お金も時間も人も、あらゆる資源も、いつも効率的に使いたい。

【私利私欲にまみれず、いつも平常心で】
感情や欲に振り回されず、いつもの自分らしい生活を守っていれば安心。

【幸せも不幸も人のせいにしない】
自分の身に起きたことを何かのせいにはしない。強くありたいから自己責任。

【結果がすべて】
目標が達成され、形になってこそ、すべての苦労は報われ「生きた証」となる。

合計点
（タッカーン率）　　%

今世のゴールの姿
究極の進化

ケンジャウルス ♑

このテーマで何度も転生して、魂が究極に進化し、「不安」や「恐れ」を完全に必要としなくなったら、指導者レベルのケンジャウルスになっていきます。

人類に、誇りと責任をもって、共有財産である宇宙を管理させる使命

地球に転生した魂たちが、とうとう地球の一員、宇宙の一員としてその責任を担う意識段階になると、これまでの感覚では達成できない、より広大な目標に向かって力がはたらき始めます。

1つの魂が起こす動きは、たとえどんなに小さなものでも宇宙全体に影響を与えるという、ひとりひとりの誇りと責任によって宇宙は共有されているのです。「相手が、世界が、宇宙がどう在るか」は、すべて「あなたが、どう在るか」にかかっています。

あなたが自分の人生をしっかりと管理し、思い通りのかたちへ近づけることは、すべての人に、社会に、宇宙に同じ力を与えていきます。

ケンジャウルスとなったあなたは、共有する宇宙を広大な目的のもとに、誇りと責任をもってみんなにしっかりと管理させる役目を果たすのです。

☉ ♑

太陽　水瓶座

「今世はこんな人になる！」と魂が決めた姿

みんな違うっておもしろい！ 超・常識でフレンドリーな地球研究員

※魂のルートMAP（35ページ）参照

あなたの魂は、肉体を保ったままの**魂そのものとして**、人の常識を超えたユニークな方法で世界を改善し、あらゆる生物と対等につながって**自由な発想で生きる**ことを決めました。いろいろな価値観や経験をもつ仲間と差別も優劣もなく協力し合い、魂の視点で「新しい未来」を研究しながら、**個性と革新のエネルギー**を存分に扱うために生まれてきたのです。

宇宙と交わした魂の契約

【その一】 めざましい進化のために、常に新しい次元の情報をみんなに伝え、それぞれの個性を活かし合って、世のため・宇宙のために協力し合うこと。

【その二】 地球に転生した魂たちに、「常識を超えて、新しい未来は創られる」「すべては影響し合い、思わぬ役割を担い合っている」とわかってもらうこと。

宇宙があなたに与えたギフト

宇宙規模の友愛精神。自由で新しい発想。客観性。公平さ。ユニークさ。

宇宙があなたに授けたパワー

革新力。組織力。超・常識力。発想力。伝導力。

今世のゴールの姿

進化前

ビビリジャーノ ♒

今世のテーマが達成されるにつれ、今世のあなたが起動され、魂はビビリジャーノからタッカーンへと進化していきます。

まだ「古く、つまらなくなること」が怖い

魂がまだ充分進化していない**ビビリジャーノ**レベルのあなたは、「古い考えに縛られるのが怖い」と感じ、「それが当たり前だ」と決めつけられたり、「今までずっとそうだったから」などと言われたりすると、激しく抵抗したくなります。自分までどんどん古く、つまらないものになっていく気がして、理屈抜きで焦るのです。今まで誰も考えなかったことを「思いつく自分」が抑え込まれ、新しいものをもたらす自分がゆっくり死んでいくような気がします。こうして、いつも人の死角に隠れた「最新の」ポイントを発見しようと躍起になっているあなたは、「不思議ちゃん」「変人」扱いされることもありますが、それはむしろあなたには「ほめ言葉」かもしれません。これは、実は多くの天才たちが味わったジレンマと似ているのですが、その違いはただ一点、大衆の役に立っているか、誰の役にも立っていないか、なのです。

さらにあなたは、人の「気持ち」ほどややこしく、面倒くさいものはないと感じているかもしれません。特に感情を爆発させる人を見ると、どこか原始的なケモノっぽさを感じ、進化したはずの人間なのにどうして……と途方にくれます。あなたにとって生々しい感情は、情報や分析では予測がつかない、クリアな思考を混乱させる古い時代の名残のようなものだと感じられてしまうのです。

さてここで、今までと全く違う視点で考えてみてください。「古いもの・新しいものがある」のではなく、「今、目の前にあるものを、新しい目で見るとどうなるか」。そして、「古さや停滞を必要とする人もいて、それこそが個性の多様性だ」と考えてみてください。あなたに必要なのは、彼らの考えを新しくすることではなく、「お互いを尊重するための距離感」ではないですか？　感情も、取り乱した厄介なものではなく、「固有の周波数をもつエネルギー」ととらえ、うまく扱う方法を探ってみてはどうでしょう？　あらゆるものを新しい方向から、人々の役に立つようとらえ直す時、あなたは**タッカーン**へと進化し、多くの仲間とともに、同じ場所と状況で、全く違う世界を味わう次元上昇を経験することでしょう。

進化を遅くさせる「不安」

「個人の力は無力」
「冷静さを失ったら自滅する」
「新しい知識と情報が足りない」
「普通のつまらない人になったら価値はない」
「強制されたらどうしよう」

魂からのメッセージ

「冷たい」「非常識」「不真面目」そう言われがちなあなたにしかできないことがあります。

「どんな時にも冷静」に**「あらゆる思い込みを捨てて「自由な発想をする」**こと。これはあなたにしか起こせない奇跡です。いちいち熱情に目を曇らせ、常識を振りかざして、決まりきった枠の中で考え込んでいるような人には、新しい発想なんてひらめきません。

どんなことにも魂のように自由な視点で向き合い、常に当たり前を突き抜けて、何にもとらわれない心で関わるなんて「あなたらしいあなた」でないと絶対ムリ！

その才能を、1人でも多くの才能とコラボさせ、さらに多くの人たちのために活用していってください。巡り巡って、必ずひとりひとりの満足と喜びにつながっていくでしょう！

今世のゴールの姿

起動後の進化
タッカーン ♒

日頃の言動からタッカーン率をチェックして、魂の進化度を確認しましょう。人生の満足度がアップしていきますよ！

魂の進化度チェックリスト

★しょっちゅう思う、頻繁にそうする……A（10点）
★たまに思う、時々そうする……B（5点）
★あまり思わない、ほぼやらない……C（1点）

合計点＝タッカーン率（魂の進化度）

進化度に合わせて、自分が魂の時にセッティングしてきた「レアアイテム」や「ごほうび」「パーティー」「イベント」などのお楽しみがゲットできます！

0〜49％……不安や恐怖がまだまだあり、「本来の自分」を楽しめず、やる気や生きる気力さえ弱く感じているかもしれません。今世のお楽しみはまだだの可能性が大。

50〜89％……不安や恐怖を少しずつ手なづけて「自分らしさ」を活かせるようになってきたかも?! 今世のお楽しみも増え、「ありのまま」で生きがいを感じ始めたでしょう。

90〜100％……不安や恐怖を使って「自分らしくないもの」を見分け、あらゆる出来事を自分の進化に役立てながら、自由で納得のいく今世を満喫して楽しんでいるでしょう。

チェックリストは次ページ!!

タッカーン ♒
今世のゴールの姿　進化度チェックリスト

【みんなの違いがおもしろい】
「それぞれらしく」「違う」ことこそ生きてる価値。「普通」は他の人に任せる。 ☐

【感情とは人が発する周波数をもつエネルギー】
感情という周波数の違いを冷静に観察している。なぜか機械とは相性がいい。 ☐

【すべては実験観察】
観察と分析は、思い込みで見えなくなっていた大切なものに気づかせてくれる。 ☐

【失敗はない！　うまくいかない方法がわかっただけ】
人生は自由な実験ラボ。やってみないとわからないし、何かわかれば大成功。 ☐

【宇宙中、みな友だち！】
すべての関係は友だちの進化形。動物・植物・モノ・天体や宇宙人も友だち！ ☐

【究極の自由発想】
「自由」か「不自由」かではなく、常に0から1を生み出す自由な発想が重要。 ☐

【鳥の視点、宇宙からの視点】
個人的なことより、高い視点、大きな規模から全体を見ていたい。 ☐

【専門的なプロ集団にいくつも関わっていたい】
いつもベタベタ一緒は苦手。大きな目的のためにマニアックに集うのが好き。 ☐

【お金や物より、知識と経験】
形あるものはいつか失う。知識と経験は魂に刻まれる。 ☐

【集団とはいろいろな色や形のビーズで描く1つの絵だ】
それぞれが個性を輝かせるから、新しい可能性の「絵」が浮かび上がる。 ☐

合計点
（タッカーン率）　　　　％

今世のゴールの姿

究極の進化

ケンジャウルス ♒

このテーマで何度も転生して、魂が究極に進化し、「不安」や「恐れ」を完全に必要としなくなったら、指導者レベルのケンジャウルスになっていきます。

個性豊かな才能をコラボさせ、人類の宇宙的な次元上昇を果たす使命

地球に転生した魂たちが、それぞれの輝きを持ち寄って自由につながり始めると、今までに起きなかった劇的な進化の連鎖が起こり始めます。

肉体を持って生きる間に、知らず知らずにため込む、たくさんの思い込みやこだわりを軽やかに超えて、新しい次元の感性は驚異的な速さで広まっていくのです。

みんなで何かを創る時には、ひとりひとりの特性が全体と調和するよう、それぞれの当たり前をリセットして、広い視点でゴールを共有します。

自分の動きが全体のジャマをしないよう、全体の動きに自分がつぶされないよう、個も全体も、お互いを尊重し合えば、宇宙意識による創造が大きく動き出します。

ケンジャウルスになったあなたは、そんなグループ創造の大実験にみんなを巻き込む役目を果たすのです。

太陽 魚座

「今世はこんな人になる！」と魂が決めた姿

来るもの拒まず 去るもの追わず 地球にだっこされた 夢みる胎児

※魂のルートMAP（35ページ）参照

あなたの魂は、子宮内の**胎児のように**与えられる養分を疑うことなく吸収し、夢見るようにたゆたい、**すべてをそのまま受け入れて生きる**ことを決めました。見えない流れに導かれ、与えられる愛をむさぼり、どんな劣悪な環境にあっても不思議な力に守られながら、すべてを愛し成長していく**むじゃきさと無償の愛のエネルギー**を存分に扱うために生まれてきたのです。

宇宙と交わした魂の契約

【その一】 地球上で、あらゆる存在、あらゆる現象を受け入れながら、すべての存在に降り注ぐ、「大いなるしくみと慈愛」を体感すること。

【その二】 地球に転生した魂たちに、「大いなるしくみは万能」「すべては大いなる慈愛の一部であり、ひとつにつながっている」と思い出してもらうこと。

宇宙があなたに与えたギフト

慈愛。しぶとさ。一体感。懐《ふところ》の深さ。不思議なサポート。

宇宙があなたに授けたパワー

癒し力。受容力。夢想力。回復力。霊能力。

今世のゴールの姿

進化前

ビビリジャーノ ♓

今世のテーマが達成されるにつれ、今世のあなたが起動され、魂はビビリジャーノからタッカーンへと進化していきます。

まだ「生きること」が怖い

　魂がまだ充分進化していない**ビビリジャーノ**レベルのあなたにとっては、「生きること自体が不安」です。色とりどりの人々の気持ちがただよう無重力空間でもがき続けるようなもので、何ひとつつかまることもできず、確かなものもありません。あなたにはいろいろな味やにおいのする空気のように、どこからが他人の気持ちで、どこからが自分の気持ちかさえわからず、いつも船酔いのような感覚なのではないでしょうか？

　あなたは、傷ついた人がいると、本人以上にそのつらさが自分に沁み込んできてしまうので、一刻も早く楽になりたくて相手を必死で癒そうとします。しかし残念なことに、多くの人はあなたにその感情をベタベタとなすりつけて「あ～、楽になった」と去っていってしまいます。残されたあなたは、どうしようもない感情から抜け出すのにひと苦労していませんか？

　また、あなたは自分のことを「何もできない、弱い自分」だと決めつけて、いろいろな人から痛めつけられ放題になっていますが、実は、12星座で一番しぶといことに気づいていません。弱々しくすぐに倒れ込んでも、知らぬ間に、何事もなかったかのように復活する力は他の星座の人には真似のできない才能なのです。

しかしこのレベルのあなたは、いつまでも泣き言を言いながら、誰かに助けてもらうのを期待して、貴重な人生を絶望の中で過ごしがちなのです。

　あなたがひとたび自分のことを「被害者だ」と思うのをやめ、大いなる導きの手が常に私たちを守ってくれていることを受け入れると、自分で不安をかき集めてパニックを起こしたり、誰かに「助けて！」とすがりついたり、必要以上に人に尽くしたりしなくなります。色とりどりの気持ちがひしめく無重力空間は、実はあちこちに手すりがあり、必要な時にはちゃんとピッタリのサポートがやってくるのだとわかると、あなたはホッとして純粋な愛情で人々を抱きしめ、癒すことができるようになり、ようやくどんなことも「魂が成長するため」に起きているのだと心底信じられるようになります。そうしてあなたは、いつしか**タッカーン**へと進化して、人々の愛と夢を育む存在となっていくでしょう。

進化を遅くさせる「不安」

「自分は劣っている」
「自分は弱すぎる」
「自分は愚かだ」
「守ってもらわないと」
「ひとりでは生きられない」

魂からのメッセージ

「弱い」「ボーッとしている」「だらしない」そう言われがちなあなたにしかできないことがあります。**「誰かの長所を引き出し」、「イメージを膨らませつつ」、「すべてをありのまま受け入れる」**こと。これはあなたにしか起こせない奇跡です。常に自分の力を振りかざし、細かいことにこだわって、あちこちにダメ出しして回るような人では、周りのやる気をそいで、みんなの輝きを消してしまいかねません。

相手がまだ気づいていない能力を引き出し、よりよいものを夢見て、みんなにとって無理のないベストタイミングを受け入れていく……なんて「あなたらしいあなた」でないと絶対ムリ！

人はみんな**ありのままの流れに任せれば**、すべては「あるべき姿」に落ちつきます。**目の前の状態こそがいつでも魂には最高に成長できる状態**なのです。

今世のゴールの姿

起動後の進化 タッカーン ♓

日頃の言動からタッカーン率をチェックして、魂の進化度を確認しましょう。人生の満足度がアップしていきますよ！

魂の進化度チェックリスト

★しょっちゅう思う、頻繁にそうする……A（10点）
★たまに思う、時々そうする……………B（5点）
★あまり思わない、ほぼやらない………C（1点）

合計点＝タッカーン率（魂の進化度）

進化度に合わせて、自分が魂の時にセッティングしてきた「レアアイテム」や「ごほうび」「パーティー」「イベント」などのお楽しみがゲットできます！

0〜49％……不安や恐怖がまだまだあり、「本来の自分」を楽しめず、やる気や生きる気力さえ弱く感じているかもしれません。今世のお楽しみはまだの可能性が大。

50〜89％……不安や恐怖を少しずつ手なづけて「自分らしさ」を活かせるようになってきたかも?!　今世のお楽しみも増え、「ありのまま」で生きがいを感じ始めたでしょう。

90〜100％……不安や恐怖を使って「自分らしくないもの」を見分け、あらゆる出来事を自分の進化に役立てながら、自由で納得のいく今世を満喫して楽しんでいるでしょう。

⇦ チェックリストは次ページ!!

☉ ♓

タッカーン ♓
今世のゴールの姿　進化度チェックリスト

【流れに任せるだけで驚くほど不思議となんとかなる】
うまくいかないなら、自分の判断かタイミングが違う。すべて天にお任せ。 □

【弱さともろさは強力なツール】
困っている私には「助けたくなる雰囲気」があるらしい。ありがたいことだ。 □

【霊的に敏感な体質のおかげで異次元の奉仕ができる】
異次元で起きたお困りごとには、恐れず、穏やかな「祈り」の波長でお手伝い。 □

【心配は呪い】
世の中必要なことしか起きない。宇宙と魂の計画を心から信じている。 □

【自分が人に与えたものは、必ず別のドアから戻ってくる】
与えたものはすべて魂を成長させながら、巡り巡って、思わぬ形で返ってくる。 □

【人を頼り、お世話になるのは、その人へのサポート】
感謝して、その人自身が気づいていない能力を引き出し、活かすことができる。 □

【提案より寄り添い。判断より沈黙。話し合いより温かいまなざし】
むずかしいことはわからないけれど、弱った人の心にはそのほうが効く。 □

【何もできなくても、想いの力だけで場の雰囲気は変わる】
すべてのものには役目があると心の中で想うだけで、不思議と場はゆるむ。 □

【自分でもけっこうしぶといと思う】
自分でも気がつかないうちに立ち直っていることが多いのは、ある意味最強。 □

【「愛」とは「状態」のこと】
すべてはつながっている。それぞれがそのままで調和している「状態」が「愛」。 □

合計点
（タッカーン率）　　　　％

今世のゴールの姿
究極の進化

ケンジャウルス♓

このテーマで何度も転生して、魂が究極に進化し、「不安」や「恐れ」を完全に必要としなくなったら、指導者レベルのケンジャウルスになっていきます。

肉体を持ちながら、人類に「宇宙的な愛」の状態を浸透させる使命

地球に転生してきた魂たちが、次々に進化していくと、ついに肉体を持ったまま、すべての存在との高次元レベルでの融合を体感し始めます。

お互いの気持ちや感覚などがひとつになり、自然や宇宙ともつながり、みんながそのすべての情報を使って、さらに拡大・次元上昇していきます。宇宙と我々はいつもひとつだったのです。

あらゆる「いのち」の集まったものが宇宙。それを生かし、活かしているのが「愛」というはたらきです。「愛とはありのままで調和した状態」「不調和の時、愛がないと感じる」「プラスとマイナスは互いに活かし合っている」「起こる出来事はすべて私たちを進化させる」「すべては空気のようにつながっている」。

ケンジャウルスになったあなたは、そんな宇宙的な無条件の愛をみんなに浸透させる役目を果たすのです。

☉
♓

アセンダント（ASC）でわかる
魂を進化させるツール

宇宙が最初にくれた「特殊能力」で進化をスピードアップ！

アセンダント（ASC）が指し示す第1ハウスの星座《サイン》は、あなたが生まれた瞬間に東の空に昇り、真っ先に強力なエネルギーをあなたに注いでくれました。それは「今世の現実を創り、そして変えることもできる強力なツール」となります。

このツールは、「魂が望んだ体験」を効果的に創造するために宇宙がくれた「特殊能力」を発動します。それを意識的に使うと、望んだ現実がスムーズに整い、やりたかった体験チャンスが次々とやってきて、結果、「なりたい自分」になるスピードが飛躍的にアップするのです。

ただし、ツールのバージョンが低いと誤作動が起きたり、ジャマが入ったりと逆効果。ツールのバージョンをどんどん上げて、体験のクオリティをアップし、魂が望んだ今世をめいっぱい満喫していきましょう。

※約2時間おきにハウスを移動するので正確な出生時間が必要です。

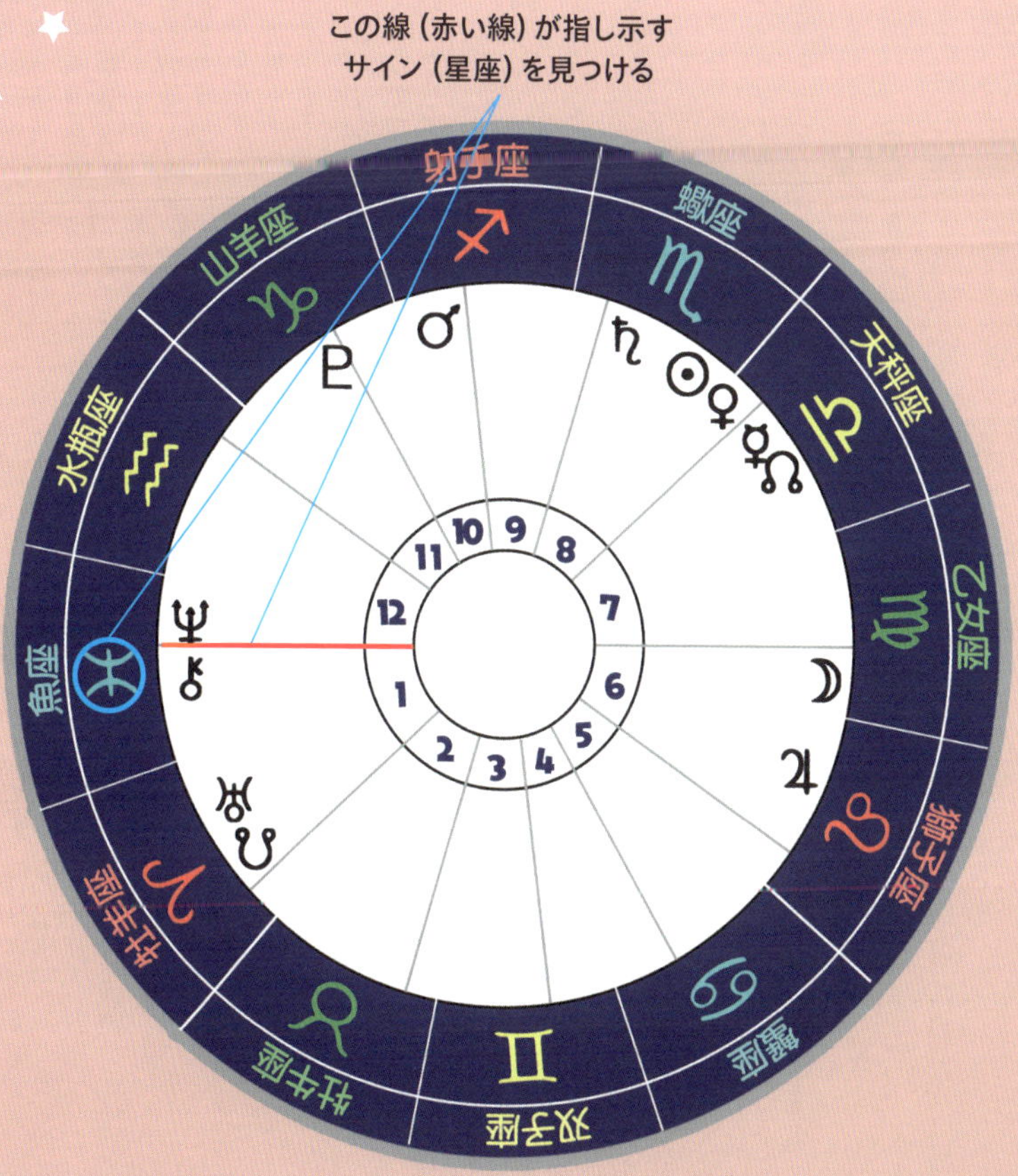
この線（赤い線）が指し示す
サイン（星座）を見つける
射手座
蠍座
天秤座
乙女座
獅子座
蟹座
双子座
牡牛座
牡羊座
魚座
水瓶座
山羊座
10
9
8
7
6
5
4
3
2
1
12
11

ASC 牡羊座 ♈

あなたの今世のツールは、猪突猛進！挑戦者タイプ

まだツールのバージョンが低く、うまく使いこなせていない間は……意外にも周りからはこう見える！

思い込みが激しい。せっかち。すぐ怒るくせにすぐ忘れる。空気が読めない。元気すぎて暑苦しい。自分のことだけ大好き。すぐ冷める。負けずぎらい。

←

バージョンアップすればこんな姿に。望む現実創造もラクラク！

エネルギッシュ。正直。サッパリハッキリしている。即断即決。キビキビ行動。正義感が強い。そばにいるとみんながやる気になる。チャレンジャー。

最速でツールをバージョンアップする方法

・身体のサインに敏感に、直観ですぐ決め、すばやく行動する。
・「誰か」と戦うのではなく、弱い自分を越え続ける。
・野生動物のように生きる。
・道なき道を次々と切り拓く。
・喜怒哀楽を正直にわかりやすく表現する。
・根にもたず、サッサと切り替える。
・大きな声でハキハキ元気にしゃべる。
・シンプルに要点だけ話す。
・スポーティで活動的なファッション。
・原色メインのシンプルな元気カラー。

迷った時にはやってみよう！

・コイントスで決める。
・その行動をしている自分が「好き」かで決める。

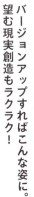

ASC　牡牛座 ♉

あなたの今世のツールは、エレガント＆リッチタイプ

まだツールのバージョンが低く、うまく使いこなせていない間は……意外にも周りからはこう見える！

影が薄い。イヤなことにも意見を言わない。いつも自分のペース。ガンコそう。欲が深そう。しつこく怒ってそう。ドンくさそう。そうじが苦手そう。

←

バージョンアップすればこんな姿に。望む現実創造もラクラク！

「大丈夫」と思わせる安定感。穏やかな笑顔。美しい声。上品な物腰。育ちがよさそう。ゆったり優雅な時間を感じさせる。牧歌的な平和ムード。芯が強そう。

最速でツールをバージョンアップする方法

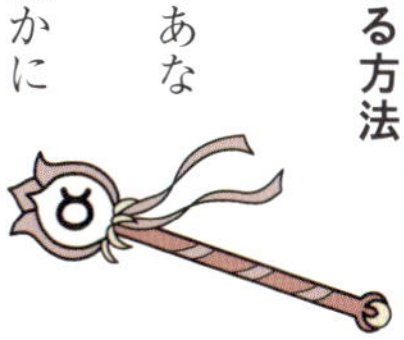

・焦らず、極上の質を目指す。
・ムリや背伸びをしない、そのままのあなたを大切にする。
・まず自分を満たしながら、周りも豊かになることをやる。
・物やお金は、丁寧に確実に、愛をこめて扱う。
・人にどう思われても、ひたむきに、ブレずに生活する。
・自分と違うタイプとは、静かに距離を置く。
・あなたが心地よい「人」「物」「お金」とだけつきあう。
・自然を癒すと自分も癒される。
・優雅さと品のよさを感じさせるファッション。
・高級感とやさしさを感じるカラー。

迷った時にはやってみよう！

・体も心も完全にリラックスさせてから、考え直す。
・イメージした時に、五感が気持ちよいほうを選ぶ。

ASC ♉

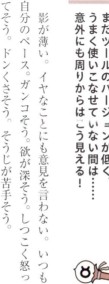

ASC 双子座Ⅱ

あなたの今世のツールは、知的な情報ネットワークタイプ

まだツールのバージョンが低く、うまく使いこなせていない間は……意外にも周りからはこう見える！

軽々しい。落ち着きがない。早とちりしやすい。ああ言えばこう言う。責任転嫁がうまい。言うことがコロコロ変わる。本心が読めない。ズルそう。

バージョンアップすればこんな姿に。望む現実創造もラクラク！

気さく。情報通。頭の回転が速そう。誰とでも友だちになれそう。笑わせるのが得意。イキイキしている。縁結びの天才。教え方がうまい。

最速でツールをバージョンアップする方法

・できるだけたくさんの人と知り合い、なんでも試してみる。
・すべての経験を全方向にシェアする。
・結果を気にせず、純粋にプロセスを楽しむ。
・相手のレベルや場の空気に合わせて話す。
・とにかく動き回り、なんでも同時進行でこなす。
・その場その場、臨機応変に対応する。
・どんなことも、おもしろく伝える。
・24時間あらゆることに興味をもつ。
・流行を取り入れたファッション。
・その時の自分が楽しくなるカラー。

迷った時にはやってみよう！

・あらゆる情報を集める。
・頭の中の声をすべて文字にして書き出してみる。

ASC 蟹座 ♋

あなたの今世のツールは、温かいファミリータイプ

まだツールのバージョンが低く、うまく使いこなせていない間は……意外にも周りからはこう見える！

超人見知り。慣れるとわがまま。気分の波も好き嫌いも激しい。傷つきやすい。口うるさい。恩着せがましい。パニックになるとキレる。仲間意識が強すぎる。

バージョンアップすればこんな姿に。望む現実創造もラクラク！

親切。温かく人なつっこい。誰かのつらさにすぐ気づく。お母さんオーラ。お世話が上手。自然と人を和ませる。知らない人同士を仲良くさせる。感情豊か。

最速でツールをバージョンアップする方法

・感情を、魂の本音として活用する。
・自分の感情を癒すことで、周りの感情も癒す。
・どんな気持ちも、情報として受け止めてくれる人とだけつきあう。
・お互いの弱みをフォローし合って絆を深める。
・おびえて守るより、その人の強みを育む。
・「愛していたら傷つかない」と肝に銘じる。
・気分の波は月の満ち欠けと同じ。「そのうち変わる」とやり過ごす。
・世界を居心地よくして、みんなファミリーと考える。
・着心地のよい楽な自然素材のファッション。
・気持ちがほぐれるようなやわらかいカラー。

迷った時にはやってみよう！

・自分の気分が「アガる」ほうを選ぶ。
・あなたをよく知る、信頼できる人に聞いてみる。

ASC 獅子座♌

あなたの今世のツールは、カリスマ・クリエイティブタイプ

まだツールのバージョンが低く、うまく使いこなせていない間は……意外にも周りからはこう見える！

悪目立ちする。わがままっぽい。人目を意識しすぎ。大げさ。エラそう。調子に乗りやすい。おだてに弱すぎ。金遣いが荒い。

←

バージョンアップすればこんな姿に。望む現実創造もラクラク！

華やかな雰囲気。光が宿った瞳。力を帯びた声。引き込まれるトーク。人をその気にさせる。あふれる創造力。天真爛漫。高いプロデュース力。

最速でツールをバージョンアップする方法

- 自分の声には力が、瞳には光が宿っていることを意識して人と接する。
- どんなことにも「楽しみ」を見つける。
- ただ幸せでいようと「決める」。
- 遊ぶように気楽に純粋に、年齢を忘れて熱中する。
- 子どものようにピュアに人を愛する。
- ひとりの寂しさは、特別な存在の証拠だと考える。
- 世界は豪華な遊園地だと思って生きる。
- 相手がむじゃきな子どもだった時の姿をイメージして、喜ばせたり励ましたりする。
- 自分らしい華やかで高級感あふれるファッション。
- ゴールドなど豪華でゴージャスなカラー。

迷った時にはやってみよう！

- 結果を気にせず、ワクワクやってみたいほうを選ぶ。
- 「経験できたこと」を喜べそうなほうを選ぶ。

ASC 乙女座 ♍

あなたの今世のツールは、緻密《ちみつ》な気配りタイプ

まだツールのバージョンが低く、うまく使いこなせていない間は……意外にも周りからはこう見える！

神経質っぽい。厳しい。お堅い。こだわりが強い。器が小さめ。批判精神旺盛。余裕がない。マニアックな感じ。

←

バージョンアップすればこんな姿に。望む現実創造もラクラク！

凛としたムード。静かで知的。清潔な感じ。常識的。スッキリわかりやすい語り口。真面目で信頼できそう。よく気がついてやさしそう。安全そう。

最速でツールをバージョンアップする方法

- いつも具体的なゴールを設定する。
- 大きな目標のための、小さなステップをこまめにこなす。
- 計画→実行→修正→再実行。
- 何かのせいにしない。
- 生活のリズムを崩さない。
- ゴチャゴチャになっている状況・場所は率先してスッキリさせていく。
- 相手の状況やタイミングをみて意見を言う。
- 愛のない「批判」より、愛を込めた「提案」をする。
- 清潔感のあるファッション。
- ハーブグリーンやペールブルーなど爽やかなカラー。

迷った時にはやってみよう！

- まず身の回りの整理。不思議と思考の整理になる。
- 自分・相手・みんなにメリットがあるものを選ぶ。

ASC ♍

ASC 天秤座 ♎

あなたの今世のツールは、

柔和な人気者タイプ

まだツールのバージョンが低く、うまく使いこなせていない間は……意外にも周りからはこう見える！

怒らなさそう。イエスマン。優柔不断。ナルシストっぽい。平凡。自分の意見がなさそう。無責任かも。八方美人。

バージョンアップすればこんな姿に。望む現実創造もラクラク！

いつも笑顔が美しい。優雅。スマート。いい人っぽい。柔和だけど芯が通っている。そつないオシャレ。みんなと仲良し。どんな主張もサラリと言う。

最速でツールをバージョンアップする方法

・心からの笑顔は調和の第一歩。
・相手の視点で状況を見直し、どちらも納得の解決策を探す。
・まず相手を幸せにすると、自分も幸せになる。
・相手を理解した分だけ、自分のことも理解できる。
・出せる以上に受け取らない。受け取る以上に差し出さない。
・苦手な人には「心地よい距離」をキープする。
・相手が「最高の自分」になれるようサポートする。
・一緒に栄えることを目指すと、絆が深まる。
・万人受けするエレガントなファッション。
・上品できれいな華やかカラー。

迷った時にはやってみよう！

・それぞれのメリットとデメリットを書き出してみる。
・お互い納得できて、周りも和やかになるほうを選ぶ。

ASC 蠍座 ♏

あなたの今世のツールは、

密かな黒幕タイプ

まだツールのバージョンが低く、うまく使いこなせていない間は……意外にも周りからはこう見える！

普通っぽい人。実は怖い人っぽい。過剰に心配性。裏の顔がありそう。敵に回したくない。根にもちそう。カンがよすぎ。なんでも知りすぎている感じ。

バージョンアップすればこんな姿に。望む現実創造もラクラク！

存在感がある。無口なのに的を射た発言。すべてを見透かすような瞳。するどい先読み力。気配り万全。セクシー。タイミング抜群。影の実力者っぽい。

最速でツールをバージョンアップする方法

・深く、濃く、徹底的に。
・変化は進化へ。終わりは誕生へ。
・与えてから循環させ受け取る。
・相手の波長に合わせて絆を強める。
・大切な人の潜在パワーを引き出す。
・すべての出来事には役割があると知る。
・あらゆるものからメッセージを読み解く。
・自分の発したものは自分に返るので意識する。
・隠すファッション（ロングスカート、タートル、サングラスなど）。
・ボルドーやダークカラーで、対比のある情熱的カラー。

迷った時にはやってみよう！

・関係者の本音の動機が、より気持ちいいほうを選ぶ。
・相手と自分の両方のエネルギーが上がるほうを選ぶ。

ASC 射手座

あなたの今世のツールは、

自由な冒険者タイプ

まだツールのバージョンが低く、うまく使いこなせていない間は……意外にも周りからはこう見える！

お気楽。無責任。無神経。グサッとくることを言う。雑。のめり込むけど飽き性。けっこう失礼。いつも行方不明。

←

バージョンアップすればこんな姿に。望む現実創造もラクラク！

明るい。とことん前向き。正直。自由人。野性っぽい。言うことが妙に深い。直観がよく当たる。気さくで気どらない。

最速でツールをバージョンアップする方法

- 最初の直観に従い、次々と行動する。
- 思いついたら、ひとりでサッサと最短距離を突っ走る。
- まっすぐシンプルに、望みを伝える。
- 顔色を見ない。遠慮しない。
- 自然や動物から学ぶ。
- どんな時にも大らかに、前向きに。
- ひとりを楽しむ。
- 常に冒険を目指す。
- 身軽でリラックスできるファッション。
- 自然素材の、ナチュラルカラー。

迷った時にはやってみよう！

- 最初にピンときたほうを選ぶ。
- 楽しい「未来の自分」が勧めそうなほうを選ぶ。

ASC　山羊座♑

あなたの今世のツールは、

堅実な野望家タイプ

まだツールのバージョンが低く、うまく使いこなせていない間は……意外にも周りからけこう見える！

くそ真面目。冗談が通じなさそう。仕事一筋。年寄りっぽい。厳しそう。非情っぽい。いつも不機嫌。卑屈っぽい。

←

バージョンアップすればこんな姿に。望む現実創造もラククラ！

穏やかな威厳。慎み深い言動。徹底した責任感。安定した実行力。有能。確実な目標設定と先見の明。サービス精神。管理がうまい。

最速でツールをバージョンアップする方法

- 身内よし、社会よし、地球よし。
- 人知れず周りの役に立つことをする。
- まず大きな目標を決め、平常心で一歩一歩実行あるのみ。
- 自分の目標は自分で達成する。
- 責任は自ら求めてとっていく。
- 周りの評判をバロメーターにしながら自己管理する。
- つらい過去は時間に洗い流してもらう。
- アクシデントでも「やるべきことをやる」。
- 上質な品格を感じる洗練されたファッション。
- 重厚なアースカラー。

迷った時にはやってみよう！

- 「周りの笑顔に自分も喜ぶ」想像ができるほうを選ぶ。
- 世の中が確実によくなるほうを選ぶ。

ASC　水瓶座♒

あなたの今世のツールは、
ユニークな改革タイプ

まだツールのバージョンが低く、うまく使いこなせていない間は……意外にも周りからはこう見える！

いつも他人事っぽい。ちょっと変。奇抜な感じ。宇宙人っぽい。イヤミっぽい。冷たい。意外とガンコそう。とことん理屈っぽい。

←

バージョンアップすればこんな姿に。望む現実創造もラクラク！

知的。どこか超越している感じ。すごくおもしろい。スマート。どんなことでもおもしろがる。垣根を感じない。博識。発想がとても自由。

最速でツールをバージョンアップする方法

・みんなのためになることを選ぶ。
・客観的な視点でものごとをとらえる。
・人生すべて実験中、と考える。
・人助けは、自分助け。
・プロフェッショナル集団をつくる。
・感情を「データ」として読み取る。
・いつも常識を超えた奇想天外な発想を心がける。
・うまくいかない時こそ、方向転換のサインだと思う。
・新素材で新しい流行をつくるファッション。
・クールで人目を惹くメタルカラー。

迷った時にはやってみよう！

・仲間や信頼する人から情報を集める。
・新しく、珍しく、おもしろく、役に立つものを選ぶ。

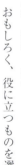

ASC　魚座 ♓

あなたの今世のツールは、受け身の癒しタイプ

まだツールのバージョンが低く、うまく使いこなせていない間は……意外にも周りからはこう見える！

いつも不安げ。傷つきやすそう。だらしないかも。すぐウソをつく。ボーッとしている。やる気がない。頼りない。だまされやすそう。

バージョンアップすればこんな姿に。望む現実創造もラクラク！

底抜けにやさしい。いるだけで和む。安心する。限りなくピュア。何かしてあげたくなる。だましてはいけない気にさせる。受け入れてくれる。かわいらしい。

最速でツールをバージョンアップする方法

・川を下る舟に乗るように力を抜いて、人生の景色を楽しむ。
・「手を加えない」ほどよい。
・いつも、「どんな気分でいたいか」イメージする。
・解決方法は、宇宙にお任せ。最高の結果になる。
・自分が「空気清浄機」になったつもりで場を癒す。
・「平和な気持ち」でいると奇跡が起きる。
・「うまくいかない時」にはグータラしてやり過ごす。
・1日1時間の「ひとり静かな時間」は魂の充電。
・やさしくやわらかい癒し系ファッション。
・ソフトで可愛いパステルカラー。

迷った時にはやってみよう！

・自分を守ってくれている大いなる存在に任せる。
・みんなが「慈愛」に包まれるイメージで祈る。

＼そもそも／

魂の声を聴くってどんなかんじ?!

（さあこの場合）

こんなふうに映像で魂が見えるわけではありません（あくまでイメージです）。
魂の意図と本人の言動はたいてい二重メッセージですが、たまに一致している人は、メッセージがとてもクリアです。
※人によって、感じ方・聞こえ方は異なります。

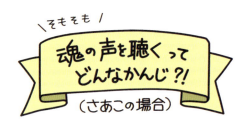

占星術と魂の進化について

☆今までの星占いがピンとこなかったのはなぜか

当たらないのには理由がある

占星術は時代によって、科学であり、医学であり、天文学であり、心理学であり、農業計画であり、暦であり、信仰であり、運命であり、予言であり、秘儀であり、魔術であり、異端で、悪でさえありました。長い間、占星術はあらゆる分野の専門家や国家トップ、宗教集団のごくごく限られた人々にだけ許された秘儀中の秘儀でした。

出生時やある時点の「ホロスコープ」という図の中の複雑な天体マークや点や線を使って、個人的問題から国家・地球規模のさまざまな問題が研究・解釈・予測され、活用されてきました。しかし、時代によってその影響力は天と地ほどの差があり、現代では書店の娯楽コーナーに本が並べられ、朝のワイドショーや雑誌で今日のラッキー占いを楽しみ、「当たるも八卦《はっけ》」と評判の占い師をたずねるイメージでしょうか。

ところで皆さんは、雑誌や星占い本に書かれている星座の解説を読んで「う〜ん、当たっていることもあるし、はずれていることもあるなぁ」と思ったことがあると思います。当然です。雑誌やテレビの星占いコーナーをにぎわせているものの多くは、ホロスコープ上で太陽☉という星が入っている星座《サイン》だけをもとにしているからです。

本来の占星術は驚くほど緻密《ちみつ》で複雑です。ある正確な時間における10個以上の惑星や理論上の線・点の位置で細かい意味を読み取っていく、5000年以上の観測データのうえに成り立っています。雑誌やテレビは、その中のたった1つである太陽《サン》星座《サイン》だけを使って、多くの人に当てはまるシンプルな解説をするのですから、精度が落ちるのはしかたのないことでしょう。その代わり、わかりやすく使いやすい利点があるのです。

また、それぞれのデータをどう読み解くかという、多くの研究者たちのさまざまな視点やスキルがあります。実は同じホロスコープを見ても、鑑定家それぞれが注目するポイントはおのおの違い、たとえ同じポイントについて語ったとしても、その解釈や表現には個性が出ます。そこが読み解く人のスキルやセンス、価値観や魂の経験値の違いでもあるわけです。もちろん時代や文化にも大きな影響を受けます。

同じ星座なのに性格が違うのは、進化レベルが違うから

私は、50年近く、占星術とともに生きていますが、詳細な未来予測には魅力を感じず、たくさ

んの方のホロスコープを通して、ただひたすら性格や資質、人間関係を観察し続けてきました。魂の生まれ変わりなど、スピリチュアルな事象についても、世界の文献や論文、各種セミナーやクライエントさんたちとの学びに、独学と独自の体験を重ね、かれこれ40年になります。

その間、同じ人なのにその性格が年月とともにどんどん変わっていくのを眺め、同じ日に生まれた双子の性格が成長とともにどんどんかけ離れていくのを目《ま》の当たりにし、同じ星座の説明なのに、人によって当てはまる部分が違うことに気づき、ついに確信したのです。「いろいろな経験をしながら魂は進化し、その経験値によって性格の現れ方は変わるのだ」……と。

そんな長年の観察の末、誕生したのが「ソウルプラン占星術」です。魂の成長と進化のプランとして、魂の視点からホロスコープを読み解きます。本来はもっと緻密で複雑なものなのですが、本書では誰にでも使っていただけるよう、ひとまず基礎的な内容のみを紹介しています。

とはいえ、どんなに緻密で独自のデータであっても、それはあくまで魂のプラン・設計図を示しているようなものです。選べるプランは1つだけではありません。大切なのは、遺伝子のように、どれをスイッチONにし、どれをOFFにし、どれを全開にし、どれを控え目でいくのか……を、唯一無二のあなたが、今この瞬間に選択することなのです。つまり、あなた次第で魂の進化度もゲームのエンディングも無数に変えられるのです。

魂も、宇宙も、すべてのものが成長し、進化する！

あなたは宇宙が進化・拡大するためのエネルギーとデータを生み出している

今まで星座が「進化する」というポイントで語られたことはあまりなかったように思います。

しかしすべてのものは成長します。周りからの影響を受けながら、芽吹き花開き、実が熟して、腐り分解され、やがてまた新芽を出すのも、すべて成長の過程です。あらゆるものは循環し、やがて大きな環境の変化に合わせて進化します。自分の内と外にある世界とともに成長するために、すべてのものは永遠に進化し続けます。

私たちの身体も、心も、魂も、周りからの影響を受けて実り、熟し、分解され、新しいサイクルでまた新たに生まれ、実ります。これが命の循環です。そうやって蓄積された経験（情報）は、確実に次の世代へと受け継がれ、さらに次々と新しい経験が加えられ、どんどん進化し、すべては刻々と全身体《ぜんしんたい》（宇宙）に寄与されていきます。

実は、ひとつひとつの魂が「生きること」を通して、バラエティに富んだ多くのエネルギーとデータを生み出し、全身体（宇宙）が進化するための莫大な情報と選択肢を刻々と生み出しているのです。これはすべて、あなたひとりが必死に生きる過程で起こっている現象です。自然に任せて、あなたそのもので生きれば、この宇宙規模の進化から大きく外れることはないでしょう。

不安（恐れ）の本当の役割

とはいえ私たちは、簡単に「自分らしさ」を見失ってしまいがちです。肉体を持って生きることは、魂としてすべてをわかって生きることとずいぶん勝手が違います。肉体を使って地球上で生きるということは、いったん、魂の視点を忘れ、「過去↓現在↓未来という一方通行の時間のしくみ」と「限られた人生という設定」を利用して、あらゆる感動体験（情報収集）と現実創造をするということです。

その体験の中で、本来、不安（恐れ）は、①危険に近づいた時、②自分らしくないものを取り込もうとした時、③魂のプランから外れそうな時などに強く感じるよう標準設定されています。そして、起こってほしくないことに対する予防や準備をしたり、能力を上げ始めなさいよ、というサインとして利用できます。うまくいけば不安（恐れ）は、「慎重さ」「計画性」「観察力」「思慮深さ」「逃避力」「防御力」「行動力」「判断力」「突破力」など、いろいろな能力を磨いて、私たちを魂の望んだ経験へと安全に導いてくれるのです。

ところが多くの人生経験の中で、激しい不安や恐怖を体験しすぎたり、逆に不安（恐れ）を感じる経験が極端に少ないと、安心・安全・楽さにしがみつくようになります。そのため、保護してくれる人に好かれようとしすぎたり、敵をなくし集団になじもうとしすぎて、本来の自分を封印し、周囲が望む姿を演じ始めてしまうのです。

やがて失敗して周囲の期待を裏切ることも、望んだことを行動に移すこともできなくなり、発達した記憶力と想像力を駆使して、起こってほしくないことをくり返し考え、未来の不安をかきたて、想像上のストレスを延々と生み出しては心身を痛めつけ、さらに「自分らしさ」を失っていきます。時にはより悲惨な結果を引き起こし、宇宙規模の進化のリズムからもかけ離れてしまうのです（ちなみに、ソウルプラン占星術では、「根拠のない過剰な不安（恐れ）」は「過去世体験による記憶や思い込み」ととらえています）。

「不安（恐れ）」はうまく利用すればとても便利なのです。「不安（恐れ）」をレインコートだとすれば、雨の日に、レインコートを手にしたまま着ずにずぶぬれになるのはもったいないことですし、何枚も重ね着するのは苦痛です。動きにくく、暑苦しく、視野も狭くなって、自由も利かず、かえって危険な事故を起こしかねません。

魂にとって、本来、ストレスとは、適度な重力によって骨や筋肉が鍛えられるように、身体や心を強くするためのものでした。しかし完全に静めることがむずかしい現代の想像上の「不安（恐れ）」は、骨や筋肉で支えきれない重力のように「身体や心」を押しつぶし、魂のもつ叡智《えいち》をジャマしています。

私たちは本来、大いなる存在（自然・宇宙）とつながっている魂から、本能や直観、感覚などを通してメッセージを受け取り、スムーズにガイドされるはずです。なのに、実に多くの人々が、不安（恐れ）から誤作動を起こし、自分らしくない考え方・ふるまいをしています。その結果、アンテナである身体と心を壊し、魂や大いなる存在とのつながりも失い、いとも簡単に望みもしない人生を生み出して、苦しんでいるのです。

不安（恐れ）をうまく利用するためのステップアップ

本書に登場する**ビビリジャーノ**も**タッカーン**も、不安や恐怖は感じます。

ただ、**ビビリジャーノ**は、不安や恐怖の役目を忘れ、逃げまどった結果「自分らしさ」も「大いなる存在とのつながり」も失い、大切な体験をできずに自らを苦しめています。

一方、**タッカーン**は、不安や恐怖の目的（利用方法）をハッキリわかっています。不安や恐怖を感じたら、そんな考えや人や状況からはすぐに離れる・忘れる・境界線を引く・見方とらえ方を変える・言動を変える……など、より「自分らしさ」を感じる選択をし、「大いなる存在のサポート」を受け取りながら、魂が望む体験を満喫します。

ちなみに**ケンジャウルス**は、どんなに自由に振る舞っても、取り返しのつかない危険に近づいたり、自分らしくないものを取り込んだり、魂のプランから外れたりすることが一切なく、どんな状況にあっても「自分らしさ」を失わず、「大いなる存在」とともに魂の望む経験をするので、もはや不安も恐れも必要としません。

本来「不安（恐れ）」は、それ自体、決して悪いものではないのです。むしろ自分らしく生き抜くため、人生を満足なものにするための大切なサインを発信しています。問題は、そのサインを無視し、無防備に危険に飛び込んだり、不安（恐れ）を増幅させて、視野が狭くなったり、不自由になったり、気分が悪くなって人に当たり散らしたり、「正しい答え」っぽいものにすがりついたり、果ては生きる気力さえ失ったりすることなのです。

人生において正解探しは無意味！

この世のどこにも、全員にとって「正しい」ものや人、「正解」などありません。「正しさ」は、魂の目的によってそれぞれ違うからです。

実をいうと「事実」でさえ、あなたが何を目的にし、何を信じ、何をよしとして生きるかを決めた瞬間に、それに合ったものが目の前にそろうだけなのです。そして「よし」とするものが変わった瞬間には、新しい「よし」に合った事実が目に留まるようになります。たった1つの「よし」からブレない人は、同じような生活や関係が延々とくり返され、コロコロと「よし」が変わる人には、目の前の世界が目まぐるしく変わって見え、いろいろな「よし」が共存している人の世界は、いろいろな事実であふれかえっていることでしょう。それはわざわざ引き寄せるまでもなく、あなたが心からそう決めた瞬間にはもう変化し始めています。これが、魂の目的に合っていれば、すべてはスムーズに流れますが、合っていないとすべてが理不尽に感じられるかもしれません。


また、同じ出来事を経験しても、それぞれの目的やゴール、進化度などが違うと、全く違う体験のように感じられます。コロナウイルスや自然災害への対応は、日本と諸外国ではずいぶん違いました。同じ日本人同士でも、人によってマスクやワクチンへの意識は大きく違っています。これは、どちらが正しいかではなく、魂の目的もゴールも、進化度も違うというだけのことです。

あなたが「何になろうと思い、何を〝よし〟と考えて、不安（恐れ）を利用しているか」、あるいは「ただひたすら不安に振り回され、常に誰かの正解を追いかけているか」によって、経験することは全く変わっていくのです。

あなたはどんな材料でも自由に使って「人生」という作品を創るアーティストです。正しい材料なんて探すだけムダです。「どの材料を使って、どんな作品を創るのが正解ですか？」と周囲に聞いて回る芸術家はいません。そうやってできあがったものは、もはやあなたの作品とは呼べないでしょう。どうぞ、あなたにしか創れない作品のために、いろいろな材料を片っぱしから試して、気に入らなければまた創り直して、その過程を存分に楽しんでくださいね。

「あなた」という輝きこそが何よりのギフト

時代は刻々と移行し続ける!!

占星術でいう、木星と土星が20年ごとに合流するグレートコンジャクションという特別な配置は、これまでの約200年間ずっと「土の星座《サイン》（直近は山羊座）」で起きていました。そして

2020年12月22日は切り替えのタイミングで、これから約200年間のグレートコンジャクションは「風の星座《サイン》（今は水瓶座）」で起き続け、時代の価値観は大きく変わると考えられています。

このたった数年の間にも「努力してがんばって成功して、偉い人になって、いい服着て、いい車に乗って、いい家に住もうよ！」的なものにはなんとなく違和感を覚え、「みんなでフワッと、おもしろい知識とか情報とか能力とか持ち寄って、ワイワイ楽しくやっちゃう?!」的なものに魅かれるようになった人も多いのではないでしょうか。

さらに、2023年3月23日ごろから冥王星が「水瓶座」に入り、山羊座と行ったり来たりしながら2024年11月から約20年にわたって「水瓶座」内を移動するため、より一層、今までの常識を打ち破る自由な発想、自由な意識によって、頼るもののない、究極の自己責任の感性が強まるかもしれません。人によっては、あまりに自由すぎて「不自由」と感じるかもしれませんね。

また、私たちの住んでいる宇宙※1の中では、地球が含まれる「超銀河団」が自転による約2500年間の夜の時を終え、約2500年間続く昼の時を迎えているとの説もあります。※2

コロナウイルス蔓延前後の環境や、ウクライナ戦争等を取り巻く世界各国のパワーバランスなど、多くの変化が今まさに世界中で起きており、私たちは本格的な変革と目覚めの時期を迎えていると感じておられる方も少なくないでしょう。

※1……私たちの住む「宇宙」もひとつの惑宇宙として、「宇由《うゆう》」という見えないエネルギーを中心に回っているといわれている。
※2……宇宙物理学者・小笠原慎吾氏が追究し、小山内洋子氏、天河りえ氏ほか多数が普及に尽力。

たとえどんな時代になっても「あなたらしくないとできない役割」がある

こんな刻々と移り変わる新しい時代を楽しむためには、「**あなた**の感覚」が何より大切になります。過去の時代の感性から、新しい時代の感性へと意識を順応させることも大切でしょうが、**あなたらしさ**は何にもまして大切です。時代に合わせてムリにあなたを変える必要はありません。

魂は、わざわざこの時代を選んで、**あなたらしさ**を設定してきました。つまり「時代」の感性がどうであれ、あなたは**あなたらしくこの時代に生きる**ことを通してしか得られない貴重な体験を求めて誕生し、その体験を通して世界と宇宙に貢献しようとしているのです。**あなただけの個性を輝かせ、その光を全体に調和させる**ことが何より重要なミッションです。

「風の時代」についてはすでにたくさんの情報があちらこちらでシェアされています。これから20年近く続く水瓶座の時代、続く天秤座の時代、やがて来る双子座の時代と、風の時代はくり返されて約200年続きます。そうして、それもまた過ぎ去っていくのです。約200年後には「水の時代」がやってきます。時代は刻々と変化していきます。そしてどの時代にも必ず「良い面」

と「厳しい面」があります。どちらの面も、私たちの魂が進化し、宇宙を進化させるために非常に役に立っています。たとえあなたがそこになじめなくても、違和感を感じてもいいのです。その感性がまた次の、そのまた次の時代をすでに形づくっています。いつの時代にも「あなた」でないとできない役割があります。あなたの魂は**「あなたらしさ」**こそを誇りに感じながら今世をプランしたのです。

これからの時代に必要なスキル

占星術は、古代から現在までの先人たちが多大な努力と研究によって遺してくれた5000〜7000年以上分の膨大な観察データの蓄積です。古くは、月相を動物の骨に刻んだものが約3万7000年も昔の古代の住居跡から見つかっていますし、5000年ほど前に繁栄していたシュメール人は星の動きとあらゆるものとの関係の解明について取り組みました。そんな長い歴史の中で集まったデータは想像を絶するほどの研鑽《けんさん》と叡智の賜物《たまもの》であり、素晴らしい遺産ではありますが、あくまでも過去のデータにすぎません。

先に書きましたが、私は昔、アメリカの有名な「チャネラー」と呼ばれる霊的能力者のセミナー中に「あなたもすでに自分で意識することなく、完全に普通の状態で、チャネリング（チャンネルを合わせる能力）で、別の波長と交流をしている」と告げられました。

私はそのころ、仕事中にたびたび自分が知らなかったことを口走ったり、クライエントさんが感極まって急に泣き出してしまうほど、「不思議なくらいスーッと心になじむような提案をする」とよく言われるようになっていました。自分の五感がいつもと違う反応をしたり、その「感覚」と「起こる出来事」が一致することも増えていました。私はこの時「自分にもこういうことが起こるのだから、これからはこういう人がどんどん増え、こんな能力は当たり前になるはず……」とハッキリ感じたことを覚えています。

そして思った通り最近では、この程度の能力は普通の人に「もれなく装備」されているのだと、多くの人が気づき始めています。人類は刻々と進化し続けています。昔は特別な人だけが使いこなすものだった占星術などの人類の秘儀は、今ではネットで誰でも簡単に利用することができます。チャネリングやヒーリング、テレパシー、予知、透視、時間操作、引き寄せや現実創造などいろいろな特殊能力も、いまやすべての人に標準装備されていて、各自がどれを使うか選んで起動し、使えば使うほど高性能になっていきます。そしてその能力は、みんながありのままに生き始めると、絶対に必要となる能力なのです！

新しいチャレンジ、新しい学びは、やってもやってもあなたの魂の成長（キャパシティ）に合わせて次々とまたやってきます。ノンストップ・エンドレスにあなたを刺激し続け、魂の進化をうながしてくるでしょう。

そしてありがたいことに、「風の時代」に限らず、あらゆる新しい時代の情報の海であなたらしさを見失わないために、ゆるぎない方位磁針としてみんなに等しく装備されているものが「チャネリング・スキル」です。特に有効なのは、自分の外にチャンネルを合わせるのではなく、自分の核である「魂」にチャンネルを合わせ、情報を精査することです。私はこれを「ソウル・チャネリング」と呼んでいます（その方法はとても簡単です。どうぞ「あなたを最速でバージョンアップするために――ソウル・チャネリング（魂との対話）」〈38ページ〜〉を参考にしてください）。

また、皆さんがご自分で魂と自在に対話ができるようになるためのトレーニングもサポートしています（巻末のプロフィールページを参照）。


これからの時代は、どんな占いにも、セミナーにも、ネットにも、どんな偉い人の言葉にも「正しい情報」を探すのではなく、「どの情報があなたに合っていて」、それを「どのように活用すればあなたの望む体験ができるのか」を感じ取ることが一番大切です。

あなたは、ご自分のソウル・チャネリングで「自分の魂との対話」を深め、あらゆる情報から（この本に書かれていることからも！）自分の波長に合ったものだけを瞬時に選び抜き、活用していただきたいと思います。その選択のひとつひとつが、必ずやあなたを次の体験へと導いてくれるでしょう。あなたは、あなただけが創り出せる唯一無二の体験をこの宇宙に生み出すために、壮絶なエネルギーを傾けて、この環境と「あなた自身」をプランし、準備し、ようやく今、すべてを最大限に満喫しているのです！

魂のしくみと進化の関係

（すべての情報は常に人類の理解レベルに合わせて開示され、次々と更新されています。本書の情報もあくまで現時点での情報とご理解ください）

生まれ変わりをくり返し、あらゆる立場を経験することで魂は多くを体験的に知り（悟り）、成長・進化するといわれています。また、魂があらゆる経験とともに入手した情報によって、宇宙のデータベースは拡大しているという説もあります（ニール・ドナルド・ウォルシュ著『神との対話』）。

よく「地球での経験は魂を成長させるための修行だ」という説を耳にしますが、近年クライエントさんたちの魂からくるイメージや、世論のムードでは、こういう表現も時代とともに進化していて、「修行」から「ゲーム」という感覚に変わっているように感じます（いつの時代も、あらゆる情報は、私たちの魂のステージに合わせて、受け取りやすい表現に加工され与えられているようです）。

身体とともに生きている間、ぶっつけ本番の感動体験として楽しめるよう、魂自身で綿密に立てたゲームプランは「いったん忘れて」何も知らないかのように新鮮な気持ちでゲームスタート。まさに何が起こるかわからないワクワク感いっぱいの中で、自由度の高い選択をしながら（魂の進化度によって自由度は変わるようです）、予想もしなかった体験をし、想像もできなかった気持ちをかみしめ、トラブルを乗り越えたり、悩みを解決するごとに、あなたという存在にしか創り出せない新しい要素が生み出され、宇宙の多様な情報ソース量を拡大しているのです。

以下に、私が長年かけて知ったことや、チャネリングを通して得たことで、魂についてよく受ける質問についてまとめてみました。

経験値が高い魂の特徴

「魂の経験値が上がるとどうなるのか」。よくたずねられますので、以下にまとめてみました（ちなみに本書では**タッカーン～ケンジャウルス**の感覚です）。

1. 善悪の判断があいまいになる

決して「判断がつかない」のではなく、「いい」「悪い」で割り切れないのです。たとえば、一般的に「殺人は悪である」ことを多くの人は疑わないでしょうが、魂の経験が多いと、いろいろな状況の中で、そうせざるをえなかった事情やどうしようもなかった気持ちなどがさまざまな体験記憶として魂に残っているので、「絶対悪である！」と断言しにくいらしいのです。

これは殺人に限りませんが、「悪い」というより「よっぽどの事情があったんだろうが、つらいねぇ」「これから償うのが大変だね」「これで人生が変わってしまうだろうね」「相当の苦しみと引き換えだろうけど、大きな学びがあるといいね」など、責めるより、どこか共感するようなコメントが多く聞かれます。

ちなみに、その行為がもたらすデメリットの大きさも（メリットも！）よくわかっているので、「その体験はもういらない」と経験値の高い魂の皆さんはおっしゃいます。

2. 義務感やタブー感がうすくなる

「〜してはいけない」「〜しなければいけない」と思うことが減り、何をやるにしても、「その体験のおかげで成長できるね」「経験しなきゃわからないものね」と自然に感じるようです。そのため、「怒ってはいけない」「感謝しなければ」「許さないと」などの表現には少し違和感を感じやすくなります。

あらゆる気持ちはプラスであれマイナスであれ、自分の本音と望む道を知るための「重要なサイン」なので、しっかりと感じ取ります。マイナスの気持ちを誰かにぶつけたり、「ずっと感じ続けること」は**つらく、ムダで、不必要**だよねという感覚に近づいていきます。

感謝は「する」というより、「ありがたいなぁ」としみじみ実感している「状態」が長くなります。たとえ不都合なことが起きても、その経験のおかげで自分がどう進化・成長するかが手に取るようにわかるからです。

魂同士の契約でお互いにさまざまな役割分担をしてきた感覚が魂に沁み込んでいるので、誰のことも「悪いことをした人」とは感じません。自分と同じ「必要な体験から一生懸命学んでいる魂」であり、お互いの役割を果し合っただけなので、「許す」必要などない……というふうに責めや罪悪感もうすれていきます。

3. 過剰に恐れなくなる

そもそも「恐れ」は、必要な体験ができる状態に肉体と心を保つため、大切な役割を果たしていますが、魂の経験値が高くなると、どんな経験も有意義で、致命的な失敗などなく、命でさえ勝手に失ったり奪われたりすることはないと感覚でわかってくるので、「守る」という意識がうすれ、恐れることが減っていきます。それは命を粗末に扱うということではありません。むしろ非常に貴重な機会として人生を扱い、「恐怖心から誰の命も、誰の経験もジャマしない」し、必要ならば命は守られることを疑わないし、必要を感じて身体を離れる（死ぬ）時にはなんの執着も残さず、とても優雅に体を離れます。そのエネルギーは周囲に伝わり、他人の攻撃の気持ちを中和したり、寄せつけなくなったりします（誰かの苦しみをあえて吐き出させて自覚させる目的の場合もありますが、その場合、相手の攻撃心は長続きしません）。また、身体・心・魂の意図が一致し、大きなパワーを発揮しやすくなります。

4. 人や何かのせいにしない

魂が進化していくと、何か問題が起きても、誰かのせいや何かのせいにすることは無意味だとわかってきます。「問題は、困っている側の人の成長のために起きている」という意識がすんなり浸透してきます。

人生で出会う「イヤな／キライな人たち」は、私たちの「心の傷」のありかを教えてくれる約束をしています。私たちが目を背けて「傷」などないフリをしないように、イヤな役回りを引き受けサポートしてくれる、とても親しい間柄の魂たちなのです。

たとえば、「塩」を健康な皮膚にすり込んでもなんともありませんが、「傷」にすり込むとしみて痛いですよね？　心の痛みも一緒で、「つらい経験」「イヤな人」は「塩」なのです。苦しみの原因は「塩」ではなく、私たちのもつ「傷」です。イヤな経験をもたらす人たちは、「塩を憎まず、この傷を治せばいいいんだよ」と傷のありかを教えてくれて、心の浄化をしてくれているのです。

中庸であることとは？　――光と闇は両方とも必要

光（陽）は、周りの闇（陰）が深ければ深いほど、輝きを強く感じます。人生の喜びや幸せという輝き（陽）も同じです。苦しみや悲しみなどの闇（陰）が深いと、ささやかな幸せを強烈に感じ、反対に、幸せという光が当たり前になってしまうと喜びは色あせ、ささいな不幸がやたらと目につくようになりがちです。

闇（陰）にはさらに素晴らしい効用があります。闇の中では周りの光に惑わされず、しっかりと「魂」に向き合って、自分には何が本当に大切で、どこに向かって進みたいのか、ブレずにじっくり定めることができます。エネルギーをギューッと凝縮して、慎重に、確実に、「強くしぶとい底力」を育みます。苦しみ（陰）が極まったある時点で、一気に望む方向へ逆噴射をかける時、こうして闇の中で熟成したエネルギーはとてつもなくパワフルになり、爆発的な次元上昇を可能にするのです。

一方、陽も極まると、広がりすぎて軽くうすく早くもろく、まとまりがなくなっていき、やはり陽が極まったある時点で、縮小と集中が始まり、エネルギーは再構成を始めます。

つまり、陰（ネガティブ）にも陽（ポジティブ）にもそれぞれの特徴があるだけで、どちらがよい悪いなどありません。光と闇、喜びと苦しみ、陰と陽は絶妙な相互作用ですべてのものを活性化し続けています。ポジティブもネガティブも、どちらかだけでは次第に動きが止まってしまいます。

よく「中庸がよい」とか、「かたよってはいけない」などと言いますが、本来の中庸の在り方、バランスのよさとは、光と闇、喜びと苦しみ、陰と陽の真ん中で止まることではなく、両方のエネルギーを自在に感じ、どちらのエネルギーも最大限活用しながら、効率よく進化・成長し続けることなのです。

病とは？——魂からのメッセージ

すべての病は、魂からのメッセージをたずさえています。多くの苦しみ・痛みは、自分を魂の望まぬ姿に押し込めようとしている時のサインです（その病をもって使命を果たすプランの魂もいます。その場合、本人に妙にひょうひょうとしたあきらめ感や納得感が生まれるようです）。

「今のあなたは魂の望む姿とは違うよ」という声が小さなうちにしっかり聴き取り、魂の導きに従っていけば、じきに自然治癒力が発動し、苦痛は楽に、あるいは気にならない程度になっていくことが多いでしょう（とはいえ私たちの思考が、実は苦痛を必要としている場合も実に多くあります。その状態がなんらかの役に立っていると本人が信じている場合は意外と多いのです）。

しかし、魂の声を無視し続けていると、やがて聞こえないフリができないほどの大音量で、そのメッセージは届けられるでしょう。時にそのメッセージは本人にとどまらず、大衆や時代に訴えかけるほどの大規模なものさえあります。多くの人がその病を知ることで生き方を変える場合などはそうです。命の危険を感じるほどの病は、いかにあなたがそのメッセージを無視し続けてきたかを物語っています。

あなたが本気で魂の望む人生を送るために、肉体と心を大切にしようと決意したその瞬間から、自然治癒力は絶大な効果を発揮し始めます。必要なあらゆる情報は自然と流れ込んできますので、学ぶのではなく、素直に実行し続けてください。そのプロセス自体が多くの人の役に立つことでしょう。

この時代は、みんな自己治癒の能力をしっかり装備して生まれてきています。心底あなたの魂が望まない病は、時に一瞬で治癒するほどのすごいパワーが、本来あなたの中にも間違いなくあるのです。あなたがそれを発揮するかどうかは、実はあなたがその病をどれだけ「必要」と信じ込んでいるか……次第なのです。

子どもの魂が親となる魂に望む、たった1つのこと

私たちは、さまざまな文化や常識に影響され、「こうあらねば」という姿を目指しがちですが、魂の望んだ「そのままの姿」「そのままの資質」でしか果たせない役割を見込んで、子どもの魂は親役を選び、「今世の親になってほしい」と依頼して（時には口説き落として）親子となり、今も魂の望んだそのままの在り方を期待しています。世間や子ども自身が考える「いい親」と「魂が望む体験を与えてくれる親」とは、実はずいぶん違うのです。魂たちの最高の進化・成長をサポートできる存在として、親たちは選び抜かれてその役目を引き受けています。

残念なことに、多くの親たちは、自分の成長過程で全く違う役を演じ始め、今も自分の魂が望みもしない自分を演じ続けています。それは子どもの魂にとっては、約束した体験を与えてもらえない、一種の「契約違反」でさえあるのです（ちなみに子どもの魂は、親の魂に多くの気づきを与え、親の魂が成長するサポート役を引き受けてくれています）。

そんな記憶をいったん、すべて忘れているのは、人生のライブ感と感動（これが非常に大切な情報らしい）を損なわないためなのです。

親の役割、子の目的

子どもの魂は、「自分が癒したい傷」と同じ「傷」をもった魂を親に選びます。人生前半のベストタイミングで、その「傷」をお互いに刺激し合いながら、癒しの過程に入っていくため、親はいわばその「癒しへの旅」の起動スイッチのような役目も担っているのです。

また、心身の際立った特徴をもって生まれるチャレンジャーな魂や、いち早くこの世を離れる短期コースの魂たちにも、ハッキリとした目的や役割があります。偶然あるいは何かの落ち度でそんなふうに生まれ、望まぬ形でイヤイヤ身体を離れていく魂はただの1つもありません。すべては宇宙と魂の計画通りです。何よりその貴重な計画を最大限にサポートできる唯一の存在として、親は子の魂に選ばれたのです。私が記憶しているどのチャネリングを思い返しても、親を選んだ理由を語れなかった魂は、今のところ1つもありません。

また、多くのチャネリングを通してわかったことですが、「子どもができない」「子どもはいらない」「子どもを育てない」という経験をしている人たちの多くは、過去世で「イヤというほど子育てをしてきて、育児経験からはもう充分学んだ」場合や、今世は「(自分の)子どもをもたないことでしかできない経験」をメインプランとして生まれてきておられるようです。どうか、あなたの魂としっかり対話してください。世間の常識や周囲の期待という枠にとらわれて、せっかくプランしてきた貴重な体験をおろそかにしないでくださいね。

☆魂が「すべてやり尽くした」と思える生き方を

自死はあり？——このセッティングで生まれるのは一度きり！

「私たちは何度も生まれ変わって、いろいろな体験をする」という発想は、たくさんの恵みを与えてくれるようです。完璧主義の人には「視野の広さ」を、優柔不断な人には「思い切る力」を、変化が怖い人には「切り替える勇気」を、また、せっかちな人には「長い目で成長を考える視点」を与えてくれます。

しかし、残念ながら誤解も生みやすく、ゲームのリセット感覚で自死を考える人もいることから、私はしっかりと「このセッティングでの人生はたった一度！」と念を押しています。莫大な時間とエネルギーをかけて1ミリのムダもないほど完璧に準備してきた今回の人生を、簡単に棒に振ると絶対に後悔します。あなたのその肉体を使って「貴重な体験」をしたかった魂は他にも大勢いたのです。その多くの魂たちからこのチャンスを譲っていただいて、今のあなたが、ここにいます。あなたのそのプランこそが、他のどの魂プランより魅力的だったのです。

実は私の感覚では、出会った多くの人が数回の「自死」と「殺人（殺すほうも殺されるほうも）」の体験を過去世で済ませていて、いい悪いではなく、魂の底から「もうこりごり」と感じているようです。もちろんその体験がまだなく、この感覚がわからない魂もいるでしょう。けれど「知らない」ことは決して罪ではないのです。「自死」や「殺人」がもたらす結果を知らない彼らの姿は、過去世のあなたの姿でもあるのです。

ちなみに、元福島大学経済経営学類教授の飯田史彦氏の論文『「生きがい」の夜明け』では、コネティカット大学医学部精神科のブルース・グレイソン教授の命題の検証により「臨死体験をした自殺未遂者たちは、二度と自殺を企てない」という結果が紹介されています。その理由についてグレイソン教授は「死が終わりではなく」「自殺が問題からの逃げ道にはならない」という事実を彼らは知るようになるから、と指摘しています。

理想の死に方とは？　――私たちは日々、生きることと死ぬことをくり返している

一方、私の周囲やクライエントさんの家族の中に、自分の死に方に非常にこだわり、ほぼ「望

んだ通り」に死んでいった人が少なからずいます（今のところまだ自死は含みません）。そういう方のお話を聞くたびに、私たちは「死に方」も望むように選べると私は確信しています。

実は「死に方」とは、まさに「生き方」の延長線上にあるものです。「死」と「ものごとの終わり」は同じです。そしてそれぞれの「死（終わり）」の瞬間、必ず「生（始まり）」が起きています。私たちは、毎日、毎瞬、何かの「死」と「生」を同時に体験しているのです。「眠り」が死んで「目覚め」が生まれ、「プライベート時間」が死に「仕事時間」が始まります。誰かと別れたり、物を捨てて「関係」が死ねば「新たなスペース」が生まれ、卒業や転職で「役割」が死ねば、「新たな可能性」が生まれます。この人生の終わりには「今世の肉体での体験」が死んで「肉体のない体験」が始まります。

生活、生きる、とは、「死（終わり）」と「生（始まり）」のオンパレードなのです。

「人生をうまく生きる」とは？

では、「次のステージ（すべての新しい段階、次の展開）」の状態を左右するのは、いったいなんでしょう。実は、「死にゆく時間の過ごし方」なのです。

よく眠ると、よい目覚めが体験できます。充実したプライベートを過ごせば、仕事への準備も整うでしょう。誰かとしっかり向き合うと、次の人とも安定した関係を築きやすくなり、目の前の役を納得いくまでこなせば、次のお役目にも自信をもって取り組めるでしょう。今世を満喫して生きされば、肉体の死を迎えると同時に「肉体のない生の始まり（魂世界・あの世・中間生）」を万全の態勢で迎えることになるのです。

つまり「うまく生きる」ということは「うまく死ぬ」ということであり、「うまく死ぬ」ということは「うまく生きる」ということなのです。

「人生をうまく生きる」とは、「何かすごいことを成し遂げる」ということではありません。あなたの魂が「もうやり残したことはない、この設定でできることはすべてやり尽くした。自分を活かしきって、すっかり納得した。もう満足だ」と思えることなのです。「魂の満足」のために、誰かにうらやんでもらう必要も、認めてもらう必要もありません。世の人が考えるような出世や成功も、安定して生きることも、より多くの財産や知識や友人をもつことも、すべての魂にとって一番大切なことではないのです。

死ぬのが怖いのはなぜ？　――魂がまだ満足していない証《あかし》

魂の望みは、究極「体験」です。あらゆる感動を生む、魂が望んだ「体験」により、まだ発動されていなかった「あなた」をできるだけ起動することが「進化」です。

他人や世の中が望むように生きようとすると、「魂の計画」は機能しなくなり、やる気を失い、満足感を感じられず、なんとなく困難や失敗を避けて生きようとし始めます。するとすべてが面倒くさくなり、チャレンジもできなくなります。これは魂の合図です。そんなアラームが鳴るように自分でセッティングしてきたのです。

魂の満足がない人生を送っていると、死ぬのがどんどん怖くなります。「まだまだやり残したことがいっぱいだ」と身体も心も魂もわかっているからです。とはいえ、このまま不満足な時間を続けるのもしんどくなっていきます。

どんなものにも終わりは来ます。同時に新しいことが始まります。そのことを大前提に生きる時、私たちは本当に残された時間を大切に感じ、できる限りのことをしようと考え始めます。終わりは突然やってくるのです。死も予告なく訪れます。だからこそ、この一瞬一瞬がどれだけ特別で素晴らしいものか、いつもいつも思い出し、今、何がしたいのか、何をやり残しているのか、魂に問い続けなければならないのです。あなた以外の誰にも、「あなたの答え」は出せません。

そうしてあなたが、多くの「終わり／死」を意識しながら、今をしっかりと生きる時、あなたは「終わり／死」が怖くないことに気がつきます。「やりきった」と思える時、私たちは次に始まる「新しいステージ」を万全の状態で、ワクワク楽しみに迎えることができるのです。これこそ私の目指す「うまく死ぬ」ということです。

大切なことなので、くり返します。生き方も死に方もその人の魂が責任をもって決めることができます。そして、その結果は、すべてその人自身が受け止めることになります。どうかご自分の魂が「やりきった！　満足だ！」と納得のいく生き方、死に方を選んでください。

☆どうしても「あなた」になりたくて生まれてきた

お互いの魂が本当に望んでいること「魂の契約」

あなたの魂はまさに**「あなた」**になりたくて今世をプランしました。みんな、ひとりひとりがそうです。魂は、誰かのコピーや理想像などに全く興味はありません。あなたがあなたそのものであり、相手もその人そのものでないとできないことをやるために生まれてきました。
世間一般の「よいやり方」「悪いやり方」に振り回される必要はもうありません。魂の経験に致命的な失敗はないのです。あなたがあなたらしく関わって、必ずその結果の責任をとり、そこから学んで、着々と魂のバージョンを上げ続けさえすれば、それがたとえ「よい結果」や「悪い結果」を生んだように見えたとしても、必ず、あなたも相手も「本当になりたい姿に近づくキッカケ」となっています。

ぜひどんな時にも**あなたらしさ**を求めて大切にし、**あなたらしく**いて、**あなたらしく**進化し続けてください。そうすれば必ずあなたは誰かの**その人らしさ**があふれるようなサポートをすることになります。それこそがお互いの魂の契約です。

本書が「**あなたらしさ**」「**その人らしさ**」を深く知るキッカケとなり、それぞれの魂の進化と調和のために少しでもお役に立てたら……これほど私の魂が喜ぶことはありません。

おわりに

私からのメッセージをここまで受け取ってくださり、ありがとうございます。

あなたは今、ご自身や大切な人たちが、今までよりずっと【叡智《えいち》と可能性にあふれた壮大な存在】だと感じておられるでしょうか？　私はあなたの魂との約束を守れたでしょうか？

自分のことを「小さく無知で無力」という枠に閉じ込め、他人に嫌われたら生き延びられないと信じて苦しみ、やがてじわじわと生きる気力を失っていく人々がたくさんいます。けれど、そんなループから抜け出した勇気ある人々も、私はたくさん知っています。彼らは「生まれ変わり」という世界を受け入れ、あるいは利用して、もっと壮大な自分を発見しようと、もがきながら本来の姿へと戻り続け、トライ&エラーをくり返しました。そして気がつけば、たとえ何が起きてもイキイキと人生を謳歌しています。そんな彼らの全身全霊の**底力**を私は何度も見てきました。

そして実をいうと、魂はどうやらその過程《プロセス》を何より楽しんでいるのです。
たくさんのトラブルや苦しみのおかげでスキルは磨かれ、意識は開かれ、気づき・発明・創造がなされます。懐《ふところ》は深くなり、理解と感動が生まれて、魂はバージョンアップします。悲しみの中で愛は輝き、怒りをバネに能力が開花し、苦労をともにして絆は強まり、孤独の中で自信が深まるのです。そんな、ひとりひとりのバージョンアップが、宇宙の進化レベルの底上げとなっていきます。

そのためのさまざまなストーリーを創り、楽しむと決めたのはあなたの魂です。当然、効果的なしくみや、道具、パワーはすべて完璧にあなたの中にそろえてきました。大いなる存在とつながっている魂は、いつも、今でも、あなたがそのゲームを通してスムーズに進化できるよう、あらゆる手段でサポートしています。あなたの心の奥深いところでずっと響いている「その声」に、どうかもっと耳を澄ませてください（その「声」を私は「魂」と呼んでいますが、あなたがそれをどう呼ぼうと自由です）。

「必要なものが足りない！」と思い込んだ、あなたのこれまでの人生は、さぞハラハラドキドキ盛り上がったことでしょう。しかし、この本を読み終わった今、あなたはもっているものをムダなく使って、魂がやりたかったゲームを、今すぐにでも、スムーズな展開で、存分に楽しむことだってできるのです。

さて、あなたとの約束を守るために、過去、さまざまな困難辛苦が私の人生に降りかかり、多くのソウル・サポーターたちがプラス・マイナスそれぞれの方法で私の進化を助けてくれました。人生の極めてむずかしいポイントでは、たいてい私は「人」より多くの「本」たちに救われてきましたが、15年ほど前には、とある本屋で私の目の前に、今は亡きジャン・スピラー氏の英魂がつまった『前世ソウルリーディング』と『スピリチュアル占星術』（ともに徳間書店）という天啓も届けられました。私は、この深遠な叡智を生活に落とし込むため、多くのクライエントさんの魂からさまざまな導きをいただき、ついにこうして「今世のあなたガイドブック」を創ることもできました。

すべては、あなたが「自分」を見失った時に、「その素晴らしさやプランを思い出させる役」として私の魂を選んでくれたおかげです。私は（無意識に）この大役をうまく果たせるようになろうと最善を尽くし、そのために、時にすべてを投げ出したくなるようなこともアレコレ経験しました。そして、そのすべての経験のおかげで、今、私の人生はこんなに豊かな彩《いろど》りにあふれています。大いなる存在（宇宙）とあなたの魂には感謝してもしきれません。今度お会いした時にはぜひ、魂のＨＵＧをしましょうね。

では最後に、大切なことなのでもう一度だけ、伝えさせてください。

あなたらしさが生み出している、大小ありとあらゆるもので、宇宙はどんどん進化・拡大しています。それほどあなたは、この宇宙で比べるもののない、特別で素晴らしい存在です。

その魂の声に耳を澄ませ、どうぞ【今世のあなた】を、めいっぱい味わい、楽しんでください。

どうか、ソウルプランよりずっとステキな人生を……

あなたのソウル・サポーターのひとり
井上さあこ

謝辞

偉大な占星術家のひとり、憧れのJan Spiller氏の御魂へ、その莫大なエネルギーと愛によって私を含め多くの人が勇気づけられたことに、あふれる敬愛と感謝を捧げます。

ピンチのたびに進むべき道を照らしてくださった古宮昇先生、あらゆる枠を払い「拡大へのきっかけ」を与えて続けてくださった東豊先生、人生難所の歩き方を示してくださった竹内成彦先生、そして、人として・伝達者としての「最上級の愛」を身をもって教えてくださった剣山師匠、あの私をここまでにしてくださり感謝の想いは生涯尽きません。

クライエントの皆さまとこの本を手に取ってくださった皆さま……あなた方のおかげで、私は重大な魂の約束を果たせました。深くお礼申し上げます。

魂職のパートナー井上由子、今堀香・池田浩美をはじめとする魂レベルの友たち、あなたたちのサポートで私はなんとか今もこの魂仕事を続けています。私の今世を豊かにしてくれて本当にありがとう。これからもよろしく。

今井社長をはじめナチュラルスピリットの皆さま、とりわけ私の人生初の担当者である編集の田中智絵さんの緻密な洞察力と細やかなやさしさ、イラスト着彩をしてくださった大黒さやかさんの色彩を操るセンスとWEBデザイン力、マイクロフィッシュのデザイナー平林亜紀さんの柔軟な感応力とビジュアルセンスがなければこの本は生まれず、私の12歳からの悲願も叶いませんでした。一生恩に着ます。

そしてこの本の執筆中に見事、願ったまんまの肉体脱出を果たし、魂となった今もあらゆるサポートをしてくれている母と、私の進化を限界突破レベルまで追い込んでくれた3人の子どもたち、最大の起爆剤で、最高のソウルパートナーである夫に、魂の底から感謝を捧げます。

参考文献

【占星術関連】

・ジャン・スピラー著／東川恭子訳『前世ソウルリーディング―あなたの魂はどこから来たのか』徳間書店
・ジャン・スピラー、カレン・マッコイ著／東川恭子訳『スピリチュアル占星術―魂に秘められた運命の傾向と対策』徳間書店
・ジャン・スピラー著／東川恭子訳『前世・カルマ・魂の相性診断とその開運法―コズミック★ラブ超占星術』徳間書店
・パトリシア・デーヴィス著／バーグ文子監修・訳、森田典子訳『パトリシア・デーヴィスのアロマテラピー占星術』東京堂出版
・ワンダ・セラー著／安珠訳『メディカル アストロロジー入門―身体と心の健康を占星術で読み解く』フレグランスジャーナル社
・リズ・グリーン著／岡本翔子、鏡リュウジ訳『占星学』青土社
・岡本翔子著『完全版　心理占星学入門』アスペクト
・「剣山（みろく庵）」資料

【心理学関連】

・古宮昇著「スピリチュアル心理学アカデミー　テキスト」
・古宮昇著『共感的傾聴術―精神分析的に〝聴く〟力を高める』誠信書房
・古宮昇著『臨床心理学から見たエネルギーヒーリング』幻冬舎
・東　豊著『新版 セラピストの技法―システムズアプローチをマスターする』日本評論社
・東　豊著『リフレーミングの秘訣―東ゼミで学ぶ家族面接のエッセンス』日本評論社
・東　豊著『超かんたん 自分でできる 人生の流れを変えるちょっと不思議なサイコセラピー』遠見書房
・マシュー・マッケイほか著／遊佐安一郎、荒井まゆみ訳『弁証法的行動療法実践トレーニングブック― 自分の感情とよりうまくつきあってゆくために』星和書店

・ジョン・F・ディマティーニ著／染川順平、中西敦子訳『成功のタイムリミット—あなたの人生は、なぜ60日で変わるのか?』フォレスト出版
・ジョン・F・ディマティーニ著／染川順平、中西敦子訳『ドクター・ディマティーニの逆境がチャンスに変わるゴールデンルール』WAVE出版
・チャック・スペザーノ著／大空夢湧子訳『傷つくならば、それは「愛」ではない』VOICE
・竹内成彦著『「すっごく心細い」がピタリとやむ！』すばる舎
・東山紘久著『プロカウンセラーの聞く技術』創元社
・安藤俊介著『タイプ別 怒れない私のためのきちんと怒る練習帳』CCCメディアハウス

【スピリチュアル関連】
・ニール・D・ウォルシュ著／吉田利子訳『新装版 神との対話 1〜3』サンマーク出版
・ニール・D・ウォルシュ著／吉田利子訳『神との対話 完結編』サンマーク出版
・エスター&ジェリー・ヒックス著／秋津一夫訳『「引き寄せの法則」のアメージング・パワー—エイブラハムのメッセージ』ナチュラルスピリット
・リチャード・ラビン著／チャンパック訳『ECTON2—ようこそ、地球へ』VOICE
・リチャード・ラビン著／チャンパック訳『ECTON—エクトンが描く意識の地図』VOICE
・飯田史彦著『「生きがい」の夜明け』（論文）
・飯田史彦著『[完全版]生きがいの創造—スピリチュアルな科学研究から読み解く人生のしくみ』PHP研究所
・リズ・ブルボー著／浅岡夢二訳『自分を愛して！—病気と不調があなたに伝える〈からだ〉からのメッセージ』ハート出版
・イナ・シガール著／ビズネア磯野敦子監修／采尾英理訳『体が伝える秘密の言葉』ナチュラルスピリット
・小山内洋子著『大転換期の後 皇の時代』しあわせ村
・天河りえ著『人類覚醒のタイムリミット—「昼の時代」への過渡期を生きぬく選択』ナチュラルスピリット
・足立育朗著『波動の法則—宇宙からのメッセージ』ナチュラルスピリット
・形態波動エネルギー研究所監修／今井博樹編著『波動の法則 実践体験報告—足立育朗が語る時空の仕組みと現実』ナチュラルスピリット

この本の内容の、実際のセッション例として【サンプル・ケース】がご覧いただけます

井上さあこが実際にソウルカウンセリングとして行ったセッションの一部を、クライエントさんご了承のうえ、WEBページにて紹介しています。シンプルにまとめた【事例集…サンプル・ケース】となっています。

事例（サンプル・ケース）は、今後も続々と追加する予定です。

本書を使って、ご自身や大切な方々の魂のプランを読み解いていただくのはもちろん、この事例集もご覧になり、悩みを抱えたクライエントさんたちがどのように変わっていったのか、ぜひ参考にしてみてください。

ご興味のある方は、QRコードを読み込んでください。
【ソウルプラン占星術】
井上さあこ公式サイト
http://soulplan.jp/

※トップページから「サンプル・ケース」のページに移動してください。

著者プロフィール

井上さあこ（いのうえ・さあこ）　文・イラスト

ソウルカウンセラー。ソウルプラン占星術とチャネリングを使い、魂との対話をリポートする。8 歳で初めてホロスコープを作って以来、国内外の占星術家の本を読みあさり独学で占星術を学ぶ。特に本書はアメリカの占星術家ジャン・スピラー氏の著書と、多くのクライエントさんたちの魂からの叡智に多大な影響を受ける。

心理カウンセラーの資格を取得後、ソウルプラン占星術やスピリチュアルスキルを使ったソウルカウンセリングをベースに活動する SouL CoLoRs（ソウルカラーズ）を開設。2023 年現在、49 年の占星歴、40 年のスピリチュアル探求歴、16 年のカウンセリング臨床歴。

さまざまな心理学手法も取り入れつつ、リチャード・ラビン氏より学んだチャネリングスキルや、あらゆる形で学んだスピリチュアルスキルを、相手に合わせて縦横無尽に活用し、自分の魂と対話ができるようになるまでをサポートする「ソウルカウンセリング」のリピート率は約 95%。龍谷大学ゲストセミナー、企業の「星座別 営業セミナー」「星座別 お片づけセミナー」、ＰＴＡイベントの「星座別 子育てセミナー」、ソウルサポーターたちとつくる「魂育セミナー」など分野を問わず、精力的に活躍中。

英国占星術協会会員。嵯峨美術短期大学（現・嵯峨美術大学）エディトリアルデザイン科卒。一般社団法人全国心理魂育協会代表理事。一般社団法人発酵菌活生活推進協会 Exe. コーディネーター。吹田市市民公益活動団体 SouL CoLoRs 理事長。
※ソウルプラン占星術は著者により登録商標取得済み

【SouL CoLoRs】https://www.soulcolorsxsoulcolors.com/
ソウルカウンセリング、ソウルプラン占星術、心理学、チャネリング、エナジーワーク、発酵・腸内環境からのアプローチなどにより、體（からだ）・心・魂を調和させ、整え、自分の魂のプランに沿った「本来の自分を生きる」お手伝いをします（完全予約制）。
大阪府吹田市（カウンセリングサロン）／大阪市東淀川区（イベントスペース）

【ソウルプラン占星術】井上さあこ公式サイト　http://soulplan.jp/

ソウルプラン占星術
魂が計画した「今世のあなた」

2023年6月4日　初版発行

著　者——井上さあこ（文・イラスト）

装幀・DTP ——平林亜紀［マイクロフィッシュ］
編　集——田中智絵
イラスト着彩——大黒さやか

発行者——今井博揮
発行所——株式会社太玄社
電話：03-6427-9268　FAX：03-6450-5978
E-mail：info@taigensha.com　HP：https://www.taigensha.com/
発売所——株式会社ナチュラルスピリット
〒101-0051　東京都千代田区神田神保町3-2　高橋ビル2階
電話：03-6450-5938　FAX：03-6450-5978
印　刷——シナノ印刷株式会社

ISBN978-4-906724-86-4 C0011

●陰陽五行を極める本格的占い出版社、太玄社の本

アラン・レオの占星術
出生図判断の秘訣

アラン・レオ 著
田中要一郎 監修
黒岩健人、田中紀久子 訳

各惑星のサイン、ハウス、アスペクト、支配星、ポラリティ、プログレッションなど、初心者から上級者まで、読んですぐ使える、出生図の判断法を紹介した実践書。
定価 本体三五五〇円＋税

基礎から実占まで 完全マスター 予測占星術

皆川剛志 著

自分の物語を紐解くカギとなる出生図は何を表し、進行図はどんな指針を与えるのか。伝統占星術における予測技法を解説。
定価 本体一七〇〇円＋税

プラネタリー・サイクル
マンデン占星学で読み解く世界の運命

アンドレ・バルボー 著
辻 一花
兼松香魚子 訳

ソビエト崩壊、リーマンショック、パンデミックによる混乱を予測！ 占星学の専門家が80年近い研究の末に書き上げた、未来社会を予測する占星学研究の集大成。
定価 本体一七〇〇円＋税

はじめての恒星占い
57の恒星が明かす、隠されたあなた

福本 基
皆川剛志 著

12星座ではわからなかった、あなたのもう一つの側面が明らかに！ 星が動くとき、あなたの人生も動き出す！
定価 本体一五〇〇円＋税

ホラリー占星術
運命を学ぶ実践的方法

ペトロス・エレフセリアディス 著
皆川剛志 訳

質問時間でホロスコープを出し、質問に答えるのがホラリー占星術。本書では、恋・仕事・お金・健康・スポーツの勝敗など、全55の質問に的確な回答を与えます。
定価 本体二三〇〇円＋税

古代メソポタミア占星術
前兆の科学と天空の知識

マイケル・ベイジェント 著
倉本和朋 訳

古代メソポタミア文明の発掘から紐解く、占星術の歴史。粘土板に刻まれた古代マンディーン／ネイタル占星術の記録が明らかに。
定価 本体二七八〇円＋税

ブレイディの恒星占星術
恒星と惑星の組み合わせで読み解くあなたの運命

ベルナデット・ブレイディ 著
さくらいともみ 訳

英国屈指の占星術家による名著の邦訳版、ついに登場！ 星はあなたが知らないあなたを知っています。64の恒星から新たな可能性を探しませんか。
定価 本体四五〇〇円＋税

お近くの書店、インターネット書店、および小社でお求めになれます。